本书为北京教育学院重点关注课题"信息技术助力小
（课题编号：ZDGZ2020-15）成果

U0665770

学情分析中的
数据素养

俞 瑶 著

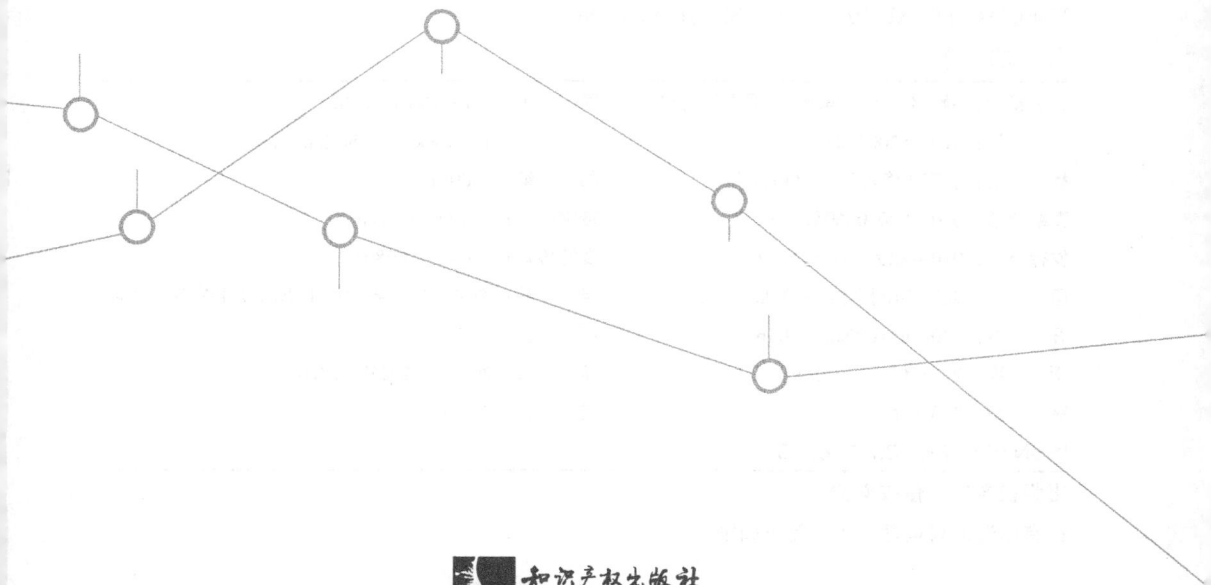

知识产权出版社
全国百佳图书出版单位
—北 京—

图书在版编目（CIP）数据

学情分析中的数据素养 / 俞瑶著. — 北京： 知识产权出版社，2023.12
ISBN 978-7-5130-9065-0

Ⅰ.①学… Ⅱ.①俞… Ⅲ.①教学研究 Ⅳ.①G420

中国国家版本馆CIP数据核字（2023）第252478号

内容提要

本书通过理论与实践相结合的方式，阐述了学情的概念、分析了学情的必要性及获取学情的方法等理论知识，并结合常见的信息技术手段展示如何利用技术手段获取学情数据。通过对学情数据的加工与分析，本书选用可读性较强的图形方式呈现分析结果，最后展示典型案例，帮助读者更好地理解学情分析在教学实际中的应用并做好教学调控。

本书可以作为一线教师理解和应用学情分析开展教学工作的参考用书。

责任编辑：许　波　　　　　　　　　　　　　责任印制：孙婷婷

学情分析中的数据素养

XUEQING FENXI ZHONG DE SHUJU SUYANG

俞　瑶　著

出版发行	知识产权出版社 有限责任公司	网　址	http：//www.ipph.cn
电　话	010—82004826		http：//www.laichushu.com
社　址	北京市海淀区气象路50号院	邮　编	100081
责编电话	010—82000860转8380	责编邮箱	xubo@cnipr.com
发行电话	010—82000860转8101	发行传真	010—82000893
印　刷	北京中献拓方科技发展有限公司	经　销	新华书店、各大网上书店及相关专业书店
开　本	720mm×1000mm　1/16	印　张	16.75
版　次	2023年12月第1版	印　次	2023年12月第1次印刷
字　数	268千字	定　价	88.00元

ISBN 978-7-5130-9065-0

前　言

学情分析对每位教师来说都不会陌生，在撰写教学设计的时候会提到它，在说课展示的时候会提到它，在教研的时候也会提到它。

我们是不是在教学设计中经常这么分析学情：

"八年级的学生已经具备一定的诗词鉴赏能力，但在领悟、赏析作者的情感上还有所欠缺"；

"二年级的学生初步认识长度单位'厘米'和'米'，通过本课，学生将要学习长度单位'毫米''分米'"；

"五年级上册教材已经引导学生初步体会课文中的静态描写和动态描写，本单元在此基础上，进一步引导学生体会其表达效果"；

"通过一个学年的学习，学生具备一定的学习所需的基础知识与基本技能，能通过阅读相关图文材料分析问题"；

"作为刚接触物理不久的八年级学生，对实验的观察和概括能力不强，学习本节内容对于提高学生的观察和概括能力，激发学生学习物理的兴趣，热爱生活、热爱大自然的美好情操都有重要的意义，让学生感悟物理与技术、物理与社会的联系，也让学生初步了解探究的基本要素，加深对探究的认识，培养学生的科学探究能力"；

"五年级的学生喜欢动手动脑，对直观的内容比较感兴趣，但欠缺对问题的深入思考及理性化的思维过程"；

"高一年级的学生，对抽象画充满了好奇和兴趣，但又觉得难以理解"，这样的例子还有很多。

在这里，笔者想问问大家，这样的学情我们分析了吗？我们分析了哪些方面的学情呢？分析出学生的真实学情了吗？这样的学情分析对我们的教学真的有帮助吗？如果让你拿着这样分析学情的教学设计去上课，你的感觉是什么？胸有成竹还是忐忑不安？

冯齐林曾选取了1999年至2009年语文教育类五大杂志（《中学语文教学》

《语文教学通讯》《中学语文》《中学语文教学参考》《语文建设》)上的相关资料，并进行了比较详细的研究与分析，得出以下四个结论：

（1）做过学情分析的教学案例不多，在备课中进行学情分析的教师更少。

（2）了解学情的手段比较简陋，基本上是一种经验式的判断。

（3）学情分析的过程比较粗糙，基本上都是三言两语，只见判断，不见分析；只见结论，不见过程。

（4）学情分析的深度很不够，很多学情分析是一种浅度的描述，是一种印象的判断。

看看这四个结论，像不像是从上文那些"学情分析"中得出的呢？这些"学情分析"可都是从近几年笔者工作中接触的教学设计中摘选出来的。

冯齐林研究的1999年到2009年发表在语文教育类五大杂志的605个教学案例当中，涉及学生情况的只有115个。●这还是发表出来的，涉及学生情况的比例才只有19%，那么普通教师所写的教学设计中涉及学生情况的比例只会更低。值得欣慰的是，现在大多数教师都有了学情分析的意识。笔者在这几年负责的普通学科教师培训中随机找了两个班初步提交的教学设计，其中涉及学情分析的比例是41%和57%。但是这些学情分析就是上面那些例子中的样子，"基本上是一种经验式的判断"和"只见判断，不见分析，只见结论，不见过程""是一种浅度的描述，是一种印象的判断"。通过跟这些教师讨论发现，教师们对学情分析存在以下两类问题：

（1）不知道应该分析学生什么方面的内容。

（2）不知道怎么分析学生的数据。

而这正是笔者写本书的目的，让这本书成为教师手边的一本学情分析的"参考书"。想知道学情分析的内容和方法，可以参看本书的第一章学情分析的基本理论和第二章如何获得学情；想知道拿到学情数据后怎么分析数据，可以参看本书的第三章如何分析处理学情数据；想知道分析出来的结果我们怎么表达可以让别人更容易看懂，可以参看本书的第四章如何表达学情数据；想知道学情分析怎么用的，可以参看本书的第五章如何根据学情分析调控教学。

在完成本书写作的过程中，领导和同事们给我提出了很多好的建议，很多

● 冯齐林. 从学情分析入手，谈教学内容的分离与重组[J]. 教学月刊(中学版),2010(10):31-33.

一线的教师也给我提供了很好的案例,更有我的家人对我默默的支持,在此由衷地感谢你们的帮助和支持。

　　由于本人能力有限,在写作过程中也在不断地学习和成长,书中难免会有疏漏之处,希望读者朋友们能不吝赐教,我将感激不尽。

目　　录

第一章 什么是学情

本章主要介绍学情分析的基本概念,讲解学情分析的理论依据和学情分析的发展历程。本书将各位学者对学情分析的研究成果进行了梳理,并呈现给各位教师,让大家能了解学术界对学情分析的研究情况,结合自己的实际教学工作,选择适合自己的学情分析成果并应用在课堂教学中。

第一节 学情的定义

"学情"是我们进行学情分析的先决条件,只有明确了什么是"学情"才能进一步分析它、解释它,再根据分析结果调控课堂。

关于学情的解读,不同学者有不同的解释。有学者研究了近十年关于"学情"的研究文章发现,到目前为止,人们对学情内涵的界定有很多,但还没有统一的界定。目前存在这样两种分类:一种是根据界定学情的范围大小,可以将学情分为广义和狭义两种;另一种是根据界定学情的方式不同,可以将学情分为概括型、列举归纳式和效果型三种。

一、广义和狭义的界定

"学情"我们通常可以解读为两个含义:"学生的情况"和"学生的学习情况"。

把"学情"解读为"学生的学习情况",就是狭义的学情;把"学情"解读为"学生情况",就是广义的学情,其既包括学生的学习情况,又包括学生的生活情况。

对"学情"的解读不同,它所包含的内容也就不同。如果解读成"学生的学习情况",那么"学情"就只包括跟学习相关的知识和技能相关的学生情况,而忽略与此关系不大、不太相关的学生情况。如果解读成"学生的情况",那么"学情"不仅包括跟学习相关的知识和技能,还要包括学生其他方面的情况,包括身体、心理、智力、能力、情感态度等。广义的解读方式比狭义的解读方式囊括的内容更广,两种解读方式都具有合理性。笔者认为班主任和第一次接手一个班的教师可以按照广义的解读方式去了解学情,以便掌握学生各方面的情况,对管理班级和组织教学都会有帮助;在进行课堂教学时,就可以按照狭义的解读分析学情了,同时也会参考到广义的学情数据。

二、概括型、列举型和效果型的界定[1]

(一)概括型

概括型的界定方式是指通过概括性的词语描述来给学情做定义。

例如,有的学者用"学生的学习情况"来概括学情的定义,有的用"学生的实际情况"来概括,有的用"与课堂教学直接相关的学生情况"来概括,有的用"学生在课堂中的学习情况"来概括,有的用"影响教与学的设计与实施且与学习者相关的一切变量和因素的状况"来概括。

这些用概括方式界定的学情,基本都认为学情是"学生的情况"。这种定义方式概括性比较强,比较笼统。对于一线教师来说可操作性不强,因为学生的情况有很多,如学生的家庭情况、籍贯、性别、兴趣爱好、特长等,这么多信息都需要分析吗?如果不需要全部分析,那么我们应该分析哪些?即使有的学者加上了限定条件:"与课堂教学直接相关""在课堂中的学习情况""影响教与学的"等,但还是针对性不强,可操作性弱。

(二)列举型

为了便于教师理解和操作,就需要把这些概括的定义具体化,因此就有了列举型的界定方式。

列举型的界定方式是把与学生学习情况相关的信息一一列举出来,把这些内容作为学情的内容。最常见的列举方式是自由联想的方式,想到哪些内容是学情分析应该关注的,就把它们全部列举出来。例如,有的学者认为学情应包括"学生的智力因素、非智力因素和教学因素";有的学者认为学情包括"学生的已知、须知、未知、能知和想知"等情况;有的学者则认为学情是包括"学生起点

---

[1] 谢晨,胡惠闵.学情分析中"学情"的理解[J].全球教育展望,2015,44(2):20-27.

的知识技能水平、认知学习方式及情感、态度、价值观等个性特征";而有的学者则认为学情要考虑以下 10 个方面:学生的知识掌握情况、学习兴趣、学习需要、学习方法、学习习惯、学习态度、学习环境、学生情绪及自我状态、学生文化、学生生活。[1]

这种列举方式的优势是可以将有关学情的信息收集得更全,但是当我们想要把这些信息进行整合时就会发现,学情与学情之间的包含关系、并列关系等很难把握。有学者意识到这些问题,他们采用了分类讨论的方式来说明学情。如安桂清[2]就以"课前、课中、课后"的学情作为分类标准。陈隆升[3]则用"教学设计、教学实施、教学评估"三个层面分类学情。王海燕[4]等根据学情分析的时机对学情进行归类,提出应该在班级变化时、学习任务改变时、教学组织形式改变时分析相关的学情信息。耿岁民[5]按照"学期学情分析、单元学情分析、课时学情分析(包括课前、课中、课后)"归纳。同时,他还对各个学情条目做了比较全面的分类和归纳(表 1-1)。

表 1-1 学情分类表[6]

学情分类	学情条目
学期学情分析	学业水平、过去的精力
	班级人口学特征、班风
	认知发展水平
	学习方式习惯
	情感发展特征
	学习动机

[1] 王世伟. 课程调适论纲[J]. 教师教育研究,2012,24(2):11-16.

[2] 安桂清. 论学情分析与教学过程的整合[J]. 当代教育科学,2013(22):40-42.

[3] 陈隆升. 语文课堂教学研究——基于"学情分析"的视角[D]. 上海:上海师范大学,2009:15-16.

[4] 王海燕,李芒,时俊卿. 课堂教学设计的学习者分析流程[J]. 中国电化教育,2001(5):31-34.

[5] 耿岁民. 中学数学课堂教学学情分析的理论与实践研究[D]. 西安:陕西师范大学硕士学位论文,2011:39.

[6] 耿岁民. 中学数学课堂教学学情分析的理论与实践研究[D]. 西安:陕西师范大学硕士学位论文,2011:39.

续表

学情分类		学情条目
学期学情分析		学习态度
单元学情分析		单元预备技能
		单元目标技能
		单元学习态度
		相关认识规律
课时学情分析	课前	相关学习能力
		相关生活经验
		具体的课堂学习情景
		未来的应用情景
		信息反馈点
	课中	即时的学习态度表现
	课后	课堂的学习状态表现
		学习效果

(三)效果型

有学者认为,只是从学情"应该"包括哪些方面的角度分析学情,其实际效果是有限的,对学情的理解更重要的是要考虑学情对学习效果是否有影响,对教学效果有影响的学情才是真正应当关注的学情。[1]

第二节　为什么要做学情分析

有人说学情分析是伴随着现代教学设计理论产生的,实际上还真不是这样的。学情分析并不是我们现代的产物,学情分析从古到今、从中到西,是伴随着教育一直存在的,只是说法不同,但是实质是一样的。

中国古代的教育家孔子,就是因材施教的代表。孔子十分注重了解学生的情况,掌握学生间的个别差异。掌握学生间的个别差异是实施因材施教的前提条件。孔子会随时通过谈话、观察,了解学生的志向、思想、言行,并以此为依据进行分类、归纳出了除年龄、出身等方面的差异外,还有智力、性格、气质、才

---

[1] 谢晨,胡惠闵.学情分析中"学情"的理解[J].全球教育展望,2015,44(2):20-27.

能、志向等方面的差异。《论语》❶中有很多这样的例子,例如。

子路问:"闻斯行诸?"子曰:"有父兄在,如之何其闻斯行之?"

冉有问:"闻斯行诸?"子曰:"闻斯行之。"

公西华曰:"由也问闻斯行诸,子曰,'有父兄在';求也问闻斯行诸,子曰'闻斯行之'。赤也惑,敢问。"

子曰:"求也退,故进之;由也兼人,故退之。"

这段话的意思是子路和冉有都问了孔子同一个问题"听到有道理的事情就该去做吗?"孔子回答冉有的是"听到了有道理的事就去做吧",而回答子路的是"家里还有长辈在,怎么能不听取他们的意见就去做呢"。公西华就问孔子"他们两人都问了同一个问题,为什么你的回答不一样呢?"孔子说冉有性格谦逊、办事犹豫不决,所以鼓励他遇事要果断;但子路逞强好胜、办事不周全,所以就劝他遇事多听取别人意见,三思而行。

在国外,最早关注学生差异的是昆体良❷,他在《雄辩术原理》中提出教师应当善于激发学生学习的兴趣和意愿。这要求教师首先要善于了解每个学生,其次要善于因势利导,鼓励学生自己去发现问题。运用智力、增强学习的意愿和兴趣;教师应有能力有针对性地组织教学,做到因材施教,使每个学生在其最有才能的方面得到应有的发展。为此,教师应当经常深入地观察学生的言语、行为和活动;他还提出教学应当有适度的原则。他认为,一个优秀的教师要在深入观察、了解学生的个性及能力的基础上,节制自己的力量,发展学生的能力,既要避免要求学生做力所不能及的事,又不可让学生放弃力所能及的课业。教师所传授的知识内容的分量应当与学生的接受能力相适应,以防止学生的负担过重。

一、理论依据

近现代的学情研究大都基于以下几种教育理论。

---

❶ 杨伯峻.论语译注[M].北京:中华书局,2017:167.

❷ 昆体良.昆体良教育论著选[M].北京:人民教育出版社,1989:24-28,89-92.

（一）认知主义学习理论

认知主义学习理论认为学习者透过认知过程（cognitive process），把各种资料加以储存及组织，形成知识结构（cognitive structure）。认知主义源于格式塔心理学派，这个学派认为学习是人们通过感觉、知觉得到的，是由人脑主体的主观组织作用而实现的，并提出学习是依靠顿悟，而不是依靠尝试与错误来实现的观点。该理论关于"学习"的观点是：关于学习的心理现象，否定刺激（S）与反应（R）的联系是直接的、机械的。认为人们的行为是以"有机体内部状态"——意识为中介环节，受意识支配的，他们以S-O-R这一公式代替S-R这个公式（O为中介环节）；学习并不在于形成刺激与反应的联结，而在依靠主观的构造作用，形成"认知结构"，主体在学习中不是机械地接受刺激，被动地作出反应，而是主动地、有选择地获取刺激并进行加工；对学习问题的研究，注重内部过程与内部条件，主要研究人的智能活动（包括知觉、学习、记忆、语言、思维）的性质及其活动方式。代表人物有皮亚杰（Piaget）、布鲁纳（Bruner）、奥苏贝尔（Ausubel）、托尔曼（Tolman）和加涅（Gagne）。❶

1. 皮亚杰的发生认识论

认知结构理论的代表人物是瑞士心理学家皮亚杰、美国心理学家布鲁纳。他们认为认知结构，就是学习者头脑里的知识结构，它是学习者的全部观念或某一知识领域内观念的内容和组织。他们认为，学习使新材料或新经验和旧的材料或经验结为一体，这样形成一个内部的知识结构，即认知结构。皮亚杰指出，这个结构是以图式、同化、顺应和平衡的形式表现出来的。布鲁纳认为，学习不在于被动地形成反应，而在于主动地形成认知结构。学习是由一系列过程组成的，要重视研究学生的学习行为，教学应注意学习各门学科的基本结构。这个学派还系统地阐述了认知结构及其与课堂教学的关系。近些年来的教学实践和实验研究表明：采用一定手段有意控制学习者的认知结构，提高认知结构的可利用性、稳定性、清晰性和可辨别程度等，对于有效的学习和解决问题是

---

❶ 薛蕊. 简析二语习得理论——行为主义、认知主义、结构主义在教学中的应用[J]. 安徽文学（下半月），2011（3）：172–173.

有作用的。❶

2. 布鲁纳的认知——发现学习理论

布鲁纳认为不能以实验室内研究狗、猫、鼠、黑猩猩等的学习现象来推论人类个体的学习过程,必须到人类学习的第一线进行研究。他强调学生的主动探索,是从事物和现象的变化中发现原理,这才是构成学习的主要条件。他认为人是通过认知表征的过程来获得知识实现学习的。所谓表征(representation),是指通过知觉而将外在事物转换为个体内在心理事实的过程,个体认知表征方式会随年龄而发展,表现为以下三个阶段❷:

动作表征(enactive representation),儿童靠动作来认知世界、获得知识;

映象表征(iconic representation),儿童用头脑中的表象去表现世界、获得知识;

符号表征(symbolicrepresentation),儿童运用符号、文字再现世界、获得知识。

他还认为,发现学习理论具有一系列优点:提高智慧潜力;使外部奖赏向内部动机转移;学习用于发现的最优策略和方法;帮助信息的保持和检索。他十分强调学生学习是对学科知识结构的掌握。知识结构就是某一学科领域的基本观念体系,不但包括一般原理,而且包括学习的态度和方法。他认为,学生掌握学科的知识结构有助于更容易地理解学科的基本原理,提高记忆效果,促进学习迁移,缩小高级知识和初级知识之间的差距。❸

3. 奥苏贝尔的认知同化学习理论

奥苏贝尔认为学生学习新知识的过程实际上是新旧知识在学生头脑中相互作用的过程,是学生的原有认知结构对新知识进行同化和重组的过程。

奥苏贝尔提出,学生在学习中能否获得新知识,主要取决于学生个体的认知结构中是否已经有相关的概念(是否具备了同化点)。

奥苏贝尔根据新旧知识的概括水平及其相互间的不同关系,把学习分成了

---

❶ 薛蕊. 简析二语习得理论——行为主义、认知主义、结构主义在教学中的应用[J]. 安徽文学(下半月),2011(3):172-173.

❷ 卢家楣. 学习心理与教学:理论和实践[M]. 3版,上海:上海教育出版社,2016:25-26.

❸同❷。

3个过程(表1–2)。❶

表1–2　认知同化理论的学习过程

认知同化理论的学习过程	下位学习	又称类属学习,是指将概括程度或包容范围较低的新概念或命题,归属到认知结构中原有的概括程度或包容范围较高的概念或命题之下,从而获得新概念或新命题
	上位学习	又称为总括关系,是指在学生已经掌握几个概念或命题的基础上,进一步学习一个概括或包容水平更高的概念或命题
	组合学习	当新学习的概念和命题既不能与原有知识结构中的概念或命题产生下位关系,也不产生上位关系,而是并列关系时,这时便只能采用组合学习

4. 托尔曼的符号加工理论

托尔曼是受格式塔心理学影响的新行为主义者,他认为学习的目的性是人类区别于动物的主要标志。他强调学习的认知性和目的性,托尔曼的观点对现代认知学习理论产生了深远的影响。

他的主要观点如下:

(1)学习是有目的的,是期望的获得。期望是托尔曼理论的核心。

(2)学习是对完形的认知,是形成认知地图的过程。❷

5. 加涅的信息加工学习理论

加涅受计算机处理信息过程的启发,提出了信息加工学习理论。

在加涅的信息加工学习理论中,把学习看成信息的加工过程,具体发生过程是外界的信息通过学生眼、耳、手等感受器,进入感觉记忆中,在感觉记忆中信息可以保留0.25~3秒。在这段时间内,学生对信息进行编码,之后便进入到短时记忆里。短时记忆对信息的保留时间在20秒以内,并且能保留的信息容量大概在5~9个信息块。如果学生对这些信息不断重复,使信息一直保持活跃状态,就能在短时记忆中保持更长时间,从而进入长时记忆中。在长时记忆中,

---

❶ 卢家楣. 学习心理与教学:理论和实践[M]. 3版,上海:上海教育出版社,2016:25–26.

❷ 陈琦,刘儒德. 教育心理学[M]. 2版,北京:高等教育出版社,2011:152–189.

信息是以情节记忆、语义记忆、程序记忆的形式存储的。❶

加涅在对学习活动进一步分析的基础上,把学习过程分成若8个不同的阶段(表1-3)。

表1-3 信息加工学习理论

学习阶段	学生内部认知过程
动机阶段	期望
领会阶段	注意、选择性知觉
习得阶段	编码、存储、登记
保持阶段	记忆存储
回忆阶段	提取
概括阶段	迁移
作业阶段	反应
反馈阶段	强化

认知主义学习理论告诉我们:学习不是教师给学生不断出题,学生反复刷题就能学到的,是学生通过视觉、听觉、触觉、动觉等感觉器官主动获取信息,再在大脑中构造出"认知结构"完成的。因此,我们教师就需要知道怎么让学生主动获取信息,就要知道学生的兴趣点是什么,学生的学习风格是什么,这些信息怎么得来。这就需要做学情分析。

(二)建构主义学习理论

建构主义学习理论是认知主义学习理论的一个重要分支,是由瑞士心理学家皮亚杰(Piaget)首次提出的。

要想理解皮亚杰的建构主义学习理论首先要清楚四个词的含义,即图式、同化、顺应和平衡。

图式是指个体对世界的知觉理解和思考模式,也可以把它看成心理活动的框架或组织结构。图式是认识世界的基础。因此,图式的形成和变化是认知发展的实质。图式的发展受到同化、顺应和平衡三个过程的影响。

---

❶ 卢家楣.学习心理与教学:理论和实践[M].3版.上海:上海教育出版社,2016:25-26.

　　同化是指当个体接收到外部刺激,根据原有图式对这个外部刺激进行选择和修改,以便使其能被纳入原有图式的过程。

　　同化也可以理解为不断扩大个体图式的过程,是一个数量上的改变。顺应改变原有图式或形成新的图式的过程,是一个质变。

　　顺应是指当个体接收到的外部刺激不能被原有图式同化时,所引起的原有图式的重组和创造的过程。

　　平衡是指个体通过同化和顺应适应外界环境的过程。是一个把个体图式从一个平衡状态向另一个平衡状态过渡的过程。也就是说,当个体能用原有图式同化外部刺激的时候,他是处于一个平衡状态,当原有图式不能同化外部刺激的时候时,原有的平衡被打破了,需要通过重组和创造新图式(顺应)来达到一个新平衡的过程。

　　例如,笔者讲课时常举的一个《鱼就是鱼》的例子。这个故事是说池塘里的一只青蛙和一条鱼是好朋友,当青蛙出去游历回来跟小鱼描述池塘外面的牛时,青蛙说:"这真是一种奇怪的动物,它的身体很大,头上长着两个犄角,喜欢吃青草,身上有一块黑一块白的,长着四只粗壮的腿,还有一条长长的尾巴。"小鱼惊叫道:"哇,真的好怪哟!"同时小鱼脑中浮现出它心目中的"牛"的样子。是在鱼的身体上长出了犄角和腿,尾巴还是鱼的尾巴。这时候,小鱼做的就是"同化",是用她的原有图式来解释了"牛",它的原有图式没有改变。

　　这就是为什么我们在教学中经常会遇到"我都讲了多少次了,你怎么还不明白!"的情况了,因为我们没有打破学生认知结构的平衡,学生的"顺应"没有发生。我们就需要在课前的学情分析中了解学生的原有图式是什么,之后思考我们用什么方法打破学生的"平衡",让学生的"顺应"发生,学到新知识。

　　皮亚杰认为儿童的认知结构就是从同化和顺应中逐渐建构起来的,并在"平衡—不平衡—平衡"的反复中不断发展,这也是皮亚杰建构主义的基本观点。

　　建构主义并不是"一个"理论,而是有很多学者在研究,并提出了各自的研究主张和观点。尽管这些主张和观点在一些具体内容上可能存在不同,但它们基本的认识论基础,以及主要的学习论主张是大致一样的。主要代表人物有:皮亚杰、科恩伯格(Kernberg)、斯滕伯格(Sternberg)、卡茨(Katz)、维果斯基(Lev

Vygotsky）。

建构主义学习理论告诉我们：个体的知识是由人建构起来的，对事物的理解不是简单由事物本身决定的，人以原有的知识经验为基础来建构自己对现实世界的解释和理解。不同的人由于原有经验不同，对同一种事物会有不同理解。学习是积极主动的意义建构和社会互动过程，教学并不是把知识经验从外部装到学生的头脑中，而是要引导学生从原有的经验出发，生长（建构）起新的经验，而这一认知建构过程常常是通过参与共同体的社会互动而完成的。每个学生的原有经验是什么，他们会在哪里产生认知冲突，这些信息怎么得来？这就需要做学情分析。

（三）人本主义学习理论

人本主义学习理论于 20 世纪 60 年代在美国兴起，它不以实验研究出发，而是根据经验提出相应的观点。人本主义学习理论强调的学习不是针对某种行为或者对语言材料的学习，而是强调人一生的成长和发展，注重自我个性的发展和潜能的发挥。人本主义学习理论重点研究如何为学生创造一个良好的环境，让其从自己的角度感知世界，发展出对世界的理解，从而达到自我实现的最高境界。●

主要代表人物有马斯洛（Maslow）和罗杰斯（Rogers）。

马斯洛认为教育的最终目标应该是自我的实现，通过开发自我潜能，完美自我人性，完善自我人格，从而成为世界公民。马斯洛通过对需要的研究，将人类的需要分为生理需求、安全需求、归属和爱的需求、自尊需求、认知需求、审美需求和自我实现需求七种形式，如图 1-1 所示。他把图中低层的四种需求称为缺失需求，把上面三种需求称为成长需求。马斯洛认为缺失需求是个体生存所必需的，必须得到一定程度的满足。这些需求一旦得到满足，这部分的需求动机就会减少或者消失。如果缺失需求全部得到满足，那么个体就会追求上面的成长需求。成长需求可以让自我更完美。●

● 陈琦,刘儒德.教育心理学[M].2 版,北京:高等教育出版社,2011:152-189.

● 同●。

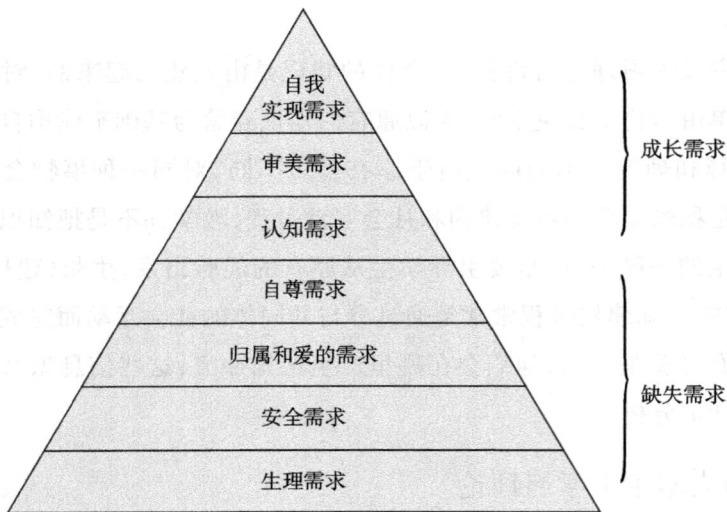

图1-1　人类需求的七种形式

　　罗杰斯认为学习不能依靠外在的奖励刺激,要针对不同的需求激发学生的内驱力,使其自觉、主动地学习。

　　罗杰斯提出了以学生为中心的教学思想,强调将学生视为教育的中心,学校为学生而设,教师为学生而教。他认为,学生们各有求知向上的潜在能力,只需设一个良好的学习环境,他们就会学到所需要的一切。因此,他将其非指导咨询理论中的三个基本条件引进教育领域:

　　(1)真诚一致,即在师生关系中,教师应该是一个表里如一、真诚的人。

　　(2)无条件积极关注,即对一个人表示看重、认可并欣赏其价值,而且这种感受并不以对方的某个特点、某个品质或者整体的价值为取舍和依据。

　　(3)同理心,即设身处地,感同身受。因此,学生中心模式又称为非指导教学模式。罗杰斯认为,积极的人际关系可以促进个人成长,而教师的角色就是辅导者,只要师生关系良好、观念共享、坦诚沟通,学生就会对自己的学习负责。罗杰斯还认为,教育是具有整合目的的、不断充实的、具有生活意义的成长历程。教师和学生是一起成长的,他们都需要在学习中不断获得新的意义与启示。❶

---

　　❶ 陈琦,刘儒德. 教育心理学[M]. 2版,北京:高等教育出版社,2011:152-189.

罗杰斯认为学生的学习分为以下两种：

(1)没有个人意义的学习：这类学习对学生来说,没有具体的个人意义。它不涉及个人的情感,只涉及心智。

(2)有个人意义的学习：这类学习是与个人的态度、行为、个性及未来选择行动时发生重大变化的学习。不仅是一种增长知识的学习,还是一种与每个人各部分生活经验都融合在一起的学习。

罗杰斯倡导学生自由的学习,并在其《学习的自由》中详细解释了自由学习的10个原则：

(1)人生来就有学习的潜能。

(2)当学生觉察到学习材料有意义而且学习内容与他自己的目的有关时,意义学习便发生了。

(3)学习涉及改变自我组织(改变对自己看法)时,学生会有威胁感,并往往抵制。

(4)当外部威胁降到最低限度时,就比较容易觉察并同化那些威胁到自我的学习内容。

(5)当对自我的威胁很少时,学生就会用一种辨别的方式来觉知经验,学习就会取得进展。

(6)大多数意义学习是从做中学的。

(7)主动自发、全身心投入的学习才会产生良好的学习效果。

(8)涉及学习者整个人(包括情感与理智)的自我发起的学习,是最持久、最深刻的。最有效的学习是整个人的智力和情绪参与的学习。

(9)当学生以自我批判和自我评价为主要依据,把他人评价放在次要。地位时,独立性和自主性就会得到促进。

(10)在现代社会中最有用的学习是了解学习过程,对经验始终持开放态度,并把它们结合进自己的变化过程中去。最有社会意义的有效学习是学会学习的过程,对经验持续开放,并将自己结合进变化过程。

人本主义学习理论告诉我们：学习要以学生为中心,教师要为学生创造良好的环境,激发学生的学习潜能,让学生从自己的角度感知世界,实现自我。因此教师就需要知道学生需要什么样的良好环境,怎么满足学生不同形式的需求等,这些信息怎么得来？这就需要做学情分析。

(四)最近发展区理论

最近发展区理论是由苏联心理学家维果茨基(Lev Vygotsky)提出的。他认为人的思维与智力是在活动中发展起来的,是各种活动、社会性相互作用不断内化的结果。真正的教育不是专门的知识和技能的学习,而是儿童学习能力的发展。教学不是跟在发展的后面,而是要跑在发展的前面。

维果茨基认为儿童的发展有两种水平:一种水平是儿童现有的发展水平,就是儿童在独立活动中展现出来的发展水平;另一种水平是儿童潜在的发展水平,是指儿童在集体活动中,在成年人的引导下,能够展示的发展水平。最近发展区就是这两者之间的差距。

例如,有两个儿童并确定他们的智力年龄都为7岁。就是说,两个儿童都能演算7岁儿童力所能及的习题,但是,如果我们想在测验中将这两个孩子往前推一步,那么他们之间就会出现巨大差异。一个儿童依靠启发性问题、例子、示范等很容易演算出超越发展水平两年(9岁智龄儿童)的试题,而另一个儿童只能解决往前延伸半年(7岁半智龄儿童)的试题。这两个儿童的智力发展是相同的吗? 从他们独立活动的观点看是相同的。从发展的最近可能性看,二者相去甚远。儿童在成人的帮助下能做的事给我们指明了他的最近发展区。这就是说,用这个方法,我们不但能看到儿童今天已经完成的发展过程,看到他已经完成的周期,以及他所经历过的成熟过程,而且能估计他正在形成、正在成熟和正在发展的过程。❶

今天儿童依靠成年人帮助完成的事情,明天他便能自己独立地完成。这样,最近发展区将帮助我们确定儿童的明天,确定他发展的动态,不但可以查明发展中已经达到的状态,而且能发现他正在成熟中的状态。我们例子中的这两个儿童,从已经完成的发展周期看,显示的是相同的智龄,但他们的发展进程是不同的。这样,儿童智力发展的状态至少可以借助于他的两个发展水平——现实发展水平和最近发展区来加以确定。

从例子中我们可以看出,在相同的引导和帮助下,每个孩子的最近发展区

---

❶ 维果茨基. 维果茨基教育论著选[M]. 北京:人民教育出版社,2005:385-386.

是不同的,并且这个最近发展区不是一成不变的,是可以随孩子的发展而变化的。在这里我们还要注意的是,最近发展区不是我们通常理解的"跳起来摘桃子"(给学生设置有难度的内容),而应该是"扶上马送一程"。它们的区别如下:"跳起来摘桃子",跳的人是学生,摘桃子的人也是学生;"扶上马送一程"是教师或同伴扶学生上马,送学生走一程,其关键是得在教师的引导和同伴帮助下学生能发挥的水平,而不是靠学生自己的努力能实现的水平。

最近发展区理论对教学的启示如下:在分析学情时,要考虑学生的最近发展区,充分了解学生的起点知识水平及一般特征,把握现实水平与学习需要之间的距离。对学生的最近发展区有所了解后,能够帮助我们确定在教学中设计什么样的活动、给予学生什么样的指导,学生能发掘其潜力,超越其最近发展区,进行更高水平的发展。因此教师就需要知道应该给学生怎样的指导才能发掘学生的潜能,这些信息怎么得来? 这就需要做学情分析。

二、发展要求

2019 年,国务院颁布的《关于深化教育教学改革全面提高义务教育质量的意见》中提出要"精准分析学情,重视差异化教学和个别化指导"。可见学情分析的重要性,它是开展个性化教学的前提,只有精准了解学生的各种情况,在教育教学活动中才能有针对性地设计差异化的教学内容,为不同情况的学生提供个别化指导。学情分析是确定教学目标的基础,在精准了解学生的学情后,才能准确知道学生的已知、未知、应知等情况,并以此确定教学目标。学情分析是设计教学内容的依据,在了解学生的已知、未知、应知等情况后,才能确定教学中应该创设什么样的情景,哪些内容需要取舍,重点和难点应该是什么。学情分析是选择教学策略的落脚点,在了解学生的学情后,才能知道学生的学习方式和方法及学习兴趣等情况,才能知道在教学中应该使用什么样的教学方法,应该怎么组织学生活动。

学情分析可以大致分为针对班级管理的学情分析和针对课堂教学的学情分析。针对班级管理的学情分析可以一学期做一次,或者一学年做一次,可以是班主任来做或新接管班级的任科教师来做;针对课堂教学的学情分析可以一节课一做,也可以一个单元一做,可以根据实际教学情况由授课教师灵活掌握。

这两类学情分析不是相互割裂的,而是相辅相成的。针对班级管理的学情分析,可以分析学生家庭条件、生活经验、兴趣爱好、学习习惯、学习方法等情况,有助于我们了解学生的非智力因素,并在班级管理中根据学生的情况,分配相应的任务,助其扬长补短。针对课堂教学的学情分析不仅需要分析学生对于本节课知识的相关情况,还需要了解一些学生的生活经验、兴趣爱好、学习习惯、学习方法等情况,并据此进行分组和角色分配,可以据此选择情景,可以据此选用媒体……

对于课堂教学过程中的学情分析,从教学进程上可以分为课前、课中和课后三个阶段。

课前的学情分析主要分析学生原有的知识结构与认知能力,为我们设计教学做准备;前面我们已经知道了学生的学习是否真的发生,就要看能否打破学生的认知平衡,要想打破学生的认知平衡就要知道学生的原有认知结构是什么。课前的学情分析就是用来了解这些的,通过一定的方法(详见第二章)得到学生有关本节课知识的应知、已知、未知、能知、想知、怎知等情况,再结合班级管理学情分析中的相关内容,就可以设计本节课的教学目标、教学重难点和教学环节等内容了,这样设计出来的教学设计就更有针对性了。

课中的学情分析主要是通过师生互动、教师提问、随堂练习、小组活动等方式,了解学生的课堂生成情况,为我们随时调整课堂教学内容做依据;教学有意思的地方就在于课堂是动态的,是"生成"的,课堂上总会发生一些特殊的事情,而不能按照我们预先设计好的进行。这就需要教师在教学过程中要尽可能地关注更多的学生,针对学生在不同教学环节中生成的学情,随时调整教学内容。在当前大数据和人工智能的助力下,也可以应用一些人工智能的方式获取课堂中的学情,但是这样收集到的学情可能不能及时反馈给授课教师,只能帮助教师在课后进行总结反思。

课后的学情分析主要是通过作业和测验等方式,了解学生的学习成果情况,能直接反应教师课堂教学的有效性。教师可以根据这个学情反思自己的课堂并为下一轮教学的调整做准备。

三、重要价值

在教学中学情分析是教学目标设定的基础,是教学内容分析(包括教材分析)的依据,是教学策略选择和教学活动设计的落脚点。

(一)实践价值:课堂教学的整个过程需要学情分析

首先,教学设计需要学情分析。在教学设计中,通过对学生学情的分析和把握,了解学生已有的认知结构、认知能力、心理特点、学习风格、学习兴趣等方面的基本情况,为教师确定教学目标、教学重难点、选择教学方法及教学媒体等提供依据,这些依据就需要教师通过学生学情的分析而来。只有从学生的实际情况出发进行的教学设计才是符合学生需求和教学要求的。对学情的全面了解与深入分析,可以为教学内容的调整与筛选、教学方法的选择、教学活动的组织等指明了基本方向。

其次,课堂教学需要学情分析。在课堂教学中,学情分析可以为调节课堂教学活动提供依据。课堂教学活动具有动态性与生成性等基本特点,在教学过程中通过对学生学习状态的跟踪及知识掌握情况的分析,可以为教师及时调整教学活动提供信息反馈。教师可以依据课堂中师生互动、小组活动、学生练习、回答问题等的情况对学生的学习情况进行监控,了解课堂学习的达成情况。因为课堂是动态的,课堂中的学生情况又是多元而复杂的,课前的教学预设与实际情况大多时候是有出入的。因此,教师在课堂教学过程中,要保持高度的敏感性,及时监控学生的课堂表现与学习情况,以此作出教学调整,也为后续教学活动的有效开展提供保障。

最后,教学结果评估需要学情分析。教师课后学情分析的过程也就是对学生学习结果的评价过程。这里的"学习结果"是指学生在课堂中通过对教学内容的学习而产生的结果。学习结果的呈现方式可以是书面的,可以是语言的,也可以是行为方面的。通过对学生学习结果的考察,了解学生在经过学习活动之后对知识的理解和掌握情况,考察教师教学设计的合理性,教学实施过程的有效性,便于教师反思教学、调整教学,进而改进教学,同时也是教师进行新一轮课前学情分析的依据。

（二）理论价值：教学理论与学习理论的构建需要学情分析

"学情分析"离不开一定的教育教学理论的指导与支撑，更离不开一定教育研究方法的合理运用。在课堂教学过程中，通过对学生学情的研究和分析，可以对不同年龄阶段学生的认知结构、认知能力、心理特征及思维过程等有一个更深入的了解和把握，这些信息可以为构建促进学生有效学习、有意义学习、"以学促教"的教育教学理论提供丰富的素材与启示。

第三节　分析哪些内容

学情分析需要分析哪些内容，一直困扰着很多教师，看了前面那些内容，我们应该能对学情分析的内容有了一个初步的认识。在这一节中，我们综合前面各家所言，把学情分析分为以下几个方面。

一、从学生的心理和生理特点分析

中小学教师面对的是从六七岁到十八九岁的学生，包含了童年期、少年期、青年期三个阶段。

童年期的学生具有如下特点：可以通过识字、阅读和写作学习，逐步从口头语言过渡到书面语言；从以具体形象思维为主逐渐过渡到以抽象逻辑思维为主；自我意识逐步发展，对自我已有一定的评价。

少年期的学生具有如下特点：抽象逻辑思维已占主导地位，并出现反省思维；心理活动的随意性显著增长；独立意识变强；开始关心自己和别人的内心世界；道德行为更加自觉。

青年期的学生具有如下特点：智力接近成熟，抽象逻辑思维已从"经验型"向"理论型"转化，开始出现辩证思维；与人生观相联系的情感占主要地位，道德感、理智感与美感都有了深刻的发展；能比较客观地看待自我，形成理智的自我意识；意志力与自觉性有了较大发展。

每个阶段的学生都有各自心理、生理发展的特点，而且在学生成长过程中，这些心理、生理方面的发展是不稳定的，有很大的可塑性和可变性。这就需要教师在教育教学中要真实充分地了解、分析各个阶段学生的心理、生理特点。这里强调"真实",是因为有很多教师要么凭经验,要么是沿用其他教师现成的分析,而不是针对自己班的学生。要知道现在社会发展得很快,学生生活环境也有很大不同,同样是三年级,五年前的学生和今天的学生他们的心理特点和生理特点已经发生了改变,如果还是沿用以往的经验,那么在教学中就有可能出现偏差,达不到预期的教学效果。

在教学中,我们会遇到同一个年级中,一个班的学生比较活跃,而另一个班的学生相对不活跃,我们会针对这种情况在不同班级中采用不同教学的策略。但是做到这点还不够,我们还应该深入分析学生不活跃的原因是什么,我们可以采用什么方法策略提高学生的活跃度。

二、从学生的兴趣爱好分析

兴趣是最好的老师,它是学生主动学习的内驱力。现在有很多学生喜欢玩游戏,这也让很多教师和家长谈游戏色变。如果我们在教学中正确引导,可以从游戏引出很多学科的学习内容,如游戏中的人物和场景设计,就可以和美术课结合,可以讲构图、讲色彩、讲人物画法……如游戏中的音乐,可以和音乐课结合,可以讲不同乐器的音色、讲音乐中的节奏、力度、速度及代表的不同风格……如游戏中的角色选择,可以和数学课结合,可以讲统计分析,讲图表、讲统计图……可以跟信息课结合,讲编程;可以跟地理课结合,讲地形……只要我们教师应用得当、引导得当,就能让学生感受到学习的乐趣。

我们教师应该通过观察、访谈等手段了解学生的兴趣,并依据学生的兴趣,在教学中创设学习的情境、设计多样的互动活动、拓展丰富的课外知识,把学生的注意力留在教室,把学生的关注点吸引到课堂,改变学生被动接受的状态,让学生真正成为课堂的主体。

三、从学生的学习风格分析

每个学生都有各自的个性特点,因此也具有各自的学习风格。如有的学生听课时会目不转睛地盯着教师或黑板,有的学生听课时眼睛会看向别处,有的学生听课时会做笔记;有的学生在学习时会听音乐或歌曲才能集中注意力,有的学生却需要特别安静才行;有的学生对光线的强弱有不同的要求;还有的学生对时间有要求,有的早上注意力集中,有的晚上或夜里注意力集中;有的学生自己学习效率高,有的学生要和同伴讨论着学习才效率高。

因此,我们就不能要求学生统一"排排坐,手背后"了。需要我们对学生的学习风格进行分析,让他们能够动脑、动手,用心去学习。也可以通过培养良好的学习方法和态度,点燃学生的热情,让每个人都形成自己的良好的学习风格。

四、从学生的生活经验分析

学生除了兴趣爱好和学习风格有不同,他们的生活经验等也存在差异。现在学校中的生源来源比较广泛,有来自城区的、有来自农村的,还会有外籍的,等等。由于他们的生活环境不同、家庭成员经历不同,可能会在一些特殊方面有知识储备,如果教师能分析到位并合理应用,就可以达到事半功倍的效果,同时还能激发学生的学习兴趣。

例如,有一位小学语文教师在讲《墨梅》时,因为现在的学生具有书法知识的不是很多,所以这位教师提前准备了砚台的相关内容,想要让学生能更好地理解诗中"洗砚池"的意思。在课堂教学中,这位教师发现班里有一名学生,在回答问题的时候能说出很多教师没有准备到的内容。这位教师临时决定由这名学生把有关砚台的内容给同学做了讲解,班里的学生听着从同学口中说出的知识,因为是用同龄人的语言表述的,所以比较感兴趣。这名讲解的学生因为做了一次小老师,说了同学不知道的内容,感觉比较自信和得意。课后这位讲师问了这名学生,原来是这名学生的爷爷酷爱书法,平时在家中都会给这名学生说一些书法知识。

如果这名教师在课前进行学情分析时能够了解到这个情况,提前跟这名学生进行沟通,有目的地让他准备内容,上课的效果会更好。

五、从学生的"应知""已知""未知""想知""能知""怎知"分析

"应知"是指针对本节课的内容,课标中要求学生应亥具备的相关知识经验和能力水平等。可以作为预设的教学目标。为什么说是预设的,因为它是课标对所有学生的统一标准,不能代表某一个特定班级的学生,针对特定班级的教学目标,需要经过下面的分析才能得到。

"已知"是指针对本节课的内容,学生已经具备的相关知识经验和能力水平等。明确这一项至关重要,因为它是学生学习的起点。自己班级学生的"已知"里面可能就包含了"应知"里要求达到的内容,那么在我们就要修改对应的教学目标。

"未知"是指针对本节课的内容,学生应该掌握但还没有掌握的相关知识经验和能力水平等。它能够帮助我们确定教学目标和重难点。这里的"未知"不能是教师凭经验得出的,或是笼统的,一定要是自己班级学生的真实情况。再结合"应知""已知"的内容及学生的学习风格、学习习惯等,就可以确定本节课的教学目标和重难点了。

"能知"是指通过教师的引导和本节课的学习,学生能够达到的程度等。通过对"已知"和"未知"的了解,我们就可以知道学生是否有发展的可能,可能的发展区域是什么。

它应该是"应知"和"未知"的结合,也是我们的教学目标。

"想知"是指除了本节课的教学目标,学生还想知道的,与本节课内容相关的哪些知识。这部分可以经过筛选,作为课堂中的拓展内容。

"怎知"是指依据学生的心理特点、兴趣爱好、学习风格、生活经验等情况,学生怎样学习本节课的内容。

教师习惯上都是凭经验得出"五知"("已知""未知""能知""想知""怎知"),但是每届学生、每班学生的情况都不同,凭经验并不能正确得到针对每个教学班的这"五知",怎样能够得到真实的"五知",我们可以通过课前小测验、问卷、提问、访谈等方式实现。具体内容会在第二章中做详细说明。

当我们得到这"五知"的数据并分析清楚,那么教学设计中的教学目标、教

学重难点和教学策略,就可以清楚地确定出来了。这些内容是从学生中来,再用到学生中去,能够充分体现"因材施教"的理念。

　　本节前四部分内容我们可以把它们统称为非智力因素,第五部分内容("六知")可称为智力因素。

　　为了便于教师梳理需要了解学生的哪些学情内容,可以使用下面两个表格记录,一个表格用来记录学生的兴趣爱好、学习风格、生活经验等非智力因素学情内容(表1-4),另一个表用来记录跟知识相关的"六知"("应知""已知""未知""想知""能知""怎知")的智力因素学情内容(表1-5):

表1-4　非智力因素学情记录表

非智力因素类别	非智力因素内容
学习习惯	1. 2. 3. ⋮
学习风格	1. 2. 3. ⋮
生活经验	1. 2. 3. ⋮
⋮	1. 2. 3. ⋮

表1-5　智力因素学情记录表

"六知"来源	"六知"	"六知"对应内容
大纲中的知识点	应知	1. 2. 3. ⋮
针对课程知识点	已知	1. 2. 3. ⋮
	未知	1. 2. 3. ⋮
	能知	1. 2. 3. ⋮
	想知	1. 2. 3. ⋮
	怎知	1. 2. 3. ⋮

　　下面分享一些教师填写的智力因素的学情记录表（表1-6~表1-10）。

表1-6　智力因素学情记录表一

学科	信息技术	年级	三年级
课名	"绘制简单图形"	教材	北京版
"六知"来源	"六知"	"六知"对应内容	
大纲中的知识点	应知	电脑绘图工具,快捷键操作步骤和特有方法	
针对课程知识点	已知	学生对电脑绘画感兴趣	
	未知	学生能画到怎样的程度?	
	能知	学生是否接触过电脑绘画?	
	想知	学生在绘画过程中会遇到哪些问题?	
	怎知	让学生先动手画一画,记录自己在绘画是遇到的问题	

表1-7　智力因素学情记录表二

学科	音乐	年级	三年级
课名	《祖国祖国我爱你》	教材	人民音乐出版社
"六知"来源	"六知"	"六知"对应内容	
大纲中的知识点	应知	歌曲的演唱形式 你知道歌曲有什么演唱形式?	
针对课程知识点	已知	用画图画的方法表达对祖国的热爱之情 把你画的图画传上来	
	未知	歌曲的背景及作词作曲家 1. 这首歌曲的创作背景是什么? 2. 这首歌曲的词作者是谁? 3. 这首歌曲的曲作者是谁?	
	能知	歌曲的演唱	
	想知	关于其他的爱国歌曲	
	怎知	通过学唱感受歌曲中蕴含的情绪	

表1-8　智力因素学情记录表三

学科	数学	年级	二年级
课名	"辨认方向"	教材	北师大版
"六知"来源	"六知"	"六知"对应内容	
大纲中的知识点	应知	1.结合具体情境,知道东南、东北、西南、西北四个方向,发展初步的空间观念。 2.能运用东、南、西、北、东南、东北、西南、西北描述物体所在的方向,体会数学与现实生活的联系。 3.在制作方向板过程中,激发学生的学习兴趣和探究欲望	
针对课程知识点	已知	以学校为中心,这些建筑物在学校的什么方向?(东南西北四个方向)	
	未知	动物园、电影院、图书馆、少年宫分别在学校的什么方向?	
	能知	学生是否接触过电脑绘画?	
	想知	动物园在学校的什么方向?	
	怎知	你怎么想到东北这个词的?	

表1-9　智力因素学情记录表四

学科	地理	年级	八年级
课名	人口	教材	人教版
"六知"来源	"六知"	"六知"对应问题	
大纲中的知识点	应知	1.人口总量是多少? 2.人口增长快好还是慢好,为什么? 3.人口是如何分布的,受哪些因素影响?	
针对课程知识点	已知	1.还记得世界人口的分布情况吗? 2.自然因素和社会经济因素包括哪些?	
	未知	中国的人口总数是多少?	
	能知	人口问题及人口政策	
	想知	针对人口老龄化问题,会带来哪些不利影响,应该如何解决?	
	怎知	教师引导学生读图、分析	

表1-10　智力因素学情记录表五

学科	语文	年级	四年级
课名	"出塞"	教材	统编版
"六知"来源	"六知"	"六知"对应内容	
大纲中的知识点	应知	1．能借助注释理解诗句的意思 2．认识"塞、秦"等4个生字，会写"塞、秦"等10个生字	
针对课程知识点	未知	借助注释理解诗句意思	
	能知	诗人所处时代背景 意象在古诗中的用处	
	想知	诗人是谁？ 为什么要写这首诗？	
	怎知	查阅资料　老师讲解　想象画面	

再分享一些教师填写的非智力因素表（表1-11~表1-13）。

表1-11　非智力因素学情记录表一

学科	语文	年级	三年级
需要一次了解的	学习习惯	1．每读一本书一定会看完吗，还是半途而废，只看自己喜欢的部分？ 2．今后读书过程中你会继续用思维导图吗？ 3．读书的时候你会一边读一边做圈点勾画、加标签、做批注吗？ 4．读书的时候你会做笔记或者写短评吗？	
	学习风格	1．你平时的读书方法是什么？ 2．你喜欢用小组合作的形式和同学们交流阅读感受吗？ 3．在阅读课上用iPad辅助学习的方式你喜欢吗？	

续表

学科	语文	年级	三年级
需要一次了解的	生活经验	1．你喜欢看电视还是喜欢看课外书？ 2．每天阅读课外书的时间是多久？ 3．你最喜欢阅读哪类书？ 4．你阅读课外书旳目的是什么？	

表1-12　非智力因素学情记录表二

学科	数学	年级	三年级
需要一次了解的	学习习惯	1．课上你喜欢看数学书还是看教师的PPT、自己动手画一画、拼一拼、跟同学讨论。(看数学书、看PPT动手、讨论) 2．你喜欢用语言表达还是用文字书写学习的内容？ 3．把学会的内容讲给同学或者家长还是做作业、记笔记	
	学习风格	1．上课你愿意主动回答教师的问题吗？ 2．课上，你喜欢和同学讨论问题吗？ 3．课上，你喜欢观看数学视频吗？ 4．你喜欢动手操作学具/画数学图画吗？	
	生活经验	1．你会用加法解决问题吗？ 2．这个问题还要再想想	

表1-13　非智力因素学情记录表三

学科	语文	年级	五年级
需要一次了解的	学习习惯	1．你有自主预习的习惯吗？ 2．你日常有自己在家阅读积累的习惯吗？ 3．遇到不理解的字词怎么处理？ 4．遇到不理解的内容会怎么处理？ (问老师或家长、自主查阅资料、直接略过)	

学科	语文	年级	五年级
需要一次了解的	学习风格	1. 在课上你会主动举手回答问题或者提出疑问吗？ 2. 学习语文知识，你更喜欢哪些呈现方式来帮助你理解内容？（图片、录音、行动）	
	生活经验	1. 你坐过船吗？ 2. 生活中，你认为哪些是最重要的交通工具？ 3. 你认为你的日常生活需要坐船吗？	

　　"智力因素"表和"非智力因素"表中的内容以问题形式呈现是为了便于在后期生成问卷、收集学情数据。

第二章　如何获得学情

在上一章我们已经知道了什么是学情和学情分析，以及为什么要做学情分析。那么我们可以用哪些方法获得学情呢？有些方法可以直接使用信息技术手段实现获取学情，有些方法不能直接通过信息技术手段获得。在使用这些方法获取学情后，用什么方法把得到的学情数据转换为便于后期应用信息技术手段分析的数据呢？这就需要通过一些手段把这些数据转化成可以应用信息技术手段分析的数据。本章主要介绍常见获取学情的方法、获取数据的方法和转化数据的方法。

获取学情的常用方法有问卷调查法、观察法、访谈法、资料分析法、经验分析法等。这些方法各有特点，在实际应用中可以单独使用其中一种方法，也可以多种方法结合应用。没有什么特定的规定，可以根据具体需要了解的学情内容来选择要使用哪种方法。❶

第一节　问卷调查法

一、什么是问卷调查法

问卷调查法是指教师通过应用或设计相应问卷来收集学情数据的一种调查方法。也是教师在教育教学中经常用到的方法。比起观察法和访谈法，问卷调查法是一种可以快速、直接且操作更简单的了解学情的方法。

问卷中的问题分为封闭型问题和开放型问题两种形式。封闭型问题需要给出问题题目，并且列出备选答案，列出备选答案的目的是限制答案范围。这种形式的题目对于被调查者来说相对操作简单，而且便于后期的统计分析。开放型问题只需给出问题题目，不用列出备选答案，答案需要被调查者自己写出，回答不受任何限制。选择开放型问题的时候，需要注意被调查者的年龄特点，

---

❶ 马文杰,鲍建生.学情分析的常用方法[J].教育研究与评论(小学教育教学),2014(5):91-92.

像小学低年级的学生,他们是否能够清楚表述出你想要的内容,并且能否正确地写出(或者电子方式的输入)答案都是未知数,所以,一定要精心设计这种形式的问题,否则问卷调查法可能达不到预期目标。

当遇到以下情况时,可以选择使用问卷调查法:

(1)学生年龄偏小,还不能用语言准确表述自己的观点、感受的时候。

(2)学生思维较为发散,想把焦点集中到有限个数选项中的时候。

(3)在几个固定选项中,想知道各选项学生选择的占比为多少的时候。

我们在利用问卷调查法获取学情的时候还要注意以下几点:

(1)问卷的题目设计要具有科学性、有效性。

(2)问卷的题目设计不要太多、太复杂,否则被调查者嫌麻烦会不认真填写。

(3)问卷的设计要围绕主题。

问卷调查法的优势:

(1)问卷调查法可以节省时间、经费和人力。

(2)问卷调查法不受时间、空间限制。

(3)问卷结果容易量化。

(4)问卷结果便于统计处理与分析。

(5)可以匿名填写问卷,答题者没有顾虑。

问卷调查法的劣势:

(1)问卷一旦设计完成并发放后,再发现问题是不能及时调整的。

(2)问卷调查法不能像访谈法那样深入探讨某一个问题。

(3)问卷调查法不能保证回收率,所以会有收不回来问卷的情况,会影响后期的统计分析。

二、问卷的种类和一般结构

(一)问卷的种类

(1)按照与问卷填答者交流方式的不同,可以把问卷分为自填式问卷和代填式问卷。按照问卷传递方式不同,可以将问卷分为报刊问卷、邮政问卷、送发问卷、网络问卷。具体分类方式如表2-1所示。[1]

表2-1　按照与问卷填答者交流方式和问卷传递方式分类

按与问卷填答者交流方式分类	按问卷传递方式分类
自填式	报刊问卷 邮政问卷 送发问卷 网络问卷
代填式	访问问卷 电话问卷

（2）按照问卷中问题的表达方式，可以将问卷分为封闭式问卷和开放式问卷两类（表2-2）。

表2-2　按照问卷中问题的表达方式分类

项目	封闭式问卷	开放式问卷
答案形式	固定答案	没有固定答案
效率	高	低
回答率	高	低
真实性	低	高
可靠性	高	低
适用范围	事实性问题、判断性问题	态度性问题、假设性问题、敏感性问题
适用题型	单选题、多选题、填空题、矩阵题等	填空题、文件上传题

（3）按照问卷的标准化程度，可以将问卷分为标准化问卷和自编问卷。标准化问卷是指按照教育和心理测量的严格要求，由专家研制的、使用面广泛的、关于某些特殊问题测量的量表性问卷。标准化问卷一般在项目的编制、施测、评分和结果解释上都有一套系统的程序和规定。标准化问卷对学生的某些基

---

[1] 风笑天. 社会研究方法[M]. 北京：中国人民大学出版社，2013：161.

本素质状况的测验和调查具有价值,但对大量的教育现实问题和教育事件的调查,需要由调查研究者自行编制。

自编问卷是调查者根据研究目的和研究对象的特点而自行编制的问卷。与标准化问卷相比较,自编问卷在项目设计、结果分析和结果解释方面的标准化程度较低。自编问卷的适用范围比较狭窄,它只适合于特定的调查研究课题。

(二)问卷的一般结构

做正式问卷的时候,一般应包括卷首语、指导语、主体、编码等几部分。❶

1. 卷首语

它是问卷调查的自我介绍,是让被调查者了解这份问卷的调查目的和填写说明等内容的。卷首语的内容应该包括:自我介绍、调查目的、填写说明等。

(1)自我介绍:让被调查者明白这个问卷是谁或什么组织设计的。

(2)调查目的:让被调查者了解你想调查什么内容。

(3)填写说明:告诉被调查者本次填答问卷的要求和注意事项,匿名与否和保密性原则等事项。

卷首语一般放在问卷第一页的上面。篇幅宜小不宜大。一般不超过二三百字。如果只是我们平时用来了解自己学生的学情或做小调查的,卷首语可以忽略不写。

例如:

同学们:我们马上要进行第××单元的学习了。老师想要通过问卷的方式了解你们对××知识的认识程度,希望你们能够认真填写,这次问卷是不记名的。谢谢你们的配合!

2. 指导语

指导语是告诉被调查者如何填写问卷的,包括对某种定义、标题的限定及示范举例等内容。

例如:

你的回答没有对错之分,请在每一个问题后结合自己的实际情况回答,或

---

❶ 顾永安.教育研究方法[M].南京:南京大学出版社,2015:117.

者在横线处填写恰当的内容,若无特殊说明,每个问题只选择一个答案。

3．主体

问卷的主体是问题和答案,也是问卷的核心部分。一般包括问卷问题、问题说明和答案选项等。从形式上看,问题可分为开放式问题和封闭式问题两种。

(1)开放式问题是指调查者不提供任何答案,由被调查者自由答题,这类问题能自然且充分地反映被调查者的观点、态度,因此能获取到比较丰富、生动的内容,但要想统计和处理好这类信息的难度就相对较大了。

(2)封闭式问题是指问题的后面同时提供设计好的几种不同答案,让被调查者根据自己的实际情况在答案中选择。它是一种快速有效的调查问卷的形式,便于统计分析,但提供选择答案本身限制了问题回答的范围和方式,这类问题所获得的信息的价值在很大程度上取决于问卷设计自身的科学性、全面性的程度。

从内容上看,可以分为事实性问题、意见性问题、断定性问题、假设性问题和敏感性问题等。

(1)事实性问题。事实性问题主要是要求被调查者回答一些有关事实的问题。事实性问题的主要目的在于求取事实资料,因此问题中的用词定义必须清楚,让被调查者了解后能正确回答。

在调查问卷中,许多问题都属"事实性问题",如被调查者个人的资料:年级、班级、家庭状况等。这些问题又称为"分类性问题",因为可根据所获得的资料而将被调查者分类。

(2)意见性问题。在问卷中,往往会询问被调查者对一些问题的意见或态度。

例如,你喜欢上直播课吗?

意见性问题事实上是调查态度的问题。往往涉及人行为方式中内在的思想、观念、价值倾向、动机、兴趣、爱好,以及对人或事物的看法、认识、感情、意见等方面的问题。因此,这类问题的调查结果会受被调查者填表时的心情的影响,也会受到问题出现的位置和用词的影响。所以设计此类问题时,需要我们把这些因素都考虑进去。而且被调查者在填写这类问题时的态度可能不是很鲜明,不能作出非此即彼的选择,这时候我们可以采用给答案打分的方式来解决,如在1~10分中选择一个数值代表被调查者对问题的态度。

(3)敏感性问题。敏感性问题是指被调查者不愿在调查员面前作答的某些问题,如涉及个人隐私的问题,或不为一般社会道德所接纳的行为、态度,或属有碍声誉的问题。

如果一定要想获得敏感性问题的答案,又避免被调查者不真实地回答,可采用间接问题法。不直接询问被调查者对某事项的观点,而改问其对他人对该事项的看法。

例如,用间接问题旨在套取被调查者回答认为是旁人的观点。所以在他回答后,应立即再加上一个问题,即"你是否认同他们的看法?"

(4)断定性问题。有些问题是先假定被调查者已有该种态度或行为。

例如,你为什么喜欢上直播课? 事实上该被调查者极可能根本不喜欢上直播课,这种问题则为断定性问题。正确处理这种问题的方法是在断定性问题之前加一条"过滤"问题。

例如,您喜欢上直播课吗?

如果被调查者回答"是",那么再用断定性问题继续问下去才有意义,否则在过滤问题后就应停止。

(5)假设性问题。有许多问题是先假定一种情况,然后询问被调查者在该种情况下,他会采取什么行动。

例如,你希望在美术课上用Pad学习吗?

您愿意学习在线互动学习平台的相关应用吗?

以上都属于假设性问题,被调查者对这种问题多数会回答"是"。这种调查问题被调查者的答案事实上没有多大意义,因为多数人都愿意尝试一种新东西,或获得一些新经验。

因此,我们在问题设计方面就需要考虑:问这个问题的目的是什么? 我想从这个问题得到什么样的结果? 这么问是否能得到我想要的结果? 这也是问卷中每个问题我们都要思考的。我们的原则是,问卷中的每一个问题都应该为调查的目标有所贡献或服务于某些特定的目的。如果从一个问题中得不到满意的可用数据,可以同时问几个相关联的问题。

4. 编码

编码,简单地说就是给问题和答案编写特定的序号,用这些序号来标记问卷中的问题及其答案。例如:

1. 课余时间你是否报了美术培训班?

A. 是　　B. 否

其中的问题题号"1"和答案选项"是""否"对应的 A、B 就是编码。

之所以需要编码,是为了能简单快速地录入计算机中,并进行统计处理和分析(如果使用电子问卷,就无须进行编码)。

编码工作既可以在设计问卷时进行(这种方式称为预编码),也可在问卷收回后进行(这种方式称为后编码)。一般来说,在以封闭式问题为主的问卷中,人们往往采取预编码的方式;而在以开放式问题为主的问卷中,因为不能准确地预测会得到什么样的回答和会有多少种不同的回答,所以不可能在问卷收回之前建立编码,一般会采取后编码的方式。

三、问卷中常用的题型

问卷中常见问题类型有开放式问题和封闭式问题,在问卷中什么情况下采用开放式问题、什么情况下采用封闭式问题,我们可以参考表2-3。

表2-3　常见问题类型的适用范围

要素	开放式问题	封闭式问题
目的	需要了解被调查者的个人观点、意见或建议收集更多的可能答案	想确定被调查者更倾向于哪个答案,需要对答案进行比较和统计分析
被调查者特征	被调查者有能力用自己的语言表述答案被调查者愿意用自己的语言表述答案	不需要被调查者发散性的答案
提问方式	常用到"为什么""怎么""如何"	常用到"是否""哪个""哪些"等

封闭式问题又包括:填空题型、判断题型、选择题型、排列题型、矩阵题型、表格题型等。

（一）填空题型

是指在问题后面的横线上或括号内填写答案的问答方式,这种问答方式适用于回答答案比较简单的问题。例如:

课文中第( )自然段是小毛虫阶段,第( )自然段是茧的阶段,第( )自然段是蝴蝶阶段。

（二）判断题型

也称为对错题型或两项式,因为只有两种答案("对"和"错","是"和"否"或者"男"和"女"等)可供选择。这种问答方式适用于有相互排斥的两个答案的问题。例如:

你捉过蝌蚪吗?(是;否)

（三）选择题型

列出多种答案,由被调查者自由选择一项或多项的回答方式。这种问答方式,适用于回答有几种互不排斥的答案的问题。例如:

请你选出哪些方向是相对的?

A. 上和中　B. 左和右　C. 东和北　D. 西和南

（四）排列题型

列出若干种答案,由被调查者给各种答案排列先后顺序的回答方式。这种回答方式,适用于要表示一定先后顺序或轻重缓急的问题。例如:

将下列句子排列为语意连贯的一段话(只排列序号)。

①绿是生命的颜色。

②春雨过后,树梢上冒出了一簇簇嫩绿的叶芽,更会使你觉得新的生命在跳动。

③你看那春天的原野,生机勃勃,欣欣向荣,令人感到鼓舞和振奋。

④道旁的树木,青翠欲滴;田间的禾苗,郁郁葱葱。

⑤到了夏天,大地上一片葱茏。

⑥面对着这充满蓬勃生机的绿色大地,便会感到自己也增添了无穷的活力。

恰当的顺序应是:_____。

(五)等级题型

列出不同等级的答案,由被调查者根据自己的意见或感受选择答案的回答方式。这种回答方式,适用于要表示意见、态度、感情的等级或强烈程度的问题。例如:

你喜欢用小组合作的形式和同学们交流阅读感受吗?(单选)

A. 非常喜欢　B. 比较喜欢　C. 一般　D. 不喜欢　E. 非常不喜欢

常见的等级量表有三级、五级、七级、九级、十级。上面的例子就使用的是五级量表。常用的五级用词还有:

非常喜欢,比较喜欢,无所谓;讨厌,非常讨厌;

坚决反对,反对,既不同意也不反对,同意,非常同意

经常,有时,偶尔,没有,不适用;

很好,可以,不好,很差,无所谓等。

此外,还可以用数字来表示等级。例如:

	2	1	0	−1	−2	
赞成	□	□	□	□	□	不赞成
同意	□	□	□	□	□	不同意
满意	□	□	□	□	□	不满意
高兴	□	□	□	□	□	不高兴
喜欢	□	□	□	□	□	不喜欢

其中,"2"表示非常赞成,"1"表示一般赞成,"0"表示无所谓、不知道或不适用,"−1"表示不赞成。"2"表示坚决不赞成;或者以"5""4""3""2""1"表示赞成、同意、满意、高兴、喜欢的等级。填答者只需在适合的方格内打"√"就行。

(六)矩阵题型

将同类的几个问题与答案排列成一个矩阵,由被调查者对比着进行回答的

方式。这种回答方式,适用于同类问题、同类回答方式的一组问题。例如:

	每次都会;	经常会;	偶尔会;	从不
上课时你是否积极发言?	☐	☐	☐	☐
你会主动课前预习吗?	☐	☐	☐	☐
阅读过程中遇到好词好句你会多读几遍或者记下来吗?	☐	☐	☐	☐
阅读过程中遇到不会的字,你是否会查字典?	☐	☐	☐	☐

(七)表格题型

将同类的几个问题与答案列成一个表格,由被调查者回答的方式。它实际上就是矩阵式的一种变形。与矩阵式一样,这种回答方式也适用于同类问题、同类回答方式的一组问题。如表2-4所示。

表2-4　表格式题型

问题	选项			
	每次都会	常会	偶尔会	从不
上课时你是否积极发言?				
你会主动课前预习吗?				
阅读过程中遇到好词好句你会多读几遍或者记下来吗?				
阅读过程中遇到不会的字,你是否会查字典?				

四、纸质问卷的数据收集和转化

通过前面的介绍,我们对问卷有了一定的了解,而且在教育教学中我们也常使用问卷(课前小调查、学案或试卷),但是这些问卷通常都是纸质的,不方便我们做后期的统计分析。在这里我们来看看怎么把纸质的问卷进行电子化收集。我们以比较成熟的调查问卷——了解学生学习风格为例,来看看怎么把传统的纸质问卷转换成电子问卷。问卷内容见表2-5。

表2-5 学习风格测试表

评估您的学习风格(在每个陈述后选择适当的选项)			
问题选项	经常	有时	很少
1．与阅读相比,我通过倾听能够记住更多的内容			
2．与口头指导相比,书面指导更有效			
3．我喜欢写下内容或记笔记,以便日后复习			
4．通过使用钢笔或铅笔进行书写,能够帮助我加深对知识的记忆			
5．我需要对图表、图示、曲线图或其他视觉材料的口头解释			
6．我喜欢使用适当的工具			
7．我擅长并且喜欢开发或制作图表、曲线图和图示			
8．当两种声音混合在一起时,我可以辨别它们是否和谐			
9．把内容多写几遍可以让我记得最牢			
10．我可以轻松地理解和使用地图上的指示			
11．通过听课或听磁带我可以更好地掌握学科内容			
12．我经常玩弄口袋里的硬币、钥匙,或手上的东西			
13．在记单词时,反复大声朗读字母比在纸上反复书写效果更好			
14．与听收音机相比,读报纸能让我更好地理解新闻内容			
15．我喜欢在学习时嚼口香糖、吸烟或吃零食			
16．我感觉最好的记忆方法是将其勾画在脑海中			
17．我通过描红学习写字			
18．与阅读书本材料相比,我更愿意听讲座或演讲			
19．我擅长应对和解决难题、混乱局面等			
20．我喜欢在学习过程中不断追求新的目标			

评估您的学习风格（在每个陈述后选择适当的选项）			
问题选项	经常	有时	很少
21．与读报纸相比，听收音机能让我更好地理解新闻内容			
22．我通过阅读相关材料获得感兴趣主题的相关信息			
23．在与他人接触、拥抱、握手时，我感觉很自然			
24．与书面说明相比，我更喜欢口头说明			

表2-6是学习风格统分说明表。根据下列相应的项目号，在项目号旁边填写分值并求和，以获得各标题的偏好分数，总分最高的便是你的类型。

表2-6　学习风格统分说明表

经常＝5分；有时＝3分；很少＝1分					
视觉		听觉		感觉	
编号	分值	编号	分值	编号	分值
2		1		4	
3		5		6	
7		8		9	
10		11		12	
14		13		15	
16		18		17	
20		21		19	
22		24		23	
视觉分值＝		听觉分值＝		感觉分值＝	

注：此表由理查德·奥利弗博士提供［圣安东尼奥学院学生学习援助中心（SLAC），1995年］。

在有电脑和网络之前，这个问卷我们通常是印刷出纸质版，分发给学生让他们填写，学生填好后可以根据表2-7的计分办法自行统计出各项分数。

在有了电脑之后,我们可以把问卷制作成电子问卷,让学生在电脑上填写,直接由电脑完成统计。

我们以目前使用较多的Excel的电子表格软件为例,介绍制作电子问卷的方法。在使用Excel时,需要把纸质问卷的格式改变成方便数据录入的格式,这就需要把题目放到同一行中,这样一行就是一个学生的信息。再把三个选项做成下拉列表的形式,方便录入。如图2-1所示:

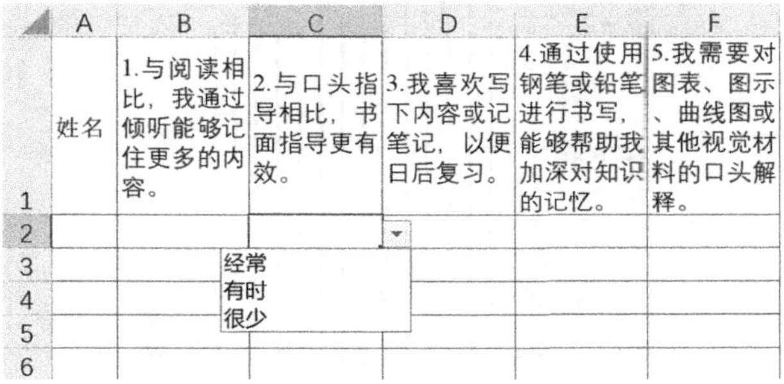

图2-1 选项下拉列表示意图

对于问卷题目的录入方法,我们在这里就不再赘述了。主要介绍其中单元格下拉列表的做法。具体操作步骤如下。

第一步:按照图2-1所示的格式,把问卷的题目输入Excel相对应的单元格中(图2-2)。

第二步:选中需要插入下拉菜单的列(一共24个题目,如果有10名学生要填表的话,就选中B2:Y11,之后在菜单栏选中"数据"选项卡,点击"数据"中的"有效性"。如图2-3中序号顺序所示。

第三步:在数据有效性对话框中的"允许"列表中选择"序列",在来源中输入"经常""有时"和"很少",点击"确定"按钮完成设置。特别注意的是中间要用英文逗号分开。如图2-4所示。

▲	A	B	C	D	E	F	G	H	I	J	K	L	M	N	O	P	Q	R	S	T	U	V	W	X	Y
1	姓名	1.与阅读相比，我通过听过的内容比名字更记得多的内容	2.与口头描述相比，我更喜欢下片内容或图表等相配的东西	3.我喜欢写下东西或记笔记以便日后复习	4.通过使用钢笔或铅笔进行书写、记笔记以便日后复习，我觉得对知识的口头复习更有效	5.我通过图表、曲线或其它视觉材料工具来加深对材料的口头解释的记忆	6.我系统次使用适当的图表、曲线或图表成为适当的工具	7.是附图长并且喜欢并发或制作使用图表和图例进行演示	8.当两种声音混合在一起时，写几遍可以辨认它们的声音否相混	9.老师给我等多时，写几遍可以辨认以让我记得最早	10.我可以很轻松地理解和使用地图、图表、钥匙、指示	11.通过可以说或听磁带、口袋里的硬币带我可以里的更好地来、钥匙等	12.我愈听磁带词时，反复大声朗读以便我更好地理解学科内容	13.在记单词中，反复大声朗读单词，吸收或将其写在纸上的单词课和整个内容	14.与听收机相比，我喜欢在学习时我嘴口含糖那能让我更好吸收、吸喔或将其写在纸内心安宁	15.我喜欢学习时尝试不同的记忆方法是我最好的记忆方法	16.我感觉最好的记忆力方法是及是撮其写或画写字在脑袋中	17.我通过在学习过程中提及身所理、局部及其的好处或演示评讲	18.与书本材料相比，书本材料	19.我擅长解应对和解释这类难题，课中不断理度或演或讲评	20.我喜欢对知解在学习时间里的记忆前提及身所理、局部及其的好处或演示讲目标	21.与读相比，低相比，所收含机材料关获得细有、实地	22.我通过相关阅读有关信息、该能找到材料关获得相关的新闻内容信息	23.走与他人接触、交换意见然	24.与他书面说明相比，我更喜欢口头说明
2																									
3																									
4																									
5																									
6																									
7																									
8																									
9																									
10																									
11																									
12																									
13																									
14																									

图2-2 输入问卷效果图

文件　开始　插入　页面布局　公式　**数据**　审阅　视图　帮助　Power Pivot　百度网盘　特色功能　帮

获取数据　全部刷新　查询和连接　属性　编辑链接　排序　筛选　重新应用　高级　清除　分列　模拟分析　预测工作表　分级显示

获取和转换数据　查询和连接　排序和筛选

数据验证(V)…

圈释无效数据(I)

清除验证标识圈(R)

B2

	A	B	C	D	E	F	G	H	I
1	姓名	1.与阅读相比，我通过倾听能够记住更多的内容	2.与口头指导相比，书面指导更有效	3.我喜欢写下内容或记笔记，以便日后复习	4.通过使用钢笔或铅笔进行书写，能够帮助我加深对知识的记忆	5.我需要对图表、图示、曲线图或其他视觉材料的口头解释	6.我喜欢使用适当的工具	7.我擅长并且喜欢开发或制作图表、曲线图和图示	8.当两种声音混合在一起时，我可以辨别它们是否和谐
2									
3									
4									
5									
6									
7									

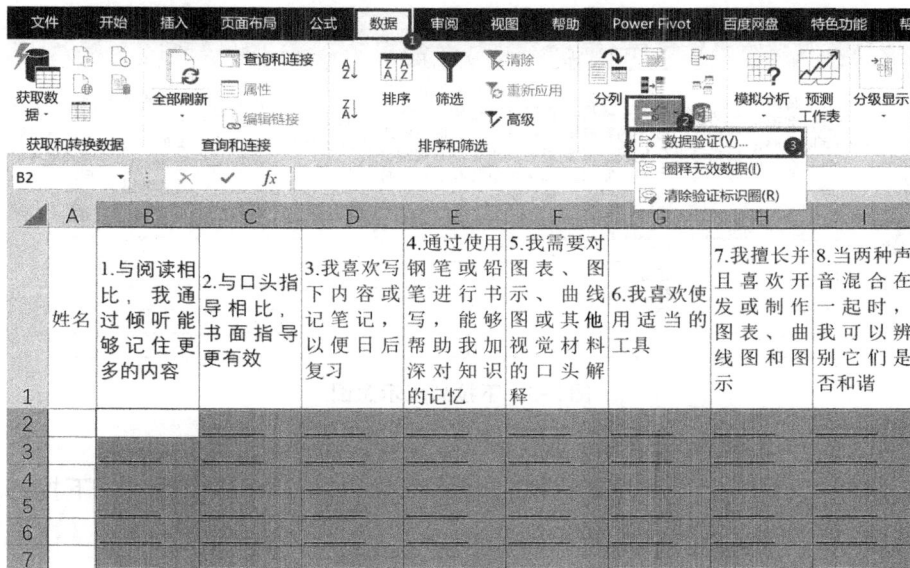

图2-3　设置"数据有效性"

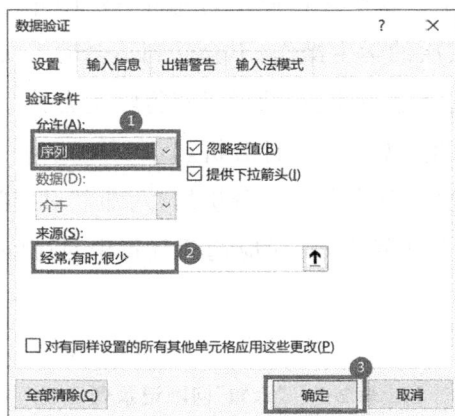

数据验证

设置　输入信息　出错警告　输入法模式

验证条件

允许(A)：

序列　　☑忽略空值(B)

数据(D)：　☑提供下拉箭头(I)

介于

来源(S)：

经常,有时,很少　　↑

☐对有同样设置的所有其他单元格应用这些更改(P)

全部清除(C)　　确定　　取消

图2-4　"数据有效性"对话框

第四步：在选择范围B2：Y11中的每个单元格的右侧，都会出现下拉菜单了。如图2-5所示。

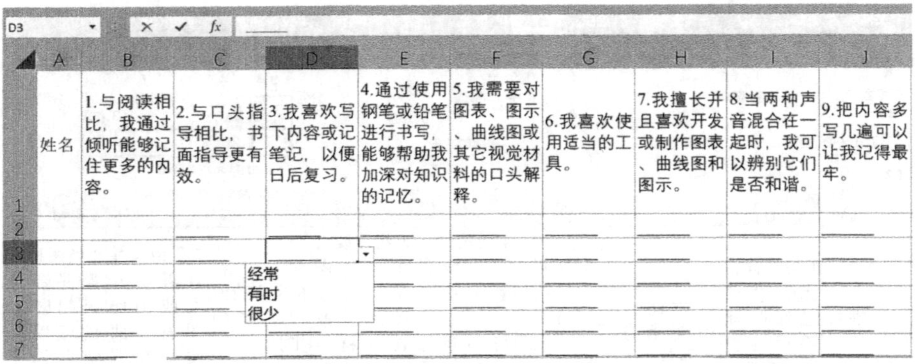

图2-5 下拉列表示意图

这样,我们就把纸质问卷转换成电子问卷了,并且把选项做成了下拉列表形式,在填表时就不用输入文字了。

我们再以了解学生学情的"六知"为例,来看看纸质问卷的设计。

在第一章我们已经给大家看了记录"六知"的表格。在这里我们先说说这个表格各项内容的含义。这个表格放在问卷调查法中介绍,是希望能通过问卷的形式,方便各年龄层次的学生操作,不会受到不会输入文字、不会表达自己意见的干扰,能尽量用选择题、判断题的形式获得学生有关"六知"的信息,同时也能方便教师对收集到的数据进行统计分析。

因此,这个表格包括"分类"、需要分析的"六知""对应问题"(把想要收集的"六知"转换成问题的形式问出)、"对应选项"(每个对应问题的答案选项)这四列。(表2-7)。

表2-7 "六知"问题记录表

分类	"六知"	对应问题	对应选项
大纲中的知识点	应知(列出大纲中的对应内容)	1. 2. 3. ⋮	

分类	"六知"	对应问题	对应选项
针对课程知识点	已知(能反映出是学生已经知道的问题)	1. 2. 3. ⋮	
	未知(能反映出是学生不知道的问题)	1. 2. 3. ⋮	
	能知(能反映出是学生需要知道的问题)	1. 2. 3. ⋮	
	想知(能反映出是学生想要知道的问题)	1. 2. 3. ⋮	
	怎知(根据学生的学习特点,结合本课的内容,确定的教学方法)	1. 2. 3. ⋮	

其中"应知"是课标中要求学生应该具备的相关知识经验和能力水平等,这部分内容可以从课标中找到,列到对应问题中,这项不用学生填写,可以不是问题,因此没有对应选项。

在针对课程知识点中的"已知"内容是指针对本节课的内容,学生已经具备的相关知识经验和能力水平等。在"对应问题"中把这些内容转化成问题的形式给出,在"对应选项"中列出答案选项。例如,你认为学生已经知道了"尽"字是多音字,并且掌握了多种读音和组词,那么你就可以在"已知"对应问题中列出这样的问题(表2-8)。

表2-8 "已知"问题样例

分类	"六知"	对应问题	对应选项
针对课程知识点	已知（以问题的形式出现，预设的结果能反映出是学生已经知道的）	1. 请选出"尽"字读音全部相同的一组。 2. 请选出"尽量"的正确读音	1. A.尽管，尽心 B.尽管，尽早 C.尽早，尽心 2. A. jìn liàng B. jǐn liàng

　　当收回问卷时，这两个问题的正确率都能在百分之八九十以上，说明我们预想的这个内容学生是"已知"跟我们的预想结果一致。如果正确率没有这么高，说明我们的预想不对，还有相当一部分学生没有掌握这个"已知"的内容，需要我们在教学中再巩固一下。

　　同样地，其他几"知"也需要改成相应的问题并给出对应选项，这样我们在统计分析后，根据正确率来确定这几"知"是否跟我们预想的一致，再以此为依据对教学目标、教学重难点和教学内容做调整。

　　下面是一位教师填写的"六知"问题样例（表2-9），这个表是根据具体的教学内容写出的。

表2-9 "六知"问题样例

分类	分析的方面	对应问题	对应选项
大纲中的知识点	应知	1. 结合具体情境和直观操作，初步理解分数的意义，能认、读、写简单的分数，体会学习分数的必要性。 2. 会用折纸、涂色等方式表示简单的分数。 3. 激发学生的探索欲望、活跃学生的思维，更深入地理解数学与生活的紧密联系，使学生热爱生活、热爱数学	

续表

分类	分析的方面	对应问题	对应选项
针对课程知识点	已知	1．用自己的方式表示一半。 2．你能用分数表示下图的含义阴影部分吗？ 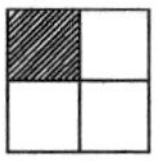	1．有学生录制把苹果掰成一半的视频；有学生把数学作业纸对折 2．$\frac{1}{4}$,1,1/2,3/4
	未知	1．你能找到圆的$\frac{7}{6}$吗？ 2．$\frac{1}{2}$和$\frac{1}{2}$相等吗？	能 不能
	能知	1．会写、会认、会读分数。 2．请读出下列数字：$\frac{1}{8}$、$\frac{5}{6}$、$\frac{7}{3}$。 3．分别涂出下面图形的$\frac{1}{6}$ 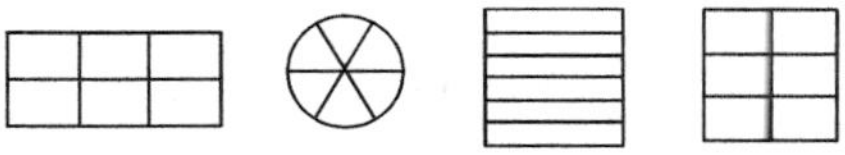	
	想知	1．$\frac{3}{4}$和$\frac{1}{2}$谁大？ 2．为什么会有分数线,他是干什么的？ 3．怎么找正方形的$\frac{1}{3}$？ 4．在哪会用到分数？	
	怎知	1．教师出示一个西瓜和一个苹果,让学生找到它们的一半。 2．通过前测作业中学生找的一半,理解$\frac{1}{2}$。 3．用一张纸折一折、涂一涂,你还能找到那些分数？ 4．引出分数的意义,认一认否、读一读、说一说分数的意义。 5．把一张纸平均分成4份,其中的1份、2份、3份涂上颜色并说一说	

如果采用传统的纸质问卷的形式,我们只需要把问题按照课前问卷的格式修改并打印出来,发给学生填写即可。修改后的纸质问卷格式见表2-10。

表2-10　修改后的问卷

姓名:	班级:

1. 用自己的方式表示一半.

2. 请读出下列数字:$\frac{1}{8}$、$\frac{5}{6}$、$\frac{1}{3}$。

3. 图中阴影部分表示?

A. 1　B. $\frac{1}{2}$　C. $\frac{3}{4}$　D. $\frac{1}{4}$

4. 这是圆的$\frac{1}{2}$吗?

是　不是

5. 你能找到圆的$\frac{1}{6}$吗?

能　不能

6. 西瓜的$\frac{1}{2}$和苹果的$\frac{1}{2}$谁更大?

A. 西瓜　B. 苹果

7. 你能从哪个选项中找到$\frac{1}{6}$?[多选题]

A.　　　B.　　　C.　　　D.

8. 分数线的意义是什么?

9. 你想知道下面这些内容吗?(多选)

A. $\frac{3}{4}$和$\frac{1}{2}$谁大?　　　B. 为什么会有分数线,他是干什么的?

C. 怎么找正方形的$\frac{1}{3}$?　　　D. 在哪会用到分数?

针对纸质版问卷的收集,可以使用Excel表格。其中第一题是开放性问题,会有各种答案,所以在Excel中不做录入统计了。第二题是声音题,也没有办法

在 Excel 中录入,所以在 Excel 中我们可以只录入统计3~9题。表格格式如图2-6所示。

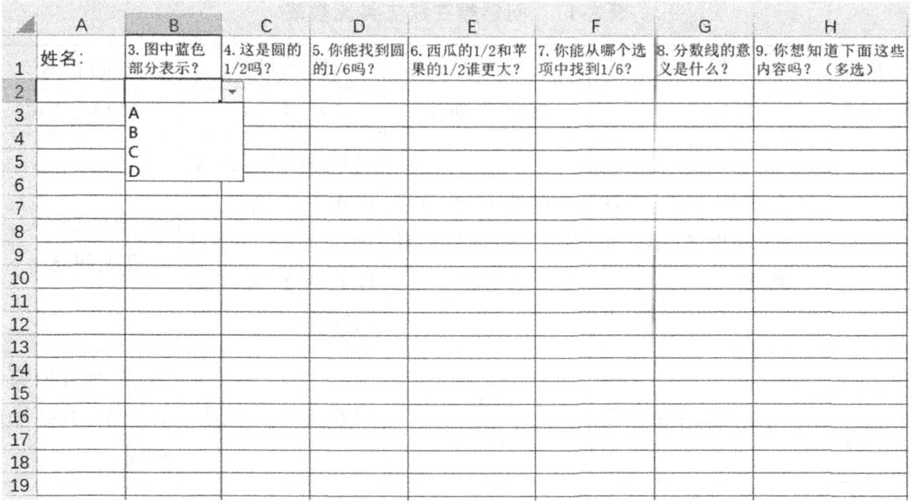

图2-6　统计表(第3~9题)

其中,第3、4、5、6、8题的选项还可以使用前面我们介绍过的下拉列表的形式。第7、9题是多选题,没有简单的录入方法,只能把对应的选项编码输入,如第7题学生选择的是 ABC 三个选项,那么我们就在对应的第7题的下方输入 ABC。

五、电子问卷的数据收集

使用传统的纸质问卷的形式,需要教师在收回问卷后手动对问卷进行统计,很多教师嫌麻烦,省去统计的步骤,只是大致浏览一下,做个初步了解。这样做,我们还是不能了解到学生的精确学情数据。因此,我们可以利用网络,采用电子问卷的形式设计、发放、收集和统计问卷,不仅可以大大减少教师的工作量,还能快速准确地得到问卷反馈。

关于电子问卷,我们可以使用共享文档类和问卷类平台实现。目前做在线数据收集的平台有很多,如我们常见的问卷星、UMU、腾讯问卷、问卷网等问卷类在线平台,还有腾讯文档、超级表格、表单大师等共享文档类在线平台。这些工具各有自己的特点(表2-11)。

表2-11 问卷类在线工具比较表

指标	问卷星	UMU	腾讯问卷	问卷网
创建时间	2006年创办	2015年创办	2014年创办	2013年创办
特色	创办时间早,专注问卷题型多,模板多	以在线互动学习为主,问卷只是其中一个功能	可以使用腾讯系应用如腾讯文档、腾讯调研云。可以按逻辑方式添加题目	可以建文件夹,分类管理问卷
免费功能限制	高级题型不能使用	只能看到30人填写问卷正常使用?	问卷功能无差别	短信、邮件发布需要收费,其他功能相同
题型数量	50+	4	14	40+
问卷模板	多	少	多	多
支持导入	支持文本导入	支持文本导入	支持Excel导入	支持Word和文本导入
自动生成统计图表	是	否	是	是
是否有在线spss分析	是	否	否	是
是否生成调查报告	是(Word)	否	是(腾讯调研云生成)	是(Excel、Word)
导出数据格式	Excel、spss	Excel	Excel、CSV、同步到腾讯文档	Excel、CSV
发布方式	微信、嵌入网页	微信	微信、邮件、短信(10条)、嵌入网页	微信、(邮件、短信收费)、嵌入网页
在线帮助	在线客服	QQ客服群	企业微信群	在线客服

我们再来看看共享文档类在线工具的比较(表2-12)。

表2-12　共享文档类在线工具的比较表

指标	腾讯文档	超级表格	表单大师
创建时间	2018年	2013年	2015年
特色	可多人同时编辑的在线文档,支持在线 Word/Excel/PPT/PDF/多种类型收集表	表格、表单录入数据500行/月	集共享表格和问卷、考试于一体
免费功能限制	常用的基础功能,能满足日常需求	指定共享人数上限3人,10分钟内共享链接访问人数上限20人	每月提交5000条数据,总数据量上限2万条/表,每天最多导出1次,单次导出文件附件数量不能超过1500份
免费模板数量	多	多	多
导出格式	.xlsx、.csv、.png	.xlsx、.csv	.xlsx、.csv、.txt
导出范围	全部	全部	可选导出字段
共享方式	表格形式	表格形式或表单形式	表单形式
共享数据范围	全部文档	可共享部分列	可共享部分列
上手难易度	易	易	中

（一）用问卷星实现

以问卷星为例,介绍制作电子问卷的方法。首先要把问卷的格式改成符合问卷星的格式。问卷星的格式要求如下：

（1）题目标题最好以数字开头。

（2）一个选项占一行,选项与选项之间不要空行。

（3）矩阵题等需要加入题型标记才能正常识别,查看示例文本。

（4）题目与题目之间用空行分开。如果无法正确识别,请尝试在题目与题目之间加入空行。

（5）如有问题请创建空白问卷。

问卷星的题型格式示例如下（图2-7）。

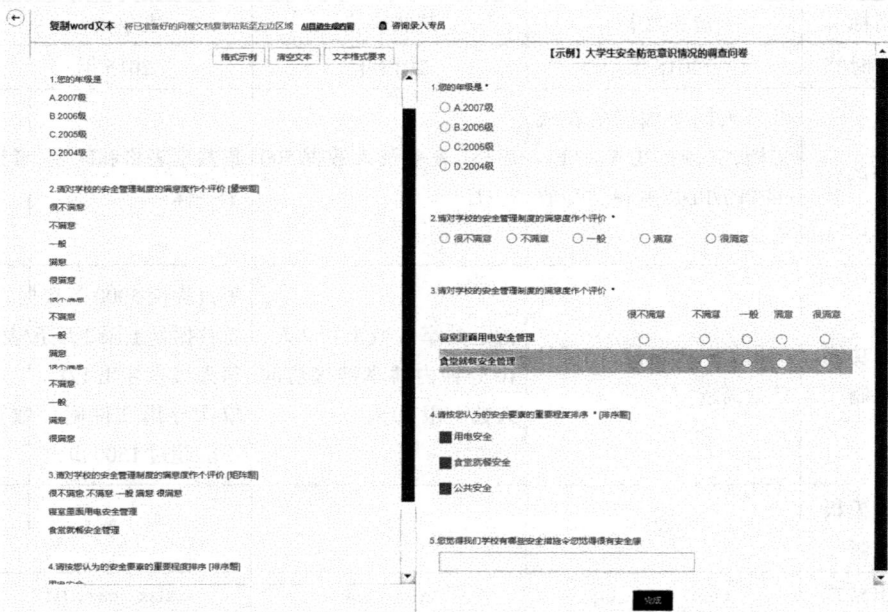

图 2-7　问卷星的题型格式示例

　　根据问卷星的格式,我们把学习风格问卷的格式进行修改,修改后的格式如表2-13所示。

表 2-13　修改后的学习风格问卷

1. 与阅读相比,我通过倾听能够记住更多的内容。[单选题]

经常

有时

很少

(空行)

2. 与口头指导相比,书面指导更有效。[单选题]

经常

有时

很少

(空行)

3．我喜欢写下内容或记笔记，以便日后复习。[单选题]

经常

有时

很少

（空行）

4．通过使用钢笔或铅笔进行书写，能够帮助我加深对知识的记忆。[单选题]

经常

有时

很少

（空行）

5．我需要对图表、图示、曲线图或其他视觉材料的口头解释。[单选题]

经常

有时

很少

（空行）

6．我喜欢使用适当的工具。[单选题]

经常

有时

很少

（空行）

7．我擅长并且喜欢开发或制作图表、曲线图和图示。[单选题]

经常

有时

很少

（空行）

8．当两种声音混合在一起时，我可以辨别它们是否和谐。[单选题]

经常

有时

很少

（空行）

9. 把内容多写几遍可以让我记得最牢。[单选题]

经常

有时

很少

（空行）

10. 我可以轻松地理解和使用地图上的指示。[单选题]

经常

有时

很少

（空行）

11. 通过听课或听磁带我可以更好地掌握学科内容。[单选题]

经常

有时

很少

（空行）

12. 我经常玩弄口袋里的硬币、钥匙，或手上的东西。[单选题]

经常

有时

很少

（空行）

13. 在记单词时，反复大声朗读字母比在纸上反复书写效果更好。[单选题]

经常

有时

很少

（空行）

14. 与听收音机相比，读报纸能让我更好地理解新闻内容。[单选题]

经常

有时

很少

（空行）

15．我喜欢在学习时嚼口香糖或吃零食。[单选题]

经常

有时

很少

（空行）

16．我感觉最好的记忆方法是将其勾画在脑海中。[单选题]

经常

有时

很少

（空行）

17．我通过描红学习写字。[单选题]

经常

有时

很少

（空行）

18．与阅读书本材料相比，我更愿意听讲座或演讲。[单选题]

经常

有时

很少

（空行）

19．我擅长应对和解决难题、混乱局面等。[单选题]

经常

有时

很少

（空行）

20．我喜欢在学习过程中不断追求新的目标。[单选题]

经常

有时

很少

（空行）

21．与读报纸相比,听收音机能让我更好地理解新闻内容。[单选题]

经常

有时

很少

（空行）

22．我通过阅读相关材料获得感兴趣主题的相关信息。[填空题]

（空行）

经常[单选题]

有时

很少

（空行）

23．在与他人接触、拥抱、握手时,我感觉很自然。[单选题]

经常

有时

很少

（空行）

24．与书面说明相比,我更喜欢口头说明。[单选题]

经常

有时

很少

（空行）

我们把了解学生学情的"六知"的问卷修改成如表2-14形式。

表2-14　修改后的"六知"问卷

1．您的姓名

2．班级

3．用自己的方式表示一半

4．图中阴影部分表示？

1

1/2

3/4

1/4

5． 这是圆的1/2吗？

是

否

6．你能找到圆的1/6吗？

能

不能

7．西瓜的1/2和苹果的1/2谁更大？

西瓜

苹果

8．你能从哪个选项中找到1/6？［多选题］

9．分数线的意义是什么？

10．你想知道下面这些内容吗？［多选题］

$\frac{3}{4}$ 和 $\frac{1}{2}$ 谁大？

为什么会有分数线，他是干什么的？

怎么找正方形的 $\frac{1}{3}$？

在哪会用到分数？

图 2-8 "创建问卷"

格式修改好后,按照下面的步骤把学习风格问卷导入问卷星中,形成电子问卷。

(1)打开问卷星,选择创建问卷(图2-8)。

(2)选择"调查"(图2-9)

图 2-9 "调查"问卷

(3)选择"文本导入"(图2-10)

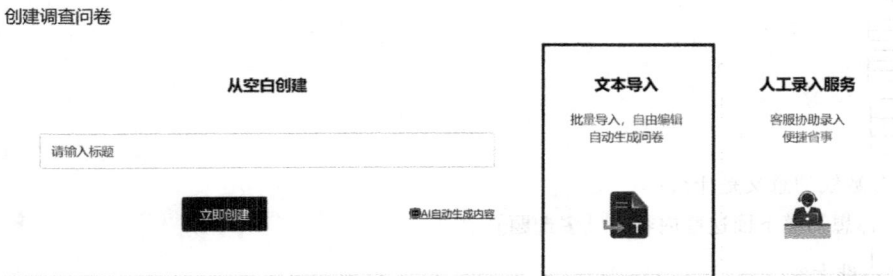

图 2-10 "文本导入"

(4)从 Word 中复制学习风格问卷内容,在下图左侧窗口粘贴(图2-11),粘贴后单击右下方的"完成"。

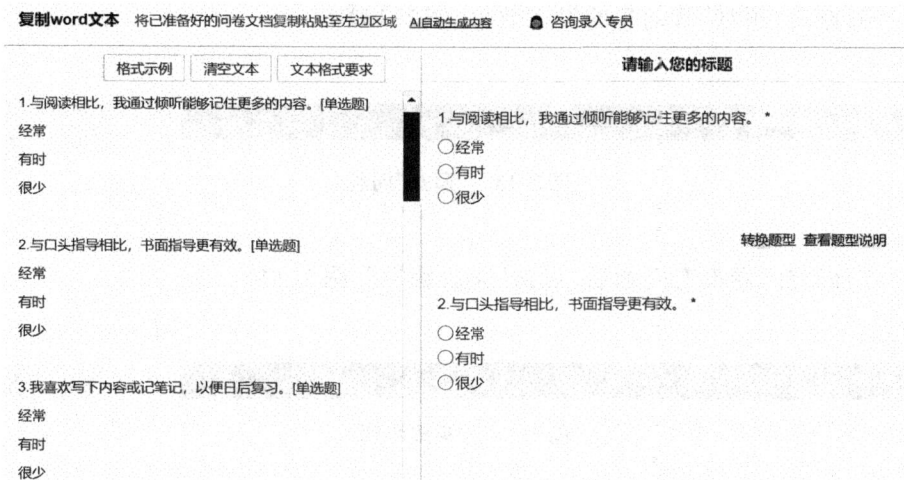

复制word文本　将已准备好的问卷文档复制粘贴至左边区域　AI自动生成内容　　💬 咨询录入专员

图2-11　"复制Word文本"

（5）在问卷编辑页面输入问卷标题（图2-12）。

图2-12　编辑问卷标题

59

（6）点击"预览"看问卷的发表效果（图2-13）。

图2-13　"预览"问卷

（7）确定问卷没有问题后，点击"完成编辑"（图2-14）。

图2-14　"完成编辑"

（8）点击"发布此问卷"，生成访问链接和二维码（图2-15）。

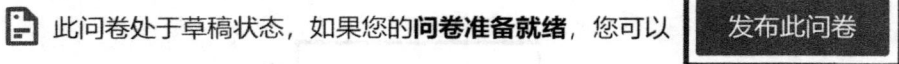

此问卷处于草稿状态，如果您的**问卷准备就绪**，您可以　　　发布此问卷

图2-15　"发布问卷"

（9）复制访问链接和二维码，发布到微信群等（图2-16）。

图2-16　生成问卷链接和二维码

（二）用UMU实现

除了问卷星，还可以使用UMU制作电子问卷。

UMU问卷对于个人免费版用户有"参与人数不超过30人"的限制。

参与人数不超过30人，是指问卷可被无限提交，但问卷的数据没有解锁之前，只能看到30人的数据，解锁以后，可以得到全部的问卷的数据。

UMU问卷的题型不如问卷星多，它只有4种类型：单选题、多选题、开放题、数值型。UMU问卷的格式要求如下：

用两个回车分隔问题，用一个回车分隔选项。

题目和题目之间空两行，选项单独一行。批量输入的问题将添加在已有问题的下方，请您使用网页版继续进行问题高级设置等更多编辑。

例子：

1. 您更愿意成为亿万富翁，还是买东西永远不花钱？

成为亿万富翁

买东西永远不花钱

（空行）

（空行）

2. 您更愿意与偶像共同环游世界，还是与挚爱一起流放孤岛？

与偶像环游世界

与挚爱流放孤岛

UMU问卷怎么完成就请各位在UMU中自己尝试一下吧。

第二节　观察法

一、什么是观察法

观察法是指教师在日常教学活动中，有目的、有计划地考查学生的一种方法。[1]在这个定义中一定要注意到"日常教学活动""有目的、有计划"这几个关键词。这里没有说"课堂教学"而是用了"日常教学"，是因为前面我们说过，学情是可以包括身体、心理、智力、能力、情感态度等内容的，如果只说课堂教学的话，那么身心、能力、情感态度等的信息就不方便观察到了，只有课上课下都进行观察才能全面掌握这些信息。而"有目的、有计划"是指我们的观察要有明确的目的性和计划性。其实，我们在日常的教育教学工作中随时都在观察，只是这些观察可能是无意识地进行的，如课间的时候教师看到班里的小明在擦黑板，小强在写作业，小丽在给小娟梳辫子。这些现象我们在学校中随时都能看

---

[1] 陈瑶. 课堂观察方法之研究[D]. 上海：华东师范大学，2000.

到,如果没有计划、目的,我们看到就看到了,对我们的教育教学工作没有任何帮助。如果我们是带着目的地去观察的话,看到的可能就是小明热心热爱集体,小强的学习习惯是及时完成作业,小丽动手能力强,小娟爱美。当然这些结论是要经过反复多次的观察才能总结出来的。

课堂观察是我们获得学情的重要的观察方法,课堂观察可以根据收集记录资料的方式、观察者与被观察者之间的关系、观察者之间的关系等进行分类。❶

1. 根据资料收集的方式及资料本身的属性来划分,课堂观察可分为定量观察和定性观察

定量观察指观察者运用一套定量的、结构化的记录方式进行观察;定量观察一般会使用一些具体的观察工具,对预先设置的观察点进行记录,这种观察记录的结果一般是一些规范的数据。

定性观察是指观察者用文字的形式,对被观察者进行多方面的观察并记录,在观察后根据回忆加以追溯性地补充和完善,并通过描述性的和评价性的文字记录现场感受和领悟。

以观察课堂师生互动为例,看看定量观察和定性观察的区别:定量观察要在观察前确定观察点(课堂师生互动中第一小组学生对不同类型问题的回答情况),制定观察记录表(表2–15),在观察中把观察到的内容记录到相应的表格中,在观察后把记录的数据进行分析得出观察结论。定量观察较为客观。

表2–15　课堂观察记录表

	观察内容	回答次数	回答情况	
			主动举手	点名被叫
第一小组观察记录	记忆性提问			
	理解性提问			
	应用性提问			
	分析性提问			
	评价性提问			
	创造性提问			

❶ 陈瑶. 课堂观察指导[M]. 北京:教育科学出版社,2002:16–17.

定性观察在观察前没有特别明确的观察点,所以观察的也不是特定的活动,需要记录的可能会是教师提了一个问题,全班学生是什么状态,哪位学生是什么状态,回答了这个问题,回答的内容是……。定性观察是要把教师提的具体问题记下来,再把学生听到这个问题后的状态记下来,哪位学生回答的,回答的内容是什么,回答问题时的状态是什么也要记下来,总之跟这个相关的内容,都要尽可能记下来,如果当时没有时间,可以只记录下来大概内容,等观察结束后再根据记忆把观察内容补全。定性观察是带有观察者主观意见在里面的。

2. 根据观察者与被观察课堂的关系,可以分为自我的课堂观察和对他人的课堂观察

在自我的课堂观察中,观察者就是上课的教师。教师在开展课堂教学的同时,对自己的课堂进行的观察;观察的主要是学生的行为,可以包括学生的学习行为、小组活动情况、对教师授课的反应等学习性行为表现,也可以包括非学习性行为表现。在对他人的课堂观察中,观察者主要观察教师的行为、学生的行为及教师和学生的互动行为。

3. 根据观察者之间的合作关系可分为合作的课堂观察与独立的课堂观察

合作的课堂观察是指将观察的目标和重点分配给多个人,每一个观察者负责同一量表的某一部分或某几部分;也可以把观察者分成几个小组,每个小组负责一项或几项观察项目,由大家合作完成对一个课堂的观察活动。独立的课堂观察是指观察者以个人为单位,独立完成对观察项目或主题的课堂观察。

4. 根据对观察对象或内容的选择可分为集中观察和分散观察

集中观察是指观察者选定一位或几位学生或选定一个观察点进行集中观察,对其他学生和目标则不做观察。分散观察是指观察者在观察时,没有固定观察对象和目标,整个课堂中的人和事都可能成为观察对象和目标。

我们在利用观察法获取学情的时候要注意以下几点:

(1)观察目的要明确。就像我们前面说的,如果没有明确的目的和计划,可能会收集不到有用的信息。所以我们在进行观察前一定要明确这次观察是为了什么目的进行的,是解决什么问题的,为了这些问题要收集哪些信息。

(2)观察记录要全面。为了得到客观真实的数据,我们还要做好全面的记录,把观察到的信息记录下来,方便后期进行统计分析。对于定量观察,观察前一定要制定好观察表,并熟悉观察表中的各项内容,以便在观察过程中能准确发现观察点并记录下来。对于定性观察,就要尽可能翔实地把观察到的信息全面地记录下来,如果不能及时记录完全,可以使用录音、录像等手段把观察过程记录下来,在后期加以补充完善。

观察法的优势:

(1)不需要太多软硬件设备的投入,只需要纸笔观察记录就好了。如果需要录音、录像最简单的手机就能完成。

(2)简便易行,观察者不需掌握特殊技术,只需要我们教师制订好目标计划后,用纸笔就能完成。

(3)被观察的学生处于自然状态,能得到比较真实的信息。

观察法的劣势:

(1)需要投入大量的时间和精力。

(2)只能观察到外在表现,看不到形成过程。

(3)观察结果难以进行精确的分析。

(4)察结果很容易受到观察者(我们教师)自己的主观意识的影响。

由于我们在观察的同时还要进行观察记录,为了能翔实全面地记录所观察到的内容,建议把观察分成少量多次完成。如果是刚开始使用观察法进行观察,建议先选择一个到两个观察点,等我们慢慢熟悉这种方法后再逐渐增加观察点。

二、怎么进行观察

如果想要顺利进行观察,就需要遵循一定的步骤。进行观察的一般步骤包括以下几个方面:

(1)定义观察对象:明确需要观察的对象是什么,如人、动物、自然、社会现象等。

(2)确定观察内容:确定要观察的内容是什么,如行为、外貌、环境、社会关系等。

(3)选择观察方法:根据研究目的和对象的特点,选用合适的观察方法,如直接观察、间接观察、实验观察等。

(4)制订观察计划:根据观察目的和方法,制订观察计划,包括观察时间、地点、方式等。

(5)进行观察及记录:按照观察计划进行观察,记录观察到的情况,遵守观察过程中所需注意事项。

(6)数据整理和分析:整理和分析记录的观察数据,得出结论,并进一步分析观察结果的意义和影响。

(7)生成观察报告:根据结论和分析结果,写出观察报告,或者以其他表现形式展示观察结果。

三、怎么记录观察数据

观察法的记录方式前面已经说过,一般有定性和定量两种方式。其中定性观察的记录方式分为:

(1)描述体系,即在一定分类框架下对观察目标进行的除数字之外的各种形式的描述,是一种准结构的定性观察的记录方法;可以从这样几个角度来描述:空间、时间环境、行动者、事件活动、行动、目标、感情等。

(2)叙述体系,即没有预先设置的分类,对观察到的事件和行为做详细真实的文字记录,也可进行现场的主观评价。

(3)图式记录,即用位置、环境图等形式直接呈现相关信息。

(4)技术记录,即使用录音带、录像带等电子媒介对所需研究的行为事件做现场的永久性记录。

定量观察的记录方式分为编码体系、记号体系或项目清单、等级量表。收集的资料类型有频率计数、事件发生的百分比或者等计量表的分数等。

(1)编码体系,即观察前给需要观察的事件或行为进行编码和操作性定义,在设定的单位时间内用编码记录发生的所有事件或行为。最具代表性的编码体系有弗兰德斯的师生互动分析方法和S-T教学分析方法。(这两种方法我们会在本章后面做介绍。)他们都是在观察过程中,以一定的时间间隔,对观察对象进行采样,并根据采样样本点的行为类别,用相应的编码记录的方法。由于采样的时间间隔一般不会超过30秒,因此采样点的数据量较大,所以一般会辅以信息技术支持操作。

（2）记号体系或项目清单，即事先找出一些需要观察的事件或行为，观察者对每一种要观察的事件或行为在发生时做一个记号，作用是检查要观察的事件或行为是否发生。课堂观察表（表2-16）就是一个较为简单地运用记号体系设计的项目清单，目的是记录针对不同类型的提问，学生主动举手和发言的情况。

表2-16　课堂观察记录表

	观察内容	回答次数	回答情况	
			主动举手	点名被叫
第一小组观察记录	记忆性提问			
	理解性提问			
	应用性提问			
	分析性提问			
	评价性提问			
	创造性提问			

与编码体系不同的是，记号体系只记录单位时间内需要观察的事件或行为发生了多少种，而编码体系则要记下单位时间内每一个发生的需要观察的行为。这样编码体系记录了所有发生的行为，而记号体系则在于让观察者体会到每一个时间段内课堂活动或学生表现的特点。

记号体系的优点在于，如果行为的操作性定义既清晰又不相互交叉，那么很容易训练观察者使用它，而且信息可以直接从记录中得到，百分比也可以马上产生，对信息的加工和分析比较简便经济。缺点在于只能记录事先选择好的有限数量的事件，如果清单列得太长，观察者就很难在限定的时间内扫视清单来检查事件是否发生。而且收集到的资料不能提供有关互动、连续性的行为和事件本质（即只记录事件而不记录事件的内容）方面的信息。❶

（3）等级量表，即根据观察目的编制合理的量表，观察者在一段时间内对目标进行观察，当观察时间结束时，在量表上对该期间内发生的需要观察的事件或行为给予相应的等级。常见的等级量表是五级量表，此外还有三级、七级、九

❶ 陈瑶. 课堂观察方法之研究[D]. 上海：华东师范大学，2000.

级量表。在实际操作中我们常会把不同等级简化为对应的分数,如表2-17学生学习量表。❶

表2-17　学生学习量表

学生学习(每项5分)			
观察项目	观察内容	观察结果	观察得分
课前准备	画材准备是否齐全		
	上一节课技能掌握情况		
课堂参与度	学生的思考投入和自主探究程度		
	学生学习表现		
课堂互动	学生课堂参与度和互动性		
	学生间的互动和合作情况		
学习效果	学生是否清楚课堂学习目标		
	学习目标达成度		
	学生自我的生成性目标		
	学习作品呈现		

　　以上内容可以让我们对观察法有一个基本的了解,在自己的教育教学工作中使用观察法的时候可以不用拘泥于是使用定性观察还是定量观察,只要是我们自己能方便操作的,可以综合起来应用。

　　观察数据的收集需要先明确观察目的,根据观察目的不同确定不同的观察维度并设计不同的观察记录表。我们是为了收集学情数据,所以只以观察学生的角度出发,看几个不同观察目的的记录表。

　　①观察学生记笔记习惯的记录表(表2-18)。

　　②观察学生课堂活跃度的记录表(表2-19)。

　　③观察学生小组讨论参与情况的记录表(表2-20)。

　　④观察学生课堂自主学习情况的记录表(表2-21)。

──────────
　　❶吴昊.如何结合专业设置观察量表—针对美术基础课听评课中的几点思考[J].职业教育(中旬刊),2022,21(7):69-70.

表2-18　学生记笔记习惯观察表

观察时间		记录人		被观察年级	
观察目的	观察学生记笔记情况				
被观察人	观察点				
	写完板书后 自动记笔记	教师提醒后 记笔记		教师多次 提醒后记笔记	一直不记笔记

注:此记录表采用的是记号体系的记录方式,是为了观察学生记笔记的习惯,是主动记还是需要教师提醒记,还是没有记的习惯。在每次讲解完知识点后进行观察,在对应现象下面填写"是"或"√"即可。我们可以一次观察一名学生或多名学生。

表2-19　学生课堂活跃度观察表

观察时间		记录人		被观察年级	
授课教师		授课主题			
观察目的	观察学生课堂活跃度				

讲台											
第一排		第二排		第三排		第四排		第五排		第六排	
举手 次数	发言 次数	举手 次数	发言 次数	举手 次数	发言 次数	举手 次数	发言 次数	举手 次数	发言 次数	举手 次数	发言 次数

注:记录表按照班级实际的情况设计,保证每一个学生都能被记录到。在每次提问后,记录每个学生是否举手了,可以在对应的格子里画"正"字。如果举手的学生人数多,记不过来,可以改为在没有举手的学生对应的格子里画"正"字。在每次提问后,记录每个学生是否进行了发言,在发言的学生对应的格子里画"正"字。这个记录表可以记录学生在课堂提问环节的活跃度,通过记录可以看到每个学生是否积极参与了,如果没有参与可以通过访谈或者作业、测验等进一步了解没有参与的原因,是因为内向还是不会等。也可以通过记录回答问题次数,看到教师对学生的关注范围等信息。

表2-20 学生小组讨论参与情况观察表

观察时间		记录人			被观察年级	
授课教师		授课主题				
观察目的	观察学生小组活动参与情况			小组号:		
活动内容	小组成员	分享自己想法情况	倾听他人发言情况	鼓励他们发言情况	接受他人意见情况	向他人解释想法情况

注:此记录表是为了观察记录学生参与小组讨论时的情况。如果是初次使用,可以先简单地用"是""否"进行记录,对参与的有效程度和对讨论的推进程度的观察先不做考虑。在熟练操作并多次观察后可以把各个观察点能观察到的现象进行分类并设计成等级,把观察表升级为观察量表。方便后续的分析。

表2-21 学生课堂自主学习情况观察表

观察时间		记录人			被观察年级	
授课教师		授课主题				
观察目的	观察学生课堂自主学习情况			被观察者姓名		
自主学习内容	自主学习形式					学习效果
	阅读	记笔记	讨论	练习	提问	

注:此记录表是为了观察和记录学生在课堂中自主学习时的情况。记录数据可以反映学生在自主学习时的学习习惯及学习效果。如果是初次使用,可以先简单地用"是""否"进行记录,对不同自主学习形式的使用时间不做记录。在熟练操作后,可以增加时间的记录,用以分析不同的自主学习内容,学生使用什么学习形式的时间长、效果好。其中的学习效果可以用测验的形式检测。

如果我们要观察记录的内容比较复杂,如我们想要了解学生的学习风格。我们知道学习风格主要分为四大类:视觉型、听觉读写型和动觉型,并且有相对成熟的问卷可以调查处对应的学习风格。如果是小学中低学段的学生,可能还不能完全理解问卷中的内容,这就需要我们使用观察法来观察学生的对应行为,这样的观察就不能像观察记笔记情况那样只用简单的"是"就能完成了。我们需要根据自己的情况来设计观察表,以初步了解他们的大致学习风格。下面我们就以了解学生的观看视频表现为例设计观察表(表2-22)(因为这个只是为了改进自己教学的观察,所以设计表格的时候我们可以不考虑信度和效度问题,只需要考虑自己的需求)。

表2-22　学生观看视频表现观察

观察时间		记录人		被观察年级	
视频名称	分物游戏		视频时长	8分45秒	
视频类型	□导入型　□问题解决型　□演练型　□知识复习型				
观察目的	观察学生观看课堂中播放视频时的表现				
被观察人	观察点				
	专注环节	专注时间	面部表情	身体表现	

我们先用这个表对一名学生进行观察,尽可能客观地写下这名学生的详细情况,并填写在表格中。根据这名学生的观察记录情况,我们可以把观察到的内容提炼出多个常用词汇,并把这些词汇用数字或字母代替,这样做是为了后面我们统计分析使用的。

例如,在专注时间中我们规定1表示1分钟,2表示2分钟,3表示3分钟,……以此类推。面部表情我们可以用1表示目光凝视,用2表示目光游移不定,用3表示目光注视其他物体,用4表示目光呆滞,用5表示眉头紧锁,用6表示眉头舒展……身体表现用1表示身体前倾,用2表示趴着,用3表示频繁扭动身体,用4表示身体放松,用5表示跟随视频内容频频点头等。观察过程中如果出现新的观察现象,可以后续增加数字表示。

这样设计,不仅能简化我们记录的操作,也能方便后期的统计分析。

四、怎么处理观察数据

在我们用观察表记录好观察数据后,就要对这些数据进行处理,处理的目的是后期的统计分析。根据观察记录的不同方式有不同的处理数据的方法。

观察记录的方式有定性记录和定量记录。定性记录的数据处理可以分为整理、分类(编码)、分析解释。

定量记录的数据处理可以分为整理和分析解释。定量记录的编码是在设计记录表的时候已经做过了的,所以在处理数据的时候就不再进行编码了。

我们观察时会常用到记号体系和等级量表的记录方式,记号体系记录方式是很容易通过简单的训练就可以直接应用的。记号体系记录方式中的多种信息可以直接从记号体系观察表中得到,各类行为的频次和比例也很容易通过计算产生。这些数据结果直接明了,不需要太复杂的学习就可以轻松解读,观察者结合自己的经验,可以比较容易从数据中发现问题。

例如,观察学生记笔记情况就可以使用记号体系完成,记录学生在教师书写板书后记笔记的情况(表2-23)。

表2-23　学生记笔记情况观察

观察时间	2019/5/14	记录人	高源	被观察年级	一年级
观察目的	观察学生记笔记情况				
被观察人	观察点				
	写完板书后自动记笔记	教师提醒后记笔记	教师多次提醒后记笔记	一直不记笔记	
安**	正	一			
鲍*		丁	正		
曹**	一	正			
常**		一	正		
陈*	下	一	一		
单*			正	下	

续表

观察时间	2019/5/14	记录人	高源	被观察年级	一年级
观察目的	观察学生记笔记情况				
被观察人	观察点				
	写完板书后自动记笔记	教师提醒后记笔记	教师多次提醒后记笔记	一直不记笔记	
董**	丅	𤴓			
杜*	一	正			
方**	一	一	𤴓		

这是我们使用记号体系记录下来的观察数据，这种数据只能大致告诉我们学生的一些情况，如果想要得到准确的数据，让分析更有针对性，就需要把这样的数据电子化，使用信息技术手段去处理。

我们还以Excel为例，来看具体操作方法：

（1）在Excel中制作如图2-17所示的表格。

	A	B	C	D	E	F	G	H
1	观察时间	2019/5/14	记录人		高源	被观察年级	一年级	
2	观察目的	观察学生记笔记情况						
3	被观察人	观察点						
4		写完板书后自动记笔记		教师提醒后记笔记		教师多次提醒后记笔记		一直不记笔记
5								
6								
7								
8								
9								
10								
11								
12								
13								

图2-17 **“学生记笔记观察表”电子版**

（2）把数据录入到对应的单元格中，把对应的记号“正”字或者“√”等转换成相应的数字输入到单元格中（图2-18）。

	A	B	C	D	E	F	G	H
1	观察时间	2019/5/14	记录人		高源		被观察年级	一年级
2	观察目的	观察学生记笔记情况						
3	被观察人	观察点						
4		写完板书后自动记笔记		教师提醒后记笔记		教师多次提醒后记笔记		一直不记笔记
5	安**	5		1				
6	鲍*			2		4		
7	曹**	1		5				
8	常**			1		4		
9	陈*	3		1		1		
10	单*					4		3
11	董**	2		4				
12	杜*	1		5				
13	方**	1		1		4		

图2-18　录入"学生记笔记观察表"数据

（3）录入数据后就可以使用这些数据进行统计分析了（相关内容详见第三章）。

我们再来看用定性方式记录的观察表怎么处理记录的数据，表2-24是在观察学生观看问题解决型视频时记录下来的专注情况。

表2-24　学生观看视频专注情况观察表

观察时间	2019-5-14	记录人	高××	被观察年级	一年级
视频名称	分物游戏	视频时长	8分45秒		
视频类型	□导入型　　□问题解决型　　□演练型　　□知识复习型				
观察目的	观察学生观看课堂中播放视频时的表现				
被观察人	观察点				
	专注环节	专注时间	面部表情	身体表现	
安**	提出问题	第4~5分钟	目光专注,眉毛扬起	开始趴着,随后坐直身体前倾,再后来身靠椅背	
鲍**	情景导入、提出问题	第1~6分钟	扬眉、嘴角上翘	开始时立即坐直身体,后来靠椅背	

73

观察时间	2019-5-14	记录人	高××	被观察年级	一年级
视频名称	分物游戏		视频时长	8分45秒	
视频类型	□导入型　□问题解决型　□演练型　□知识复习型				
观察目的	观察学生观看课堂中播放视频时的表现				

被观察人	观察点			
	专注环节	专注时间	面部表情	身体表现
曹**	提出问题、解决问题	第3~6分钟	目光游离，抿嘴，目光专注时扬眉、嘴微张	开始趴着，专注看视频时坐姿端正，最后斜靠桌子
常**	情景导入、解决问题	第2~6分钟	目光专注、蹙眉，嘟嘴、蹙眉	开始身靠椅背，随后坐直前倾，最后趴着
陈**	情景导入、提出问题、解决问题	第1~7分钟	目光专注、眉头舒展，蹙眉、眨眼、嘟嘴、眉头舒展，嘴角上翘	开始身体坐直，随后趴着，最后斜靠桌子

　　可以看出这里是用文字记录的内容，如果想要总结出学生观看这种类型视频时的特征不是很方便，不能直观地看到各项结果。这时候我们就需要对观察数据进行编码了。编码最好在观察之前完成而不是在之后，因为在观察之后完成，记录下来的内容很随意，对同一现象的描述会不统一，会给编码工作增加难度。我们可以在进行观察前先做一些预编码，就像我们前面说的那样。先用这个表对一、两名学生进行观察，尽可能客观的写下这些学生的详细情况，并填写在表格中。根据这些学生的观察记录，我们把观察到的内容提炼出多个常用词汇，并把这些词汇用数字或字母代替。比如我们根据视频内容可以把视频分成"情景导入""提出问题""解决问题"三部分，分别用"d""t""j"表示，在专注环节中用这些字母记录。专注时间中我们可以用1表示1分钟，2表示2分钟，3表示3分钟……以此类推。面部表情中我们可以把面部表情分为目光、眉毛、嘴这三部分描述，分别用"y""m""z"代替。其中的"目光"我们又可以用"1"表示专注，用"2"表示游离，用"3"表示眨眼；"眉毛"可以用"1"表示舒展，用"2"表示扬起，用"3"表示蹙眉；"嘴"可以用"1"表示上翘，用"2"表示抿嘴，用"3"表示嘟

嘴,用"4"表示张嘴……针对"身体表现"的编码我们可以用"s1"表示身体坐直,用"s2"表示身体前倾,用"s3"表示身体后仰靠椅背,用"s4"表示趴着,用"s5"表示斜靠桌子。如果观察过程中出现新的观察现象,可以后续增加数字表示。

根据我们的编码,观察记录可以整理成表2-25。

表2-25　学生观看视频专注情况记录表

观察时间	2019-5-14	记录人		高××	被观察年级	一年级
视频名称	分物游戏		视频时长		8分45秒	
视频类型	□导入型　■问题解决型　□演练型　□知识复习型					
观察目的	观察学生观看课堂中播放视频时的表现					
被观察人	观察点					
	专注环节	专注时间	面部表情		身体表现	
安**	t	2	y1,m2		s4,s2,s3	
鲍*	d、t	6	m2,z1		s1,s3	
曹**	t、j	4	y2、z3,y1、m2、z4		s4,s1,s5	
常**	d、j	5	y1、m3,z3,m3		s3,s2,s4	
陈*	f、t、j	7	y1,m1,m3, y3,z3,m1,z1		s1,s4,s5	

之后把整理好的观察记录录入Excel中,形成电子文档。如图2-19所示。

	A	B	C	D	E
1	观察时间	2019/5/14	记录人	高源	被观察年级: 一年级
2	视频名称		视频类型:	□导入型 □问题解决型 □演练型 □知识复习型	
3	观察目的		观察学生观看课堂中播放视频时的表现		
4	被观察人	观察点			
5		专注环节	专注时间	面部表情	身体表现
6	安**	t	2	y1, m2	s4, s2, s3
7	鲍*	d、t	6	m2, z1	s1, s3
8	曹**	t、j	4	y2, z3,y1, m2, z4	s4, s1, s5
9	常**	d、j	5	y1, m3, z3m3	s3, s2, s4
10	陈*	f、t、j	7	y1, m1, m3, y3, z3, m1, z1	s1, s4, s5

图2-19　"学生观看视频表现"电子版记录表

第三节 访谈法

一、访谈法的定义与分类[1]

1. 访谈法的定义

访谈法是教师通过与学生面对面交谈来深入了解学生情况的一种方法。这种获取学情的方法需要在事前做好访谈提纲,根据访谈目的设计好访谈问题链,多准备几个预设的追问的问题,以便应对学生的不同回答。

2. 访谈法的分类

访谈法按照操作方式和内容可以分为结构型和非结构型访谈;按照访谈对象的人数可以分为个别访谈和小组访谈;按照与访谈对象是否直接接触可以分为直接访谈和间接访谈。

各访谈类型的含义与特点可如表2-26所示。

表2-26 访谈类型含义与特点

分类方式	类型	含义	特点
按照操作方式和内容	结构型	按照事先设计好的访谈问卷进行提问的方式	优点: 可控性高,应答率高,标准化程度高,易于量化; 技术难度低,易于操作。 缺点: 调查内容受到限制,不能及时扩展和深入; 访谈过程缺乏灵活性,调查容量有限
	非结构型	事先没有设计统一的调查表或问卷,只按照一个粗线条的访谈提纲,由访谈者与访谈对象在这个范围内自由交谈的方式	优点: 灵活性高,弹性大,调查内容可以深入。 缺点: 对访谈者的要求高,操作难度较大; 标准化程度低,成本高

---

[1] 顾永安.教育研究方法[M].南京:南京大学出版社,2015:130-137.

分类方式	类型	含义	特点
按照访谈对象的人数	个别访谈	访谈者与访谈对象一对一的进行访谈的方式	优点： 匿名性高，访谈对象安全感强，可涉及一些敏感问题； 可以得到访谈对象真实详细的资料； 访谈内容可以深入。 缺点： 时间成本高
	集体访谈	访谈者与多名访谈对象集中在一起同时进行访谈的方式	优点： 了解情况快，效率高，简便易行； 访谈对象的思路容易打开。 缺点： 对访谈者的要求高； 匿名性差，敏感性问题不适宜用此方法； 访谈对象会相互影响

3．访谈法的优劣势

访谈法的优势：

（1）操作简便。

（2）如果出现偏差，可以随时改变谈话方向。

（3）通过不断追问，可以得到深层次的回答。

访谈法的劣势：

（1）同样需要投入大量的时间和精力，还需要较为安静的场所。

（2）访谈数据记录复杂，不便于后期统计分析。

（3）访谈数据有可能受到访谈者的主观影响。

（4）被访者有可能不会说出真实想法。

二、访谈的步骤

开展访谈需要按照一定步骤流程进行，每个步骤中还有一些需要注意的地方。

访谈的步骤可以分为准备访谈、进行访谈、结束访谈和整理分析访谈。

1. 准备访谈

准备访谈是做好访谈的基础,在访谈准备阶段需要确定访谈计划,没有计划的访谈会出现访谈内容严重偏离访谈目的的情况。因此,事先确定访谈计划有助于提供访谈效率,访谈计划包括确定访谈目的、确定访谈题目和内容、确定访谈问卷或提纲(见表2-29)、确定访谈方式、确定访谈的备用方案等情况;随次,要确定访谈对象,访谈对象要选择跟访谈目的相关的人员,并且愿意接受访谈的人员,访谈对象如果选择得不好,也会影响访谈结果;此外,还要准备好访谈工具,除了纸和笔,还可以根据具体情况准备录音或录像设备,留下声音或视频资料,便于后期的资料整理,在使用录音或录像设备时要得到访谈对象的同意才可进行;最后,要确定访谈时间和地点,访谈时间要以访谈对象方便为主,地点的选择要相对安静,能让访谈对象有安全感。

在准备阶段需要确定的访谈问卷或访谈提纲可以参考以下几个例子,一个是学生用眼习惯访谈提纲和学生观看视频习惯访谈提纲(非结构型)见表2-27、表2-28,另一个是学生阅读习惯访谈问卷(结构型),见表2-29。

表2-27　学生用眼习惯访谈提纲

访谈时间:		访谈地点:		记录人:	
访谈对象 姓名:			访谈对象 年级:		
访谈目的:		了解学生用眼习惯			
访谈问题		回答			
你每天写作业的时间是多久?					
你每天看书的时间是多久?					
你每天看书的距离是多少?					
你在用眼的时候,会注意休息吗?					
你会认真做眼保健操吗?为什么?					
你知道哪些用眼的注意事项?					

表2-28 学生观看视频的习惯访谈大纲

访谈时间：		访谈地点：		记录人：	
访谈对象 姓名：			访谈对象 年级：		
访谈目的：		了解学生观看视频的习惯			
访谈问题		回答			
你喜欢看视频吗？					
你喜欢看有字幕的视频吗？					
看完视频你会记得视频中的哪些内容（画面、字幕、声音……）					
你对视频中哪段的记忆比较深（前段、中段、后段）					
⋮					

表2-29 学生阅读习惯访谈问卷

访谈时间：		访谈地点：		记录人：	
访谈对象 姓名：			访谈对象 年级：		
访谈目的：		了解学生阅读习惯			
访谈问题		回答			
你是否有计划性地阅读？		□是 □否			
你是否喜欢阅读新闻报纸？		□是 □否			
你是否喜欢独自阅读，还是乐于与他人一起阅读？		□是 □否			
你是否经常参加主题阅读活动？		□是 □否			
你是否经常参加图书馆活动？		□是 □否			
你是否经常利用其他电子设备来阅读？		□是 □否			

2. 进行访谈

进行访谈是访谈法的核心，是访谈能否顺利进行的关键。访谈过程又可以分为进入现场和开始访谈。

在进入现场后我们要先进行自我介绍，告知对方本次访谈的目的、内容和时限,还可以跟对方谈论一些目前的热点话题,目的是活跃访谈气氛让访谈双方放松下来,从而形成融洽的访谈氛围,之后就可以正式开始访谈了。在正式访谈时我们需要使用一些技巧来保证访谈能顺利进行。首先是问题,要简单明了,用访谈对象能理解的词语表述,针对不同性格的访谈对象可以使用不同的方法,对爱说话的人,可以直接提问;对不爱说话的内向人,在直接提问后如果没有得到想要的结果,可以通过追问或引导等方式,问出访谈对象的回答。此外,我们在听访问对象回答时,也需要一些倾听的技巧。倾听时我们要保持专注,不要分心做其他事,让访问对象能感受到我们是在用心对待他的,同时还有助于更好地理解对方所说的话;倾听时要做到不打断访谈对象,以免打断他们的思绪;倾听时要注意对方的肢体语言,以便更好地理解对方的情绪;倾听时要注意对方的思路,以便更好地理解对方的想法,而不是试图改变他们的想法;倾听时不要对访谈对象的发言发表评论,以免影响访谈对象的观点。在访谈过程中如果访谈对象的回答没有答出预设的结果或我们想得到更深层次的答案,就需要通过追问把访谈问题深入。在追问时我们要注意追问的问题要跟我们的访谈目的相关,不要追问一些无关的内容;在追问时我们要注意追问的方式,不要使用攻击性的语言;在追问时我们要注意追问的时机,要在访谈对象说完之后再追问,不要在还没有说完的时候就追问,以免打乱访谈对象的思路;在追问时我们要注意追问的次数,不要一直追问,要根据访谈对象的回答来界定要不要继续追问。我们可以使用"可以解释一下吗?"或者"能说得更明白一些吗?""你的意思是?"这样的引导语让访谈对象能进一步解释或更详细的描述他前面的回答。也可以使用"可以举个例子说明一下……吗?"或者"具体有哪些?"这样的引导语得到更多信息来理解访谈对象的意思。

在进行访谈过程中还有一项重要任务,就是记录访谈的内容。访谈记录应有以下内容。

(1)访谈对象的基本情况,如姓名、性别、年龄、职业等,如果是集体访谈还要写清他们之间的关系。

(2)访谈的目的和内容,可以用简短的语言概述访谈的主题,以及访谈的重点部分。

(3)访谈的时间、地点。

(4)访谈过程中的对话内容和讨论细节。记录这部分内容的时候要注意,应该准确无误,客观公正地记录。记录过程中不用把访谈对象所说的内容一字不落的都记录下来,这样可能会把对方后面所说的内容漏听、漏记。我们可以简单地记录访谈对象的主要观点和重点、记录访谈对象对问题的反应或表现、记录我们自己对听到的内容的感受。等到访谈结束后再通过回忆或听录音、看录像回放的方式补全必要的内容。

3.　结束访谈

结束访谈也是整个访谈必不可少的环节。当我们把访谈提纲中的问题都问过,并且得到了想要的回答,在准备结束前最好把访谈对象回答的观点和想法重复一遍给对方,确认内容是否完整无误并追问是否还有需要补充的内容,之后应该告诉访谈对象会如何处理这些访谈信息,最后对访谈对象表示感谢,感谢他参与并完成了本次访谈。

4.　整理分析访谈

整理分析访谈是最后一个步骤,是把收集到的访谈数据进行归类,将不同的访谈内容分类到不同的类别(如主题、主题思想、观点)中。之后,将归类好的数据进行统计分析,分析不同访谈对象对主题的不同看法。最后根据统计分析的结果,总结出访谈的结论。

三、访谈数据的收集整理

如果访谈数据是使用结构化的访谈问卷收集的,那么这些数据的收集整理就会相对简单,可以采用第一节中“纸质问卷的数据收集与转化”里介绍的方法完成。

例如,了解学生阅读习惯的访谈问卷,我们把问卷内容录入 Excel 中,形成如图 2-20 所示的表格。

	A	B	C	D	E	F	G
1	访谈时间		访谈地点			记录人	
2	访谈目的			了解学生阅读习惯			
3	访谈问题	你是否有计划性地阅读？	你是否喜欢阅读新闻报纸？	你是否喜欢独自阅读，还是乐于与他人一起阅读？	你是否经常参加主题阅读活动？	你是否经常参加图书馆活动？	你是否经常利用其他电子设备来阅读？
4							
5							
6	学生1						
7	学生2						
8	学生3						
9	……						

图2-20　"了解学生阅读习惯"电子版访谈问卷

这样录入数据时，一名学生占一行，结果比较直观易懂。

输入好表格结构后，我们把需要填写学生答案的单元格选中，即B6：G8。之后在"数据"选项卡中的"数据验证"里选择"数据验证"，如图2-21所示。

图2-21　设置"数据验证"

在弹出的"数据验证"对话框中设置"系列"的"来源"为"是,否"，这里要注意的是"是"和"否"中间的逗号一定要是英文状态下的逗号（图2-22）。

点击"确定"后，我们选中的B6：G8中的每个单元格后都会出现下拉按钮，可以通过下拉菜单录入学生的答案（图2-23）。

因为这个问卷中每道题的答案选项只有两个，因此我们也可以用1和0代表"是"和"否"，直接输入就可以不用设置"数据验证"了。

那么，我们整理出来的数据可能就会有下面这两种情况（图2-24）。

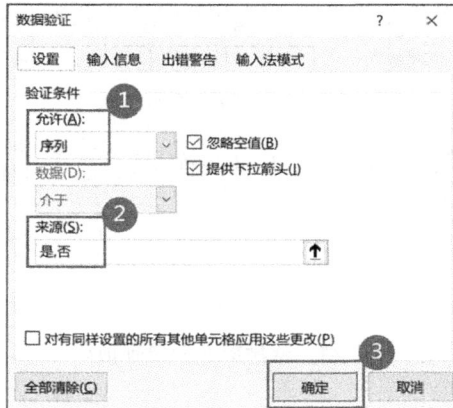

图 2-22　"数据验证"对话框

图 2-23　设置下拉列表

	A	B	C	D	E	F	G
1	访谈时间		访谈地点			记录人	
2	访谈目的			了解学生阅读习惯			
3	访谈问题	你是否有计划性地阅读？	你是否喜欢阅读新闻报纸？	你是否喜欢独自阅读，还是乐于与他人一起阅读？	你是否经常参加主题阅读活动？	你是否经常参加图书馆活动？	你是否经常利用其他电子设备来阅读？
4							
5							
6	学生1	否	否	是	否	否	是
7	学生2	是	是	否	是	是	否
8	学生3	是	是	是	否	是	否

（a）

	A	B	C	D	E	F	G
1	访谈时间		访谈地点			记录人	
2	访谈目的			了解学生阅读习惯			
3	访谈问题	你是否有计划性地阅读?	你是否喜欢阅读新闻报纸?	你是否喜欢独自阅读,还是乐于与他人一起阅读?	你是否经常参加主题阅读活动?	你是否经常参加图书馆活动?	你是否经常利用其他电子设备来阅读?
4	学生1	0	0	1	0	0	1
5	学生2	1	1	0	1	1	0
6	学生3	1	1	1	0	1	0

(b)

图2-24　数据录入的两种情况

我们使用哪种形式都可以,不会影响后面的统计分析。

如果我们的访谈使用的非结构化的访谈大纲收集的数据,如"了解学生用眼习惯"的访谈大纲(表2-30)。

表2-30　学生用眼习惯访谈大纲

访谈时间:		访谈地点:		记录人:	
访谈对象姓名:			访谈对象年级:		
访谈目的:			了解学生用眼习惯		
访谈问题		回答			
你每天写作业的时间是多久?					
你每天看书的时间是多久?					
你每天看书的距离是多少?					
你在用眼的时候,会注意休息吗?					
你会认真做眼保健操吗?为什么?					
你知道哪些用眼的注意事项?					

我们仍然要先把这个访谈大纲转换成电子表格,为了便于后期的统计分析。在 Excel 中制作完成的空表效果如图2-25所示。

	A	B	C	D	E	F	G
1	访谈时间			访谈地点		记录人	
2	访谈目的	了解学生用眼习惯					
3 4	访谈问题	你每天写作业的时间是多久？	你每天看书的时间是多久？	你每天看书的距离是多少？	你在用眼的时候，会注意休息吗？	你会认真做眼保健操吗？为什么？	你知道哪些用眼的注意事项？
5	学生1						
6	学生2						
7	学生3						
8							

图2-25　"了解学生用眼习惯"电子版访谈大纲

由于这些问题没有统一的答案，所以我们不能像前面例子中的那样，在单元格中预设好答案选项后选择输入。我们应该设定一些规则，方便数据输入操作和后期统计分析。例如，我们规定在输入时间的时候，只输入代表时间的数字，不输入文字（两个半小时即2.5）；距离也只输入数字，不输入文字（40厘米即输入40）；后面需要文字表述的题，我们尽量提取出与题目相关联的关键词输入。最后整理后的内容大致如图2-26所示。

	A	B	C	D	E	F	G
1	访谈时间			访谈地点		记录人	
2	访谈目的	了解学生用眼习惯					
3 4	访谈问题	你每天写作业的时间是多久？	你每天看书的时间是多久？	你每天看书的距离是多少？	你在用眼的时候，会注意休息吗？	你会认真做眼保健操吗？为什么？	你知道哪些用眼的注意事项？
5	学生1	1	2	35	不会	不会，不管用	多运动，光线适合，
6	学生2	3	0.5	30	不会	会，能放松眼睛	少看手机、电视
7	学生3	2.5	1	25	不会	会，舒服	多运动，少看手机

图2-26　"了解学生用眼习惯"数据表

第四节　资料分析法

一、什么是资料分析法

资料分析法是指教师通过已有的文字记载材料间接了解、分析学生基本情况的一种研究方法。这些文字材料包括作业、试卷、成绩单、档案、课堂笔记、评价单等。教师可以从这些材料中得到学生的很多信息，通过作业和试卷可以了

解学生对已学知识的掌握情况,通过课堂笔记、评价单可以了解学生的思维方式、学习习惯和各方面素养能力的情况。❶

在教学中,常用的资料是试卷和课堂评价单(表2-31,表2-32)。教师常用试卷分析来了解学生对知识的掌握情况;常用课堂评价单来了解学生非智力因素的合作能力、倾听能力、表述能力等。

表2-31　试卷分析

班级:_____　　教师:_____　　时间:_____年_____月_____日

应考人数	实考人数	成绩统计							
		优		良		及格		待及格	
		人数	占比	人数	占比	人数	占比	人数	占比
题号	得分率	错误情况		主要错误原因		改进提高措施		备注	
1									
2									
3									
4									

表2-32　课堂评价

项目	评价指标	得分
阅读与鉴赏	1. 用普通话正确、流利、有感情地朗读课文	
	2. 能初步把握文章的主要内容,体会文章表达的思想情感	
	3. 能初步感受作品中生动的形象和优美的语言,能与他人交流自己的阅读感	
	4. 能阅读整本书,初步理解主要内容,主动和同学分享自己的阅读感受	
表达与交流	1. 能用普通话交流,会认真倾听,能用口头、书面的方式与人交流沟通	
	2. 能清楚地说出自己的感受和想法	

---

❶俞宏毓. 近十多年来我国学情分析研究的发展与反思[J]. 上海教育科研,2019(3):60-64.

项目	评价指标	得分
表达与交流	3. 能具体生动地讲述故事	
	4. 能把自己的想法写清楚	
梳理与探究	1. 能在活动中学习语文,能与他人合作	
	2. 能积极思考,能运用书面或口头方式,并可尝试用多种媒介,呈现自己的观察与探究所得	
	3. 能提出学习和生活中的问题,有目的地收集资料,共同讨论	
	4. 能尝试运用语文并结合其他学科知识解决问题	

资料分析法的优势如下:

(1)可以利用已有的数据和资料,避免重复收集数据,节省时间和成本。

(2)能够处理大量数据,提高数据的准确性和可靠性。

(3)可以根据学生历史数据进行系统性的分析和比较,发现规律和趋势,为学生提供个性化的未来学习规划。

(4)可以深入了解学生的学习状态、学习兴趣、学习需求等方面信息。

资料分析法的劣势如下:

(1)仅适用于已有数据的问题,无法解决新问题

(2)资料分析是一个长期的过程,短期或一次的材料不能反映真实情况。

(3)资料分析的有效性和可靠性都取决于所使用的数据的质量和数量,如果数据不足或者数据质量差,将会影响到分析结果的可靠性。

(4)资料分析只能反映学生的表面行为和成果,无法全面了解学生的内在思想和感受。

(5)资料分析需要对数据进行整理、分类、统计等处理,这些过程中可能存在分析者个人的主观判断和偏见,从而影响到研究结果的客观性。

(6)资料分析需要教师花费大量时间和精力进行数据分析和处理,会导致教师的工作量增加。

二、怎么进行资料分析

在学校的教育教学工作中,我们经常会给学生发课堂前测、学案、课堂小测验、评价单等资料帮助学生学习并检测学生学习效果。对这些资料我们常常会大致翻看一下,而没有对它们进行一些系统分析。其实,如果我们能充分利用好这些资料,对进一步了解学生情况,开展分层教学都是有帮助的。那么,针对这样的资料我们应该按照什么步骤开展分析呢?

常用的资料分析法的操作步骤通常包括以下几个方面。

(一)确定分析目的:这是进行资料分析的第一步

根据不同的分析目的,才能确定相应要收集的资料类型和内容。如果我们想要分析开展学情分析和没开展学情分析对学生的理解性知识影响情况。那么我们就要收集相应班级的课堂小测、课后作业或测验中的有关理解性知识对错的数据;如果我们想要分析一名学生一个学期的各方面发展情况,那么我们就要收集跟这名学生有关的课堂观察记录表、作业、测验、评价表等各种数据。

(二)收集资料

确定了分析目的后,就要根据不同目的收集相关的数据和资料,像作业、测验、评价单等。如果没有相应的数据和资料,就需要通过问卷调查、课堂观察、访谈等方式获取。

(三)整理数据

收集到的数据可能是纸质的(如作业、测验、评价单等),也可能是电子的(如问卷调查、共享文档等)。为了便于后期的分析,需要将收集到的数据和资料进行整理和分类。整理数据包括数据清洗、数据筛选、数据转换等过程。数据清洗是为了把数据和资料中重复的、缺失的和异常的等不符合要求的内容去除掉。数据筛选是把资料中符合目的要求的数据和资料筛选出来。数据转换是把纸质数据转换成电子数据,或对数据进行格式的转换、单位的转换等操作,以便于后期的分析处理。

其中数据的收集方法、格式转换的方法可以参考本章前面几节的内容。

（四）统计数据

统计数据是把整理好的数据行统计分析,包括描述性统计和推断性统计等方法,用以了解数据的分布情况和关联性等。像我们常用的求总分、平均分、排序等操作都是描述性统计,用来了解学生成绩的分布情况,还有其他描述性统计和推断性统计会在第三章中介绍。

（五）分析数据

在我们统计好数据后,要根据统计分析的结果,对收集到的数据进行分析。以发现数据背后的规律、分析趋势、比较差异、探究关联等。例如,相同的教师授课,相同的测验,为什么一班的成绩比二班的好? 在我们对两个班的成绩进行统计后,就要根据统计的结果来分析为什么两个班的成绩有差异、差异的原因是什么、产生差异跟什么因素相关等的分析。

（六）重设教学

根据资料分析的结果,我们就可以重新设计教学目标、教学内容、教学方法等内容了,这是从学生自身资料分析而来的结果,是真实的数据,根据这些数据分析出来的结果,能够让我们的教学更有针对性、更有时效性。

第五节　经验分析法

经验分析法是一种基于经验和直觉的方法,也是教师最熟悉的获取学情的方法。经验分析法一般要求教师要有一定的教学经验和较强的总结反思能力。如果没有一定的教学经验,很难通过观察学生的面部表情或肢体状态而了解学生的学习状态,也很难从交流、测验或作业中识别出学生的潜在问题。同时,教师还要有较强的总结反思能力,只有善于总结反思,才能对学生的各种情况进行很好的分类、归纳,并找出其中的共性和个性特点。反思自己以往的教学,总结出应对学生不同情况的成功经验和需要改进的地方。

其主要依据是研究者的个人经验和知识,通过观察、比较、总结和归纳的方法,对研究对象进行分析和解释。经验分析法通常适用于那些难以通过科学实验或统计数据分析来解决的问题,如人文社会领域的研究问题,或者是缺乏足够数据的情况下的研究。

经验分析法的优势如下:

(1)无须他人帮助,教师自己就可以完成。

(2)只要有教育教学经验就可以使用这个方法。

经验分析法的劣势如下:

(1)对教师的要求高,经验的丰富程度,决定学情分析的精准程度。

(2)科学性、准确性受教师个人能力影响大。

(3)结果数据不易量化,不方便统计分析。

总之,这种方法对教师的要求比较高,因为这要求教师要有较丰富的教育教学经验,还要有较强的总结反思能力。也就是说教师自身的教育教学经验越丰富、越全面,对自身的教学经验反思与总结越深入,基于已有教学经验的学情分析就越易于进行,也越易于深入,其分析成果也更有教学价值。但是仅依靠经验分析法进行学情分析还是不够的,如果没有较为丰富的教育教学经验而使用经验分析法,会使得出的结果流于表面呈现经验主义和主观主义。所以,在进行学情分析时,运用多元分析方法与多维分析视角,其分析结果更为可靠,也更有指导性可行性。

第六节 数字技术获取法

随着信息技术、网络技术和大数据、人工智能的发展,有很多新兴技术应用到了教学中、应用到了课堂中,以帮助教师掌握学生、了解学生,从而改进教学。

在前面的观察法中,如果想要全面地观察课堂,掌握每个学生的情况,只靠教师不可能做的全面。因此,会有采用一些技术手段辅助教师来观察课堂,记录课堂中发生的变化。这些技术手段可以按照应用环境分为电脑辅助类、智能平台类。

一、电脑辅助类

电脑辅助类,是指用电脑(或笔记本)的软件就能辅助完成对课堂的观察记录,不需要联网。最典型的辅助课堂观察的电脑软件系统有弗兰德斯互动分析系统和S-T分析方法。

1. 弗兰德斯互动分析系统——FIAS

弗兰德斯互动分析系统是根据美国学者弗兰德斯提出的一种结构性的、定量的课堂行为分析技术开发的电脑端应用的分析系统。

美国学者弗兰德斯在20世纪60年代提出一种课堂行为分析技术,即弗兰德斯师生互动分析方法。该分析方法是一种结构性的、定量的课堂行为分析技术,是基于弗兰德斯对课堂师生互动的认识:在课堂教学中,教师大部分时间是在与学生进行语言交流,这些交流,有的对学生形成直接影响,如讲授、指导、控制、批评等;有的形成间接影响,如提问、引导、追问、表扬等。语言行为是课堂中主要的教学行为,占所有教学行为的80%左右。此外,由于师生语言行为是明确表达出来的,便于评价者做客观记录,因此,弗兰德斯将课堂观察的重点放在师生语言行为上,把课堂上的语言交互行为分为教师语言、学生语言和沉默或混乱(无效语言活动)三类,共10种情况,其中第1类~第7类均是记录教师对学生说话的情况;第8类和第9类是记录学生对教师说话的情况,在课堂上,除了教师与学生的对话外,还有第10个类别,即记录课堂中可能出现的沉寂状态,一般包括安静和混乱两种(表2-33)。

表2-33 弗兰德斯师生互动行为分类表

行为分类		具体行为	编码
教师语言	间接影响	表达感情:教师用没有威胁的方式接纳或澄清学生的感受	1
		表扬或鼓励教师赞赏或鼓励学生合适的行为	2
		接纳或利用学生的观点教师澄清、充实或发展学生的观点	3
		提问:教师就内容或程序向学生提问,并希望学生回答	4
	直接影响	讲授:教师就内容或程序提供有关事实或观点,发表自己的见解	5
		命令:教师以语言直接指使学生做出某些行为	6

行为分类		具体行为	编码
教师语言	直接影响	批评学生或为权威辩护:教师以权威的方式改变学生行为的语言	7
学生语言		应答:学生为了回应教师而说的话	8
		主动发言:学生自发、主动地讲话	9
无效语言		停顿、短暂的沉默及混乱	10

依据弗兰德斯的理论开发的FIAS系统利用电脑采集数据。在课堂观察中,每3秒取样一次,对每个3秒内的课堂活动都按编码系统规定的意义赋予一个编码,作为观察记录。一堂课大约记录800个~1000个编码。它们表达着课堂上按时间顺序发生的一系列事件,每个事件占用一个小的时间片段。这些事件按顺序连接成一个时间序列,表现出课堂教学的结构、教学行为模式和教师的教学风格。[1]

在获得课堂的基本编码数据之后,FIAS会依据这些数据形成分析矩阵。分析矩阵是一个对称矩阵(表2-34)。行和列的意义都由编码系统的规定编码所代表,矩阵的每个单元格中填写一对编码表现的课堂行为出现的频次。依据矩阵中各种课堂行为频次之间的比例关系及它们在矩阵中的分布,可以对课堂教学情况作出有意义的分析。[2]

表2-34 弗兰德斯师生互动行为记录

		教师语言							学生语言		无效语言	合计
		1	2	3	4	5	6	7	8	9	10	
教师语言	1	0	0	0	4	0	0	0	0	0	0	4
	2	0	0	0	0	4	0	0	0	0	4	4
	3	0	0	0	0	16	0	0	0	4	0	20
	4	0	0	0	16	12	0	4	40	80	12	164

[1] 李涛,俞瑶. 课堂教学的心电图——师生相互作用分析[J]. 中小学信息技术教育,2011(2):92-93.

[2] 同[1].

续表

		教师语言						学生语言		无效语言	合计
教师语言	5	0	4	4	68	12	16	4	16	64	8	196
	6	0	0	0	8	12	0	0	0	4	12	36
	7	0	0	0	0	12	0	0	0	16	4	32
学生语言	8	0	0	4	24	28	0	0	0	8	0	64
	9	0	0	12	36	100	8	12	0	8	4	180
无效语言	10	4	4	0	8	4	12	4	8	0	4	48
	合计	4	8	20	164	200	36	24	64	184	48	752
	比例	0.53%	1.06%	2.66%	21.81%	26.60%	4.79%	3.19%	8.51%	24.47%	6.38%	

方海光教授基于FIAS提出改进型弗兰德斯互动分析系统(iFIAS),其优化调整主要包括以下几点:将原编码4的"提问"进一步分为"提问开放式问题"和"提问封闭式问题";将原编码中的"学生语言"维度中增加了一项"学生与同伴讨论",并将"学生主动说话"细分为"学生主动应答"及"学生主动提问";并且针对数字化课堂教学环境,还增加了技术维度,分为"教师操纵技术"和"学生操纵技术"(表2-35)。iFIAS系统对数字化环境下的教学互动分析具有很好的支持作用,能够对典型的数字化课堂进行深入分析,同时提供数字化课堂的教学模式的判断依据。[1]

表2-35 iFIAS师生互动行为分类表

教师语言	间接影响	1		教师接受情感
		2		教师表扬或鼓励
		3		教师采纳学生观点
		4	教师提问	4.1	提问开放性问题
				4.2	提问封闭性问题

[1] 方海光,高辰柱,陈佳.改进型弗兰德斯互动分析系统及其应用[J].中国电化教育,2012(10):109-113.

教师语言	直接影响	5	教师讲授		
		6	教师指令		
		7	教师批评或维护教师权威		
学生语言		8	学生被动应答		
		9	学生主动说话	9.1	学生主动应答
				9.2	学生主动提问
		10	学生与同伴讨论		
沉寂		11	无助于教学的混乱		
		12	有益于教学的沉寂		
技术		13	教师操纵技术		
		14	学生操纵技术		

　　为了简化iFIAS的分析过程,提高弗兰德斯分析方法的可实施性,方海光团队开发了iFIAS辅助分析工具。iFIAS辅助分析工具主要包含iFIAS分析程序和iFIAS编码助手程序。iFIAS分析程序同时兼容iFIAS编码系统、ITIAS编码系统、传统FIAS编码系统,以及其他定义方式的编码系统(见图2-27),它不仅可根据课堂观察记录的课堂教学互动行为编码表生成分析矩阵及统计分析数据,还可绘制出教学互动行为比率的动态折线图。为了简化观察记录过程,可以借助iFIAS编码助手程序(图2-28)。iFIAS编码助手程序可使课堂观察的编码过程更加方便、简化,输出的编码记录表可直接被iFIAS分析程序导入并进行分析。

　　不管是FIAS系统还是iFIAS系统,都能客观地记录教师与学生之间的互动情况,采用标准化的编码,减少主观因素的影响,也不需要深入学科内部,因此,能够较为客观地进行分析。教师可以通过系统对学生的表现进行分析,有助于教师了解每位学生的学习状态。

　　但是,系统会要求每3秒或每6秒,进行一次取样并编码,一节40分钟的课就要有400~800个编码,工作量很大,而且要求记录人熟悉每一个编码对应的行为。因此,一般需要对观察记录者进行训练,不是普通教师能轻松掌握的技术。

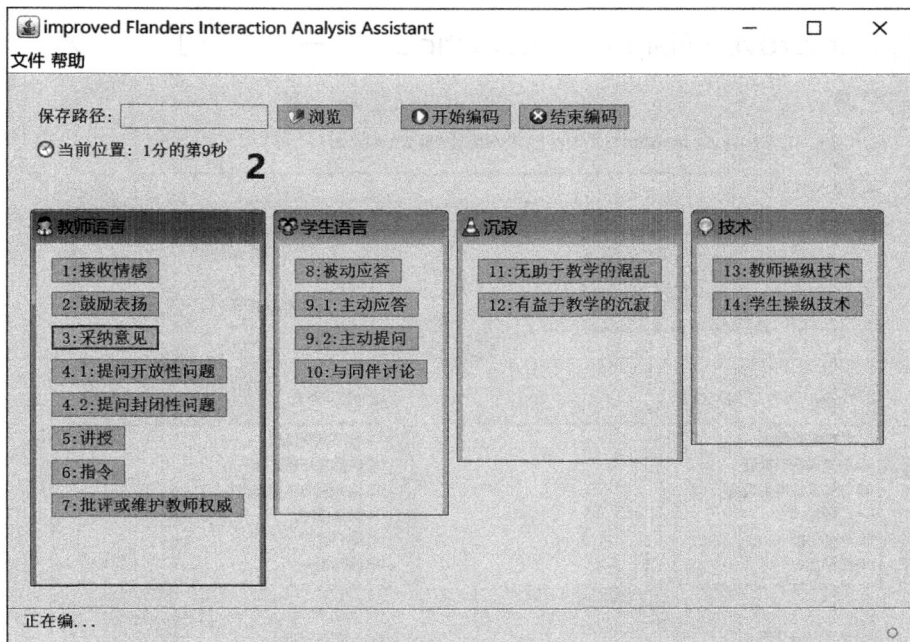

图2-27　iFIAS分析工具界面

2．S-T分析方法

与FIAS分析方法不同是S-T(Student-Teacher)分析方法观察分析的是教学过程中的学生行为(以S表示)和教师行为(以T表示)。

教师行为主要包括：①教师的讲话行为(听觉的)。例如：讲授、提问、评价与反馈等；②教师的板书、演示等行为(视觉的)，例如：示范、板书、利用各种媒体进行提示等。

学生行为主要包括：教师行为以外的所有行为，例如：学生的发言、思考、计算、记笔记、做实验或完成作业及沉默等。❶

S-T分析法数据的收集，一般设定采样的时间间隔为30秒。在观察的过程中，每隔30秒选取一个样本。如果该时刻是教师行为，则在表中记入T，否则记入S，以手工的方式制作S-T数据记录卡片。40分钟的教学应有80个样本，记录表中应该至少有80个S或T符号。如表2-36所示。

---

❶ 傅德荣，章慧敏，刘清堂. 教育信息处理[M]. 2版，北京：北京师范大学出版社，2011：93.

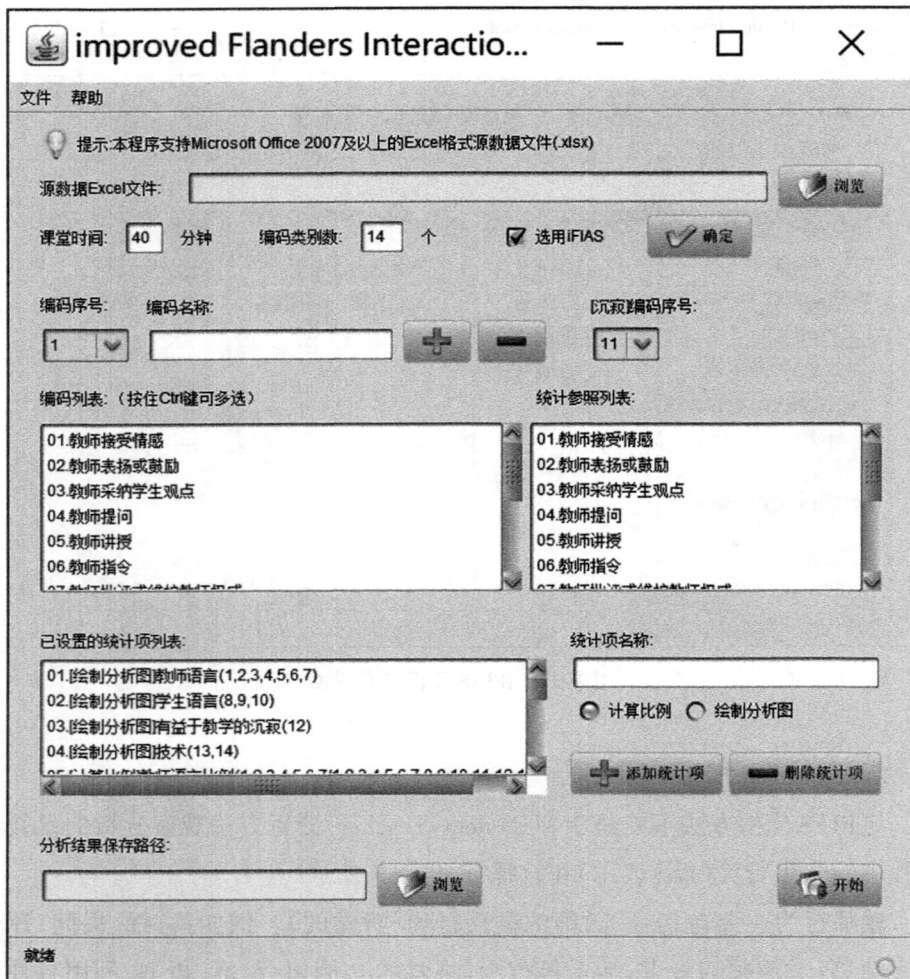

图 2-28　iFIAS 编码助手

表 2-36　S-T 分析法记录

序号	1	2	3	4	5	6	7	8	9	10
1	T	T	T	T	T	T	S	S	T	T
2	T	T	T	T	S	S	S	S	S	S
3	S	S	T	T	T	T	S	S	T	T
4	S	S	S	S	S	T	T	T	S	T
5	S	T	T	T	T	T	T	S	S	S

序号	1	2	3	4	5	6	7	8	9	10
6	S	S	S	S	S	S	S	S	S	S
7	S	S	S	S	S	S	S	T	T	T
8	T	T	T	T	T	T	T	T	T	T
9	S	S								
10										

S-T分析方法可以用两种不同的方式表示教学模式：一种是以S行为和T行为随时间变化的S-T图的方式；另一种是以Rt-Ch图的方式。

S-T图的绘制一般使用坐标纸。纵轴为S，横轴为T，分别表示S行为、T行为的时间。各轴的长度均为45分钟，每30秒进行取样。教学的起点为原点。据此绘制出图2-29。

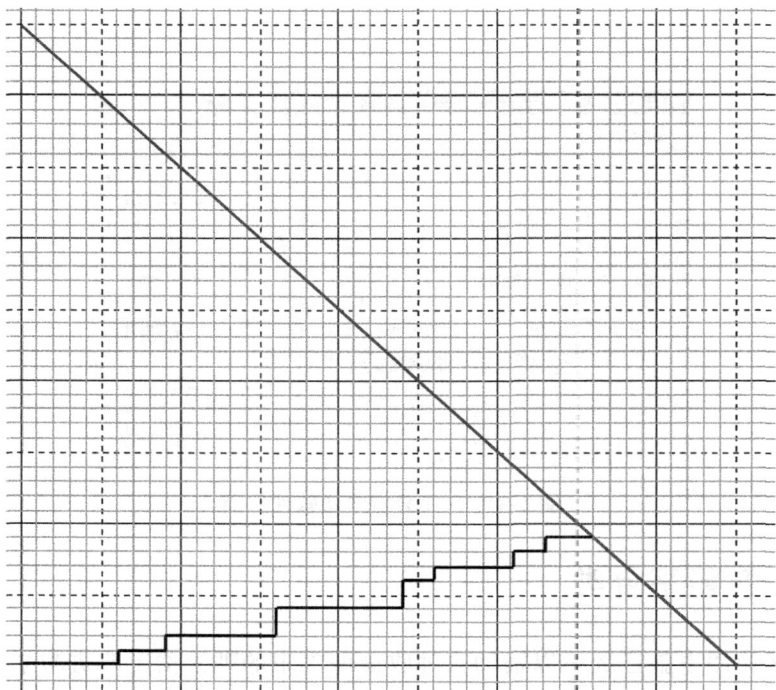

图2-29　S-T

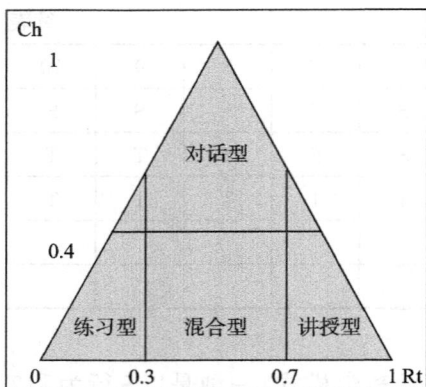

图2-30　Rt-Ch

Rt-Ch图中的Rt和Ch分别表示教学过程中的T行为占有率和行为转换率。T行为占有率Rt=T行为数/教学过程中所有行为的采样总数N。Rt的取值范围为0-1，Rt值越大，T行为在总采样行为数中的比例越大，即教师在教学过程中的活动比例比较大。转换率Ch是T行为与S行为间的转换次数与总的行为采样数之比。

Rt-Ch图就是分别将计算出的Rt和Ch数据描绘在横轴为Rt，纵轴为Ch的平面上，将计算出的Rt和Ch数据点描绘在横轴为Rt，纵轴为Ch的平面上，得到如图2-30所示的样子。

由于采样和后期的计算都会占用大量的人力，因此团队开发了S-T分析方法软件（图2-31），使用电脑操作完成采样和后期计算、绘图，可以减少烦琐的工作。

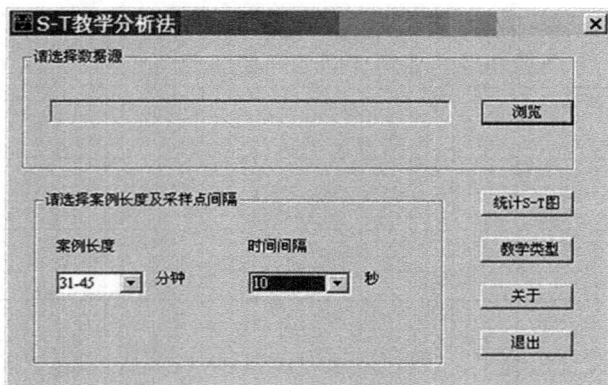

图2-31　S-T分析方法软件界面

二、智能平台类

虽然使用电脑已经可以辅助教师收集课堂中的师生情况改进教学了，但是上述两种系统代表的电脑辅助类还是存在局限性的。例如，它们都需要对操作者进行前期的培训,使其能更准确地区分各种行为,以减少录入过程中的失误。观察内容单一,不能全面得到师生的行为数据等。现在的信息技术发展迅速,互联网、大数据和人工智能系统被用到课堂教学中,利用这些系统能随时得到学情数据。

这里介绍几个智能教学平台。它们主要是运用人工智能技术智能分析学习者所学内容,构建学习者知识图谱,可以为教师和学生提供个性化教与学;支持自适应学习,实现学习内容的智能化推荐。例如,由学堂在线与清华大学在线教育办公室共同研发雨课堂,在课前可以很方便地帮助教师制作带有互动习题的课件,通过微信推送给学生,就可以在课前得到学生相关学情资料(图2-32)。在课堂中通过实时答题、互动弹幕得到学生课堂生成的数据。课后会生成个性化的报表、得到学情分析数据,便于教师掌握学生学习情况,使教与学更明了(图2-33)。

图2-32 "雨课堂"工具栏

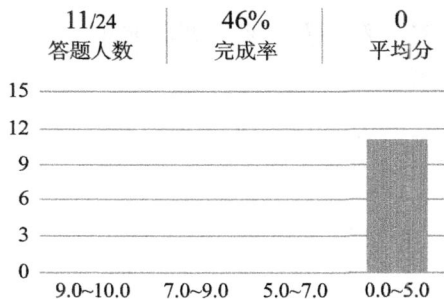

图2-33 "雨课堂"学情分析数据

还有科大讯飞的智学网,它是面向学校日常作业、考试及发展性教与学评价需求推出的大数据个性化教与学系统。智学网能够实现教与学全场景动态数据的采集和分析,帮助教育管理者高效决策、教师针对性教学、学生自主个性化学习(图2-34、图2-35)。

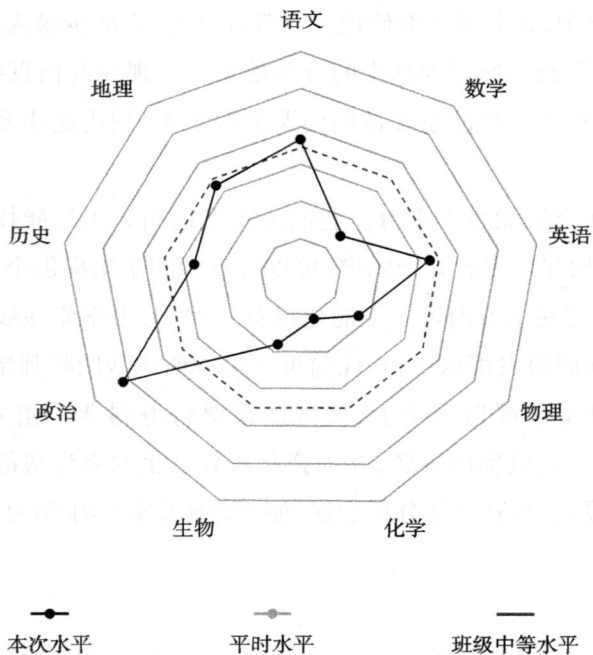

图 2-34 "智学网"成绩雷达

答题情况

单选题

主观题

单选题

1

下列句中加点词的意义有误的一项是（2分）

A. 廊腰缦回　　　　　缦：萦绕　　B. 泊牧以谗诛　　　　泊：等到

C. 与嬴而不助五国也　　与：赞同 D. 则递三世可至万世而为君　　递：依次传递

收起解析 ∧

图 2-35 "智学网"答题情况统计及题目解析

还有很多公司研发了各具特色的平台,它们在互联网和大数据的助力下,人工智能在获取大量的学习数据后,通过数据挖掘和分析,能够掌握学习者的学习习惯、学习风格、学习兴趣、知识强弱项等特征,并据此进行智能推送,实现个性化学习。

这类系统或平台很少需要人为干预,都是通过视频、音频等设备进行数据采集,再在后台利用算法分析提取、分析数据,并反馈分析结果。例如,人脸识别,就是通过配备的高清摄像头,捕捉每一个学生的面部表情,根据面部表情分析出学生的注意力是否集中,对所学知识点的是否理解等情况,然后将这些数据反馈给教师,教师根据反馈调整讲课的节奏、讲课的内容,以达到更好的教学效果。还有声纹识别,是通过音频设备收集声音,根据待识别语音的声音特征识别讲话的人。通过声音识别,可以推断教学过程中学生的情感状态,如自尊、害羞、兴奋等,从而发现学生可能遇到的问题。

此外,还有一些智能终端,可以用来收集学情,如智能纸笔,在不改变学生用笔习惯的基础上,通知智能纸笔系统收集学生书写轨迹、笔画、笔顺、握笔姿势、笔的空间姿态等多维数据,对学生的书写进行有针对性的指导。也可以收集学生的解题过程,找到学生学习的"堵点",并逐一疏通。还有高速扫描仪、高拍仪,通过扫描或拍照采集学生的试卷或作业数据,在后台对这些内容进行分类整理,形成错题集,可以有针对性地指导学生。

这类系统或平台要有相应软、硬件的投入,因此,往往需要学校进行整体布局。

第三章　如何分析处理学情数据

在第二章我们已经掌握了获取学情数据的多种渠道,也知道了怎样把这些数据电子化,而我们需要对获取的学情数据进行分析处理才能发现问题,以此来改进教学。那么学情数据的分析用问卷星等自动生成的分析报告够不够?要想自己进行数据分析需要掌握哪些知识? 用哪种图形呈现数据的分析结果更合适、更直观? 这些都是我们在这一章中会涉及的。

第一节　什么是数据统计分析

我们要想使用好学情数据,用这些数据指导我们改进教育教学,就需要掌握一定的数据分析方法,通过这些方法将学情数据进行审核、分类、汇总等,使教师能够看到学情数据背后的学生真实学习情况和需求,并据此制定个性化的教育策略,开展有针对性的教学活动。

数据统计分析的一般步骤如下:

(1)确定问题和目标:在开始数据统计分析之前,首先需要明确要解决的问题或目标,以便选择合适的数据收集方法和分析技术。

(2)收集数据:根据研究问题和目标,采用不同的数据收集方法,如问卷调查、实验、观察等方式来获取所需数据。

(3)预处理数据:对收集到的数据进行初步处理,包括删除重复值、缺失值填补、异常值检测等操作,并将原始数据转换为可分析的形式。

(4)描述数据:对已经预处理过的数据通过图表、频数分布、中心趋势和离散程度等指标来描述数据特征及其分布规律。

(5)分析数据:根据问题或目标,选择适合的统计方法对数据进行分析,进一步探索数据之间的关系和趋势,并发现可能存在的模式或异常点。

(6)解释结果:根据数据分析的结果,解释数据中的联系和趋势,提取有用的信息回答问题或目标。

(7)得出结论和给出建议:根据数据分析结果得出结论,对问题和目标提出建议。

我们在第二章已经了解了收集数据和预处理数据的一些方法,在本章中我们将阐述描述和分析数据的方法。

一、描述数据

描述数据是通过使用描述性统计分析的方法来实现的。描述性统计分析是对数据进行概括和描述的统计分析方法,用来了解数据的基本特征和分布情况。描述数据的具体内容包括:频次分析、集中趋势分析、离散程度分析、数据分布形态分析、相关性分析等。❶

当一位教师接手一个新班级的时候,要对这个班的学生学习情况有所了解。这时候如果给他/她的是这个班学生的各科成绩表,对他/她的帮助并不大。如果给他/她提供的是如下数据,可能更利于他/她了解班里的学生学习情况:

(1)这个班的平均成绩。

(2)最高分和最低分是多少,两者相差多少。

(3)高分的学生有多少,低分的学生有多少。

(4)高分的学生占比是多少。

……

这就是描述性统计分析的应用场景。描述性统计分析常使用的方法主要有反映集中趋势的平均数、中数、众数等;反映离中趋势的四分差、平均差、方差、标准差等;反映相关性的正相关关系、负相关关系等。

二、分析数据

分析数据通常是通过推断性统计分析的方式来实现,通过对样本数据进行分析和推断,对总体数据进行推断和预测。在实际教学工作中,教师可能没有时间了解每一位学生的学习习惯、学习兴趣等,这时就可以根据经验挑选一些

---

❶ 徐文彬.教育统计学思想、方法与应用.[M].2版,南京:南京师范大学出版社,2012:28.

有代表性的学生进行分析,然后根据这部分数据推断全班学生或全年级学生的情况。

常用的推断性统计分析的方法有参数估计、假设检验、方差分析、相关分析、回归分析等。

描述性统计分析与推断性统计分析虽然有一定的区别,但不能截然分开,它们之间是有密切联系的。描述性统计分析是推断性统计分析的基础,使用推断性统计分析之前要先使用描述性统计分析。描述性统计分析只是对数据进行一般的分析和归纳,如果不进一步应用推断性统计分析,可能会使统计结果失去意义,达不到统计分析的目的。

三、数据统计分析的应用场景及作用

(1)学情分析:教师可以使用众数、中位数等集中量分析学情问卷结果的集中趋势,以此了解学生的普遍偏好或主要问题等,为设计教学活动提供依据。

(2)学生成绩分析:教师可以使用平均数、中位数或众数分析了解学生的整体成绩水平,掌握学生的成绩分布情况,为分层教学提供依据。

(3)教学评估:教师可以通过分析学生的考试成绩、作业成绩等评估指标的集中趋势,来评估教学方法的有效性,为改进教学方法提供依据。

(4)学生个体评估:教师可以通过比较学生的成绩与班级或年级的平均值,确定学生在特定学科或领域中的相对位置,为个性化教学提供依据。

(5)教学研究:教师可以利用描述性统计分析比较不同教学方法的教学效果、不同组别的学习效果等,为教学研究提供依据。

第二节　常用分析方法

前文已述常用统计分析方法有描述性统计和推断性统计。在描述性统计中,主要使用集中趋势、离散程度、数据分布等方法来描述数据的集中性、分散性、对称性等统计特性。

集中趋势的描述性统计有算术平均值、几何平均数、调和平均数、中位数、众数等。

离散程度的描述性统计有极差、标准差、方差、四分位差、变异系数等。

数据分布的描述性统计有偏度、峰度等。

数值的描述性统计有最小值、最大值、总和、总个数等。

常用的推断性统计中,主要使用参数估计、假设检验、相关性分析、方差分析等。

参数估计的推断性统计有均值、方差等。

提到这些数学名词,非数学学科的教师可能会有一点担心,看不懂数学公式,也记不住这些公式怎么办? 是不是就不能自己进行数据的统计分析了?

其实不然,因为本书不讲数学,也不讲统计分析,所以公式是如何来的,不必深究,也不必去记住公式是如何计算的,只要我们知道这个公式是在什么情景中使用,用来干什么,这就够了。当然,我们也不用动手一步一步地运算。我们可以利用现成的统计软件(如 Excel、SPSS、SAS、R 等),对数据进行各种统计处理。我们只要会使用这种软件,知道得出的数字意味着什么,就可以了,而不必去追究这个结果的计算过程。

一、集中趋势的描述性统计分析

集中趋势是指在一组数据中大量数据向某一点集中的程度。用来描述集中趋势的统计量称为集中量。常用的集中量有算数平均数、中位数、众数等。❶

(一)算数平均数

平均数是一组数据的总和除以数据的数量。平均数是集中趋势的一种常见指标,可以用来描述数据的中心位置。平均数对异常值比较敏感,因为它们可以显著影响平均数的值。例如,一个班的语文考试中有一位学生的成绩是满分,其他学生的成绩大都在80分左右,那么这个班的语文平均数就会被显著拉高。

算数平均数也称为平均数,是在教育教学中会经常用到统计平均值。

计算公式为

$$\overline{X} = \frac{x_1 + x_2 + x_3 + \cdots + x_n}{n} = \frac{\sum_{i=1}^{n} X_i}{n} \tag{3-1}$$

---

❶ 王孝玲. 教育统计学[M]. 北京:北京师范大学出版社,2008:26-29.

其中,$\overline{X}$代表平均分;$x_1 + x_2 + x_3 + \cdots + x_n$代表每个学生的语文成绩;$n$代表有语文成绩的学生总人数。

(二)中位数

中位数又称中值,是统计学中的专有名词,它是按顺序排列的一组数据中居于中间位置的数。用公式$(n+1)/2$计算得出中位数的位置,如果这一组数据有奇数个,那么位于这组数据中间位置的值就是中位数。如果这一组数据有偶数个,通常取最中间的两个数值的平均数作为中位数。

中位数和平均数是不同的两个概念。平均数是先求和再除以参与计算的个数,如果有几个特别高或特别低的异常值,就会被影响,它体现的是这组数据的平均水平。而中位数是把所有数值进行排序,找到排在中间的数值,它反映的是这组数据的中间位置。因此,中位数是不受异常值影响的,因为这些异常值是不影响排序的。

以班级平均分举例,正常情况下5名学生的分数分别为100、99、98、97、96,则平均数为98;但这次考试有一名学生考试失常了,分数为100、99、98、97、20,平均数就变成82.8。但这能够反映该班级的实际情况吗?其实多数学生还是正常发挥。如果用中位数描述这次的成绩,前后两次均是98,相对而言能更好地反映多数学生的情况。

中位数的特点如下。

(1)不受分布数列的极大值或极小值影响,能更准确地反映这组数据的中心位置。

(2)如果一组数据中有极端数据,中位数比平均数能更合理地反映该组数据的集中趋势。

(3)在一组有序数据的中间位置,有一半的数据比它小,另一半数据比它大。

(三)众数

众数是指一组数据中出现频率最高的数值,众数可以用来描述一组数据的集中趋势,但它并不一定代表这组数据的中心位置,因为它只考虑了数据的出现频率,而没有考虑数值的大小。在一组数中众数可能有多个。例如:数据1,2,3,3,4的众数是3。数据2、3、−1、2、1、3中,2、3都出现了两次,它们都是这组数据的众数。如果所有数据出现的次数都一样,那么这组数据没有众数。例如:数据1,2,3,4,5中就没有众数。❶

众数的特点如下。

(1)一组数据中的众数可能不止一个,也可能没有众数。

(2)众数不受极端数据的影响,并且求法简单。

例:下面是两个班语文成绩的平均分、中位数和众数(表3-1)。

表3-1　语文成绩表

语文	一班	二班
平均分	67	71
中位数	64	75
众数	85	75

从表3-1中看到,一班的中位数＜平均分＜众数,说明这个班有一半的学生语文成绩低于平均分,整体水平不高,有几个高分的学生把平均分拉高了;而二班的成绩是平均分＜中位数=众数,说明二班的整体水平不错,有个别低分的学生。

(四)使用Excel的数据分析

在Excel中有专门的数据分析操作,通过"数据分析"中的"描述统计",就可以实现描述统计的功能。只是默认状态下"数据分析"选项没有出现在选项卡中,需要通过设置调出。具体的方法如下。

(1)打开Excel左上角"文件",点击【选项】(图3-1)。

❶ 韩宝成. 外语教学科研中的统计方法[M]. 北京:外语教学与研究出版社,2000:34.

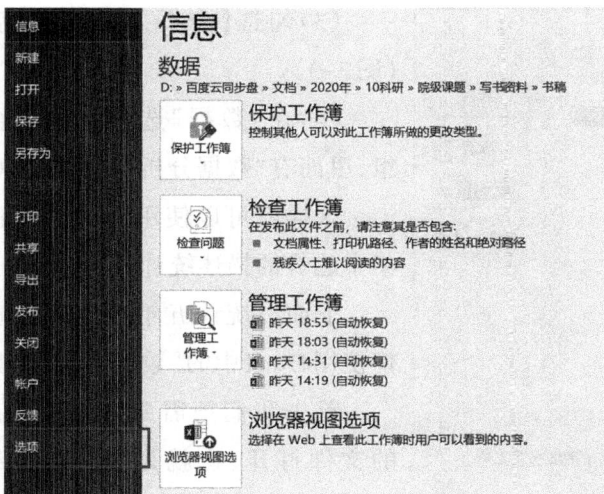

图 3-1　Excel 的"选项"

（2）在"加载项"页面点击【转到】（图 3-2）。

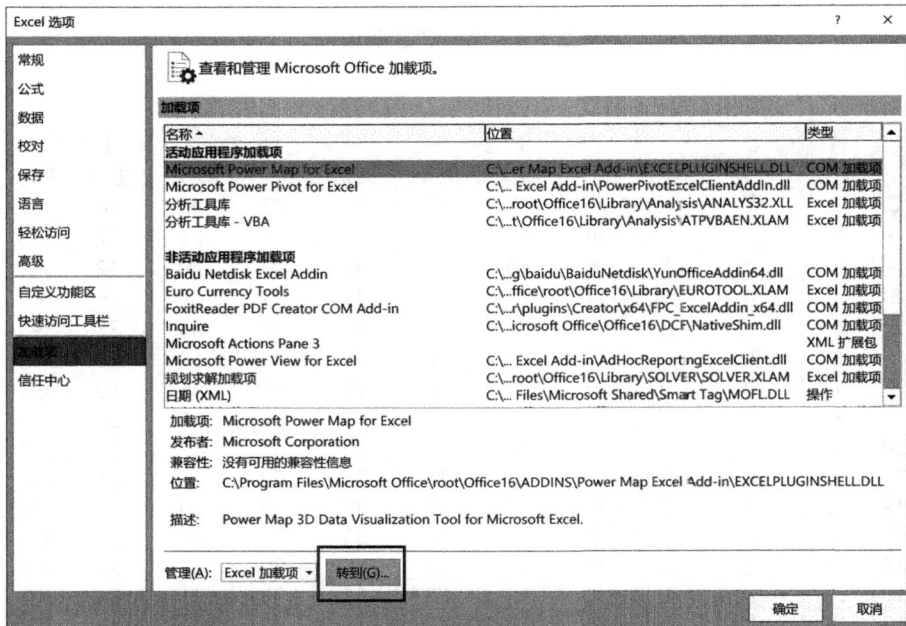

图 3-2　添加"加载项"

图3-3 "加载项"对话框

（3）勾选【分析工具库卡】后点击"确定"（图3-3）。

（4）在"数据"选项卡中就会增加"分析"组，里面有"数据分析"工具按钮（图3-4）。

这样就可以使用Excel的"数据分析"进行集中趋势的描述统计分析了。

下面以统计五年级语文成绩为例，说明如何使用Excel中的"数据分析"工具。

首先我们把需要进行集中趋势统计分析的文件打开，也就是把年级成绩的文件打开（图3-5）。

图3-4 "数据"选项卡

	A	C	D	E	F	G	H	I	J	K
1	序号	性别	班 级	语文	数学	英语	科学	社会	思品	总分
2	1	男	五(02)班	77	67	68	97	40	38	387
3	2	女	五(04)班	65	39	55	78	21	37	295
4	3	女	五(05)班	88	92	94	98	49	42	463
5	4	男	五(04)班	72	87	41	91	39	36	366
6	5	女	五(03)班	75	71	86	82	44	37	395
7	6	男	五(04)班	68	46	54	59	19	26	272
8	7	男	五(06)班	83	79	76	90	46	40	414
9	8	女	五(05)班	80	70	58	85	20	32	345
10	9	女	五(03)班	48	19	37	12	26	167
11	10	女	五(01)班	60	14	31	52	14	31	202
12	11	女	五(03)班	66	65	43	79	30	30	313
13	12	男	五(03)班	82	80	85	96	45	43	431
14	13	男	五(03)班	67	49	56	89	36	38	335
15	14	男	五(01)班	65	63	54	80	31	34	327
16	15	女	五(04)班	78	77	78	91	42	42	408

图3-5 年级成绩

之后,点击"数据分析"按钮,就会出现"数据分析"对话框(图3-6),根据需要选择里面的分析工具后点击"确定"(这是点击"描述统计"后出现的对话框,如图3-7所示)。

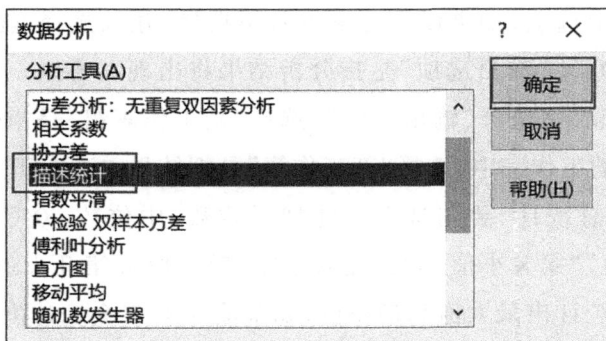

图3-6 "数据分析"对话框

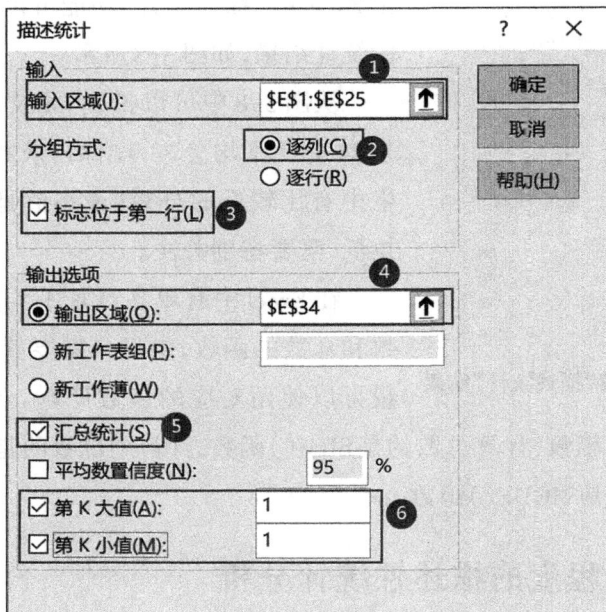

图3-7 "描述统计"对话框

111

其中,①"输入区域",是指需要进行数据分析的数据所在区域,用鼠标拖动选择区域;②"分组方式"是指需要进行数据分析的数据是逐列(竖着)存储还是逐行(横着)存储,根据数据存储的实际情况选择;③"标志位于第一行"是指在选择的"输入区域"的范围中是否包括标题行(如"语文"),如果包括标题行就选上这个选项,如果没有标题行就不选择(建议选择"输入区域"的时候包括标题行);④"输出选项"是指分析结果将出现在哪里。如果想把结果与数据放在一起,就选择"输出区域",选择"新工作表组"是指会把结果单独存放在一个新的工作表中,选择"新工作簿"是把结果单独存于一个新的 Excel文件中;⑤"汇总统计"要勾选上才能把平均数、中位数、众数等统计出来;⑥在"第 K 大值""第 K 小值"后面输入数字,就会统计第几大值或第几小值,如输入 1,就会统计出最大值和最小值,如果输入 3,就会统计出分数中第三高值的和第三低值。

语文	
平均	73.91666667
标准误差	1.870747997
中位数	74.5
众数	82
标准差	9.164756059
方差	83.99275362
峰度	1.247205667
偏度	-0.90496527
区域	40
最小值	48
最大值	88
求和	1774
观测数	24

图3-8 语文成绩"描述统计"结果

最后就得到"描述统计"的结果。可以看出 Excel 的"描述统计"功能可以给出经常用到的统计结果,如图3-8所示。

从图3-8中可以得到,语文成绩的中位数是74.5,比平均分73.9略高;众数是82,说明学生中有比较低的分数(最小值是48)把平均分拉低,需要特别关注。

在 Excel 中有单独计算平均数、总数、中位数和众数的函数,如果只需要其中的一个统计量可以使用对应的函数计算。计算平均数的是 AVERAGE()函数,计算总数的是 SUM()函数,计算中位数的是 MEDIAN()函数,计算众数的是 MODE()函数。

二、离散程度的描述性统计分析

对于一组数据来说,集中趋势描述的是中间值、平均水平,并不能完整描述数据的分布情况。如在某次考试中两个班的平均成绩相同,但是两个班的成绩整体分布却是不同的,用集中趋势的集中量就不能很好地反映两个班的情况。因此,需要加入可以描述数据离散程度的差异量。

离散程度是指一组数据的变异程度和分数程度,用来描述离散程度的统计量称为差异量。它可以描述一组数据中的每个数据与平均值或中位数之间的差距。差异量越大,说明数据分布的范围越大,数据越不集中;反之,差异量越小,说明数据分布的范围越小,数据越集中。

常用的差异量有方差、标准差、极差、四分位差、变异系数等。

（一）方差和标准差

方差和标准差是最常用到的描述离散程度的差异量。方差是一组数据中每个数据与这组数据算术平均数差的平方的算术平均数。因此可以反映这组数据的离散程度。方差越大,说明数据的离散程度越大;方差越小,说明数据的离散程度越小。

例如,有两组成绩{45,65,79,80,84,88}和{66,69,71,76,79,80},它们的算术平均数都是73.5。从平均数看不出来这两组成绩有什么差异。此时,可以用方差来观察它们的离散程度。第一组的每个成绩与算术平均数差的平方分别是 $(45-73.5)^2$、$(65-73.5)^2$、$(79-73.5)^2$、$(80-73.5)^2$、$(84-73.5)^2$、$(88-73.5)^2$,即 812.25、72.25、2.25、42.25、110.25、210.25,可以得到这组数据的方差为(812.25+72.25+2.25+42.25+110.25+210.25)÷6=212.92,第二组的每个成绩与算术平均数的平方分别是 $(66-73.5)^2$、$((69-73.5)^2$、$(71-73.5)^2$、$(76-73.5)^2$、$(79-73.5)^2$、$(80-73.5)^2$,即 56.25、20.25、6.25、6.25、30.25、42.25,同理可以得到第二组数据的方差为26.92。在两组数据的算术平均数都是73.5的情况下,它们的方差却相差很大。从两组数据的方差结果可知,第一组成绩的离散程度要比第二组的成绩大很多,说明第一组学生的成绩差异较大。

方差对数据进行了平方,平方后的数据会比较大,为了使数据易理解和易解释,需要对方差进行开方,开方后的差异量就是标准差。标准差是方差的平方根。[1]上述两组数据的标准差分别为 14.59 和 5.19。

---

[1] 王孝玲. 教育统计学[M]. 北京:北京师范大学出版社,2008:30-33.

在实际应用中,方差又分为总体方差和样本方差,它们的主要区别在于是否掌握整个总体的数据。总体方差是在这组数据的全部数据都已知的情况下使用的。而样本方差是在没有完全掌握全部数据的情况下,通过计算样本数据得到的,也是在教学研究中最常使用的。

可以这样理解总体方差和样本方差:当已知一个班的所有语文成绩时,可以使用总体方差观测这个班语文成绩的离散程度;当在一个年级语文抽测中,随机从不同班级挑选了若干名学生做测验,用得到的结果观测年级语文成绩的离散程度时,可以使用样本方差。

在计算方差和标准差时,如果只看一组数据的方差和标准差而没有对比是没有意义的,将多组数据对比才有意义。以对比一个年级中两个班的语文成绩为例(图3-9),介绍在Excel中用函数计算总体方差和总体标准差的具体操作步骤。在Excel中使用VAR.S()函数计算样本方差,用VAR.P()函数计算总体方差;用STDEV.S()函数计算样本标准差,用STDEV.P()函数计算总体标准差。

步骤一:选择需要计算方差的单元格B40,在编辑栏中点击函数按钮"fx",在函数列表中选择VAR.P,如图3-10所示。

步骤二:在VAR.P函数的参数对话框"Number1"中输入1班语文成绩的范围B3:B37(图3-11)。

步骤三:单击"确定",得到1班语文成绩的总体方差是317.1367347。

步骤四:计算总体标准差,选择需要计算总体标准差的单元格B41,在编辑栏中单击函数按钮"fx",在函数列表中选择STDEV.P。

步骤五:在STDEV.P函数的参数对话框中"Number1"中输入1班语文成绩的范围B3:B37。

步骤六:单击"确定",得到总体标准差的结果17.803333。

序号	1班	2班	3班	4班	5班	6班
			年级语文成绩			
序号	1班	2班	3班	4班	5班	6班
1	91	69	94.5	94	89	64
2	79	86	98.5	62	92	95
3	86.5	23	94.5	80	83	90
4	85.5	82	97.5	75	81	76
5	86	68	89.5	85	96	93
6	84	83	91.5	81	96	85
7	57	63	93.5	74	93	79
8	88	78	91	80	98	81
9	83	87	82	81	90	92
10	88	74	91	87	92	70
11	68.5	70	94.5	67	96	71
12	61	84	98	91	83	92
13	87	78	72	90	100	93
14	94	84	72.5	85	96	87
15	74.5	88	97.5	68	80	68
16	53.5	92	97	52	78	83
17	95.5	83	91	64	87	67
18	74.5	90	72.5	85	96	77
19	95	94	96.5	85	100	97
20	67	83	86	85	92	89
21	78	91	93.5	79	90	67
22	77.5	86	81.5	88	90	84
23	92	87	85	86	91	95
24	89.5	73	95	82	87	86
25	88	77	96.5	80	90	86
26	84.5	53	82.5	42	84	96
27	89	78	95.5	86	86	72
28	93	79	94	88	95	86
29	91	95	95	84	45	83
30	82	92	91	76	86	95
31	84	70	95	85	49	90
32	78.5	88	99.5	87		95
33	48.5	94	94	66		88
34	78.5		95	76		95
35	0		85.5	88		86
36			97.5	74		80
37				86		
总体方差						
总体标准差						

图 3-9　年级语文成绩

115

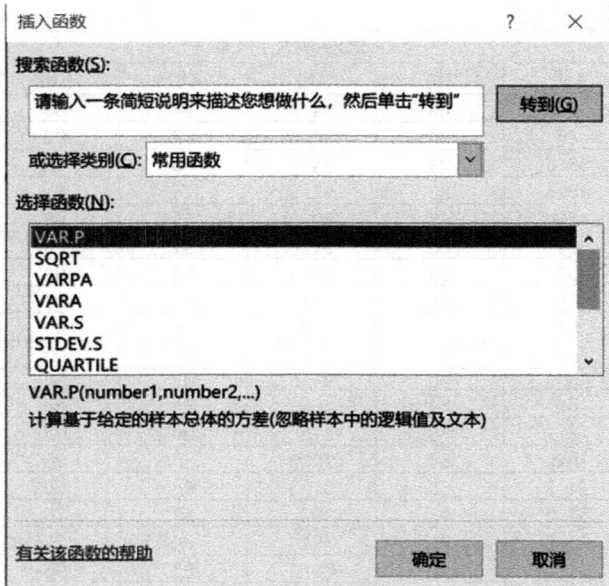

图 3-10 Excel"插入函数"对话框

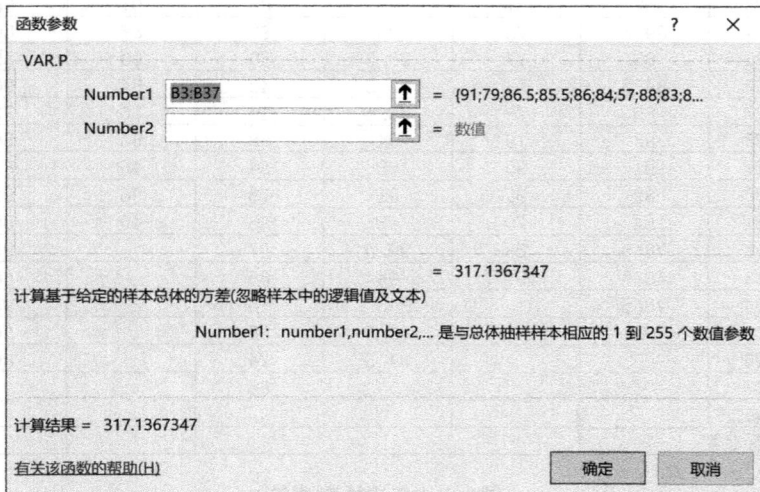

图 3-11 VAR.P 函数对话框

计算样本方差和样本标准差的步骤与上述步骤相同,只是选择函数的时候需要分别选择 VAR.S( )和 STDEV.S( )函数。

在前面集中趋势中讲述的"描述统计"的计算中也可以得到方差（图3-12所示），它得出的方差是样本方差。使用"数据分析"选项中的"描述统计"功能更方便，不需要记住函数名称就可以统计出样本方差和样本标准差。

1班		2班	
平均	78.64286	平均	79.45455
标准误差	3.054104	标准误差	2.445656
中位数	84	中位数	83
众数	88	众数	83
标准差	18.06832	标准差	14.04922
方差	326.4643	方差	197.3807
峰度	9.95795	峰度	7.359519
偏度	-2.74407	偏度	-2.2566
区域	95.5	区域	72
最小值	0	最小值	23
最大值	95.5	最大值	95
求和	2752.5	求和	2622
观测数	35	观测数	33
最大(1)	95.5	最大(1)	95

图3-12　两个班语文成绩描述统计

从图3-12中看到1班的标准差为18.06832，2班的标准差为14.04922，说明1班学生的成绩相对较为分散，而2班学生的成绩相对较为集中。同时，1班的方差为326.4643，2班的方差为197.3807，进一步说明了1班学生的成绩差异较大，而2班学生的成绩差异较小。其中的峰度是描述概率密度分布曲线顶部的尖锐程度的，一般是跟正态分布相比较。1班的峰度为9.95795，2班的峰度为7.359519，说明1班的成绩分布较为陡峭，相对于均值而言成绩的变化更为集中，即大多数学生的成绩比较接近平均值，可能存在极端值或者异常值。而2班的成绩分布相对于一班更加平坦，相对于均值而言，成绩的变化相对较为分散。其中的偏度是描述一组数据偏离完全对称程度的一种统计量。当偏度为0时，表示数据相对均匀地分布在平均值的两侧。当偏度为正数时，称为正偏态，数据分布的右侧尾部较长，数据比较集中在左侧；当偏度为负数时，称为负偏态,数据分布的左侧尾部较长,数据比较集中在右侧(图3-13)。1班的偏度为-2.74407,2班的偏度为-2.2566,两个班级的偏度值都为负数,说明两个班级的成绩分布都呈现左偏分布,即成绩相对集中在较高的分数区间。2班的偏度值较1班的大,说明2班的成绩更集中与平均值。需要注意的是,峰度的高低和偏度的大小并不能单独判断数据分布的好坏或正常与否,都只是描述了数据分布的形态特征之一。在分析班级成绩时,还需要结合其他统计量和领域知识来综合评估和解释成绩分布的含义。[1]

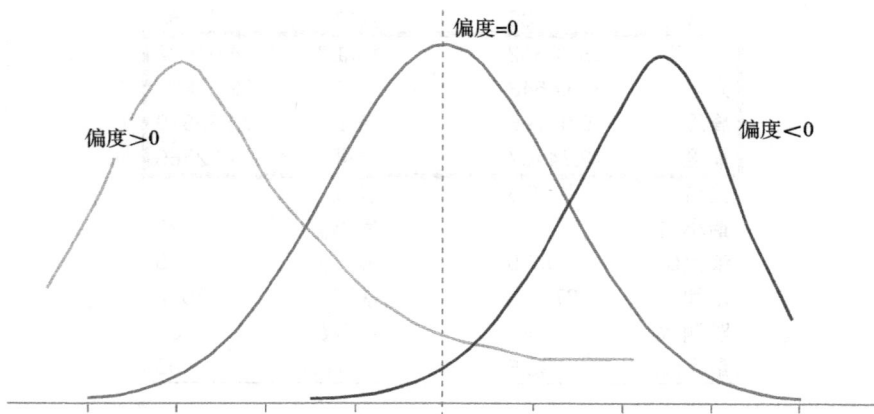

图3-13 数据分布的偏态图

(二)极差[2]

在图3-15描述统计中还有一个描述"区域",它对应的是极差,又称范围误差或全距,它是用来表示统计资料中的变异量数,即最大值和最小值之间的差值,是描述数据离散程度最直接、最简单的方法。极差可以反映两个极端值的差异范围。例如1班语文考试成绩,最高分为95.5分,最低分为0分,那么语文成绩的极差就是95.5-0=95.5。

单独计算极差可以在Excel中用公式=MAX()-MIN()实现。具体操作步骤[3]如下。

[1] 蒋德仁,李强.未来教师的测评数据处理与分析[M].北京:机械工业出版社,2022:40-45.

[2] 徐文彬.教育统计学思想、方法与应用[M].2版.南京:南京师范大学出版社,2012:54.

[3] 蒲括,邵朋.精通Excel数据统计与分析[M].北京:人民邮电出版社,2014:22.

步骤一:在语文成绩表中,选择需要计算极差的单元格B42。

步骤二:在编辑栏中输入公式"=MAX(B3:B37)-MIN(B3:B37)",得出极差为35(图3-14)。

B42	∨ : × ✓ fx	=MAX(B3:B37)-MIN(B3:B37)				
	A	B	C	D	E	F	G
1				年级语文成绩			
2	序号	1班	2班	3班	4班	5班	6班
32	30	82	92	91	76	86	95
33	31	84	70	95	85	49	90
34	32	78.5	88	99.5	87		95
35	33	48.5	94	94	66		88
36	34	78.5		95	76		95
37	35	0		85.5	88		86
38	36			97.5	74		80
39	37				86		
40	总体方差	317.1367347	191.399449				
41	总体标准差	17.80833329	13.83471897				
42	极差	95.5	72				

图3-14　计算极差公式

(三)四分位差[1]

如果成绩中有极端的数据(如有学生发挥超常,考了特别高的成绩,有学生失常,考了极低分),使用极差就不能反映班级的情况,这时候就可以使用四分位数来反映班级中间一半学生的水平(图3-15)。

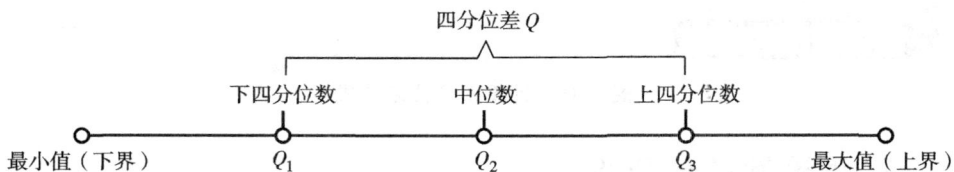

图3-15　四分位差示意

四分位数平时用的比较少,但是据此作出的箱形图却能很直观地反映数据的分布情况。将一组数据排序后,用三个点把这组数据平均分成四份,与这三

[1] 韩宝成.外语教学科研中的统计方法[M].北京:外语教学与研究出版社,2000:19.

个点位置相对应的数值称为四分位数,分别记为 Q_1(第一四分位数或下四分位数)、Q_2(第二四分位数或中位数)、Q_3(第三四分位数或上四分位数),其中,Q_3 减去 Q_1 得到的差称为四分位差,四分位差也称为内距或四分间距,记为 Q。四分位差越小,说明中间部分的数据越集中;四分位数越大,则意味着中间部分的数据越分散。

计算公式为: $Q=Q_3-Q_1$。

在 Excel 中用 QUARTILE()函数实现,这个函数有两个参数,分别是 Array(要计算四分位差的数据范围)和 Quart(想要第几位的四分位数,从最小到最大用 1、2、3 表示),如果想要语文成绩的第一个四分位数,就用 QUARTILE(B3:B37,1),第三个四分位数就是 QUARTILE(B3:B37,3)(图 3-16)。[1]

B43		× √ f_x	=QUARTILE(B3:B37,3)-QUARTILE(B3:B37,1)			
	A	B	C	D	E	F	G
1	年级语文成绩						
2	序号	1班	2班	3班	4班	5班	6班
32	30	82	92	91	76	86	95
33	31	84	70	95	85	49	90
34	32	78.5	88	99.5	87		95
35	33	48.5	94	94	66		88
36	34	78.5		95	76		95
37	35	0		85.5	88		86
38	36			97.5	74		80
39	37				86		
40	总体方差	317.1367347	191.399449				
41	总体标准差	17.80833329	13.83471897				
42	极差	95.5	72				
43	四分位差	12.5					

图 3-16　计算四分位差公式

三、推论性统计分析

(一)标准分

有时候,想要评价一名学生的各科学习水平,只看各科的原始成绩可能不

---

[1] 蒲括,邵朋. 精通 Excel 数据统计与分析[M]. 北京:人民邮电出版社,2014:23.

好评价。例如一名学生的语文和数学都得了92分,那么只看这个原始成绩92分可以判断出这名学生的语文和数学都学得不错吗?我们会说只看这个分数不好判断,需要了解全班的整体成绩才行。如果语文的全班平均分是75分,这名学生考了92分,可以说考得相当不错了;如果全班的数学平均分是97分,那这名学生数学成绩的92分就不理想了。由此看出要判断一个分数的好坏不能只看这个分数本身,还要结合平均分来看才有参考意义。这时候就可以使用标准分数来判断了。

标准分又称为Z分数或标准分数,是一种以平均数为参照,以标准差为单位,用来表示原始分数在所在数据集中的相对位置的方法。

它的计算公式为:标准分=(原始分数−平均数)/标准差。

从公式可知,当原始分数比平均数高时,标准分为正值。当原始分数比平均数低时,标准分为负值。且其取值范围一般为−3~+3[1],如图3-17所示。

通过标准分可以将不同学科的成绩进行比较,也可以将同一学科不同次考试中的分数进行比较。例如,有学生语文、数学和英语的考试成绩分别为80、85、90,语文、数学和英语的班级平均分分别为73、70和96,三科的标准差分别为13、10、12。根据公式分别计算三科成绩的标准分。

语文标准分=(80−73)/13≈0.54;

数学标准分=(85−70)/10=1.5;

英语标准分=(90−96)/12=−0.5。

由此可知,该学生的语文成绩比班级平均分高约0.54个标准差。说明该学生在语文方面的表现相对较好,可能处于班级中等偏上水平。数学成绩比班级平均分高1.50个标准差。说明该学生在数学方面的表现非常优秀,可能处于班级的前列。英语成绩比班级平均分低0.50个标准差,可能处于班级中等偏下水平,需要更多的关注和提高。

又如,有学生数学、物理和化学的考试成绩分别为81、68和71,其中物理、化学的满分是80分,要比较该学生这三科的学习水平,按照常规思路,需要把

[1] 沈勇.标准分数在医学生临床实践评价中的应用[J].继续教育研究,2017(12):127-128.

物理、化学的成绩转换为百分制的成绩再去比较。如果使用标准分,可以不用进行百分制的转换,就可以了解该学生这三科的学习水平。假设数学、物理和化学的班级平均分分别为73、70和66,三科的标准差分别为13、10、12。根据公式可以计算出数学的标准分为0.62,物理的标准分为-0.2,化学的标准分为0.42。由此可以看出该学生的数学成绩略高于班级平均水平,物理成绩略低于班级平均水平,化学成绩略高于班级平均水平,说明该学生的数学学习的相对最好,其次是化学,再次是物理。

	A	B	C	D	H	I	J
1	序号	语文	数学	英语	Z语文	Z数学	Z英语
2	1	88	92	94	0.79	1.22	1.19
3	2	80	70	58	0.31	0.27	-0.52
4	3	81	62	79	0.37	-0.07	0.48
5	4	85	24	68	0.61	-1.71	-0.04
6	5	69	73	81	-0.34	0.40	0.57
7	6	69	73	81	-0.34	0.40	0.57
8	7	80	79	83	0.31	0.66	0.67
9	8	81	55	63	0.37	-0.38	-0.28
10	9	82	61	54	0.43	-0.12	-0.71
11	10	87	96	95	0.73	1.39	1.23
12	11	83	70	68	0.49	0.27	-0.04
13	12	83	80	74	0.49	0.70	0.24
14	13	74	54	61	-0.05	-0.42	-0.38
15	14	72	70	50	-0.16	0.27	-0.90
16	15	82	61	57	0.43	-0.12	-0.57
17	16	80	72	65	0.31	0.36	-0.19
18	17	75	52	68	0.01	-0.50	-0.04
19	18	90	100	96	0.91	1.56	1.28
20	19	56	48	47	-1.12	-0.68	-1.04
21	20	77	59	67	0.13	-0.20	-0.09
22	21	84	75	86	0.55	0.48	0.81
23	22	0	0	0	-4.45	-2.74	-3.26
24	23	71	55	30	-0.22	-0.38	-1.84
25	24	50	72	65	-1.47	0.36	-0.19

图3-17　语数英三科标准分

标准分可以将不等值分数转换为等值分数,使单位不同的考试分数能比较、加减或平均。它的缺点是计算不便,有小数出现,且有正负之分,不易理解。因此,可以对标准分数进行转换,转换成与百分制接近的数,这就是 T 数,如图 3-18 所示。

T 分数是标准分的变换形式,它同样以平均数为参照,以标准差为单位,T 分数是经过线性变换的一种标准分,它与标准分有所不同:标准分是对服从标准正态分布的原始分数的转换,T 分数是对标准分的转换。其变换公式为:$T=$ 原始分数+扩大系数×标准分。扩大系数通常设为 10,公式变为:$T=75+10×Z$(或 $T=70+10×Z$)。选用 75 还是 70,目的是想让 T 分数更接近 100。因为 Z 分数的范围一般在 -3~$+3$ 之间,所以 T 的取值范围是 $75+10×-3$~$75+10×3$,就是 105~45;或者 $70+10×-3$~$70+10×3$,是 100~40。T 分数不受考试难度和评分标准的严松情况的影响,可以较客观地反映学生在群体中的相对地位。

B	N
语文	T语文
88	77.88
80	73.12
81	73.71
85	76.09
69	66.57
69	66.57
80	73.12
81	73.71
82	74.31
87	77.28
83	74.90
83	74.90
74	69.54
72	68.35
82	74.31
80	73.12
75	70.14
90	79.07
56	58.83
77	71.33
84	75.50

图 3-18　语文 T 分数

标准分和 T 分数在 Excel 中没有对应的函数,只能通过公式计算得出,实现过程如下。

步骤一:准备好一个需要分析的数据文件,并提前算好各科平均分和标准差,标准差用 STDEV.P( )函数完成。如图 3-19 所示。

步骤二:在 K2 单元格中输入计算语文标准分的公式=(E2-$E$32)/$E$33,之后点击编辑栏中的"√"完成输入。注意$E$32 是平均分所在的单元格,用$符号把 E32 单元格变成绝对位置,不会随公式的位置变化而变化(图 3-20)。

步骤三:拖动 K2 单元格的填充柄到 K31(图 3-21),计算其他学生的语文标准分。

序号	准考证号	性别	班 级	语文	数学	英语	科学	社会	思品	Z语文	Z数学	Z英语	Z科学	Z社会	Z思品	T语文	T数学	T英语	T科学	T社会	T思品
1	47170103	女	五(05)班	88	92	94	98	49	42												
2	47170108	女	五(05)班	80	70	58	85	20	32												
3	47170118	女	五(05)班	81	62	79	85	36	38												
4	47170119	女	五(05)班	85	24	68	55	26	34												
5	47171221	男	五(05)班	69	73	81	55	39	37												
6	47171221	男	五(05)班	73	81	97	39	37													
7	47170202	女	五(05)班	80	79	83	92	41	41												
8	47170206	女	五(05)班	81	55	63	92	32	34												
9	47170215	男	五(05)班	82	61	54	80	20	34												
10	47170219	男	五(05)班	87	96	95	94	38	42												
11	47170223	男	五(05)班	83	70	68	86	28	32												
12	47170304	男	五(05)班	83	80	74	98	42	41												
13	47170401	男	五(05)班	74	54	61	65	21	30												
14	47170407	男	五(05)班	72	70	50	97	32	34												
15	47170413	男	五(05)班	82	61	57	73	20	34												
16	47170414	男	五(05)班	80	72	65	91	32	38												
17	47170418	女	五(05)班	75	52	68	89	31	37												
18	47170424	女	五(05)班	90	100	96	99	47	42												
19	47170503	男	五(05)班	56	48	47	75	24	30												
20	47170516	女	五(05)班	77	59	67	83	23	29												
21	47170520	女	五(05)班	84	75	86	92	39	39												
22	47170608	女	五(05)班	0	0	0	0	0	0												
23	47170623	男	五(05)班	71	55	30	80	25	30												
24	47170625	男	五(05)班	50	72	65	83	29	34												
25	47170713	男	五(05)班	70	23	60	72	15	28												
26	47170716	女	五(05)班	84	81	90	97	43	33												
27	47170810	女	五(05)班	88	81	92	95	50	47												
28	47170811	女	五(05)班	80	77	91	90	45	40												
29	47170905	女	五(05)班	66	15	54	42	19	30												
30	47170909	女	五(05)班	76	82	91	95	45	41												
	平均分			74.8	63.7	68.9	81.5	31.8	34.7												
	标准差			16.5	22.8	20.8	20.3	11.4	7.97												

图3-19　原始数据表格

		fx	=(E2-$E$32)/$E$33

C	D	E	F	G	H	I	J	K	L	M
性别	班 级	语文	数学	英语	科学	社会	思品	Z语文	Z数学	Z英语
女	五(05)班	88	92	94	98	=(E2-$E$32)/$E$33				

图3-20　计算 z 分数公式

I	J	K	L
社会	思品	Z语文	Z数学
49	42	0.80	
20	32		

图3-21　拖动填充柄

步骤四:用同样的方法计算其他学科的标准分,计算结果如图3-22所示。

步骤五:计算 t 分数,在Q2单元格中输入公式=70+10*K2(图3-23),之后点击编辑栏中的"√",完成输入。其中的70和10是常数。为了使 t 分数更接近100分,也可以根据需要调整这两个常数。

步骤六:依照步骤三拖动填充柄的方法完成其他学科 T 分数的计算,结果如图3-24所示。

	A	B	C	D	E	F	G	H	I	J	K	L	M
1	序号	语文	数学	英语	科学	社会	思品	Z语文	Z数学	Z英语	Z科学	Z社会	Z思品
2	1	88	92	94	98	49	42	0.79	1.22	1.19	0.80	1.48	0.90
3	2	80	70	58	85	20	32	0.31	0.27	-0.52	0.17	-1.02	-0.33
4	3	81	62	79	85	36	38	0.37	-0.07	0.48	0.17	0.36	0.41
5	4	85	24	68	65	26	34	0.61	-1.71	-0.04	-0.80	-0.50	-0.08
6	5	69	73	81	55	39	37	-0.34	0.40	0.57	-1.28	0.62	0.29
7	6	69	73	81	97	39	37	-0.34	0.40	0.57	0.75	0.62	0.29
8	7	80	79	83	92	41	41	0.31	0.66	0.67	0.51	0.79	0.78
9	8	81	55	63	92	32	34	0.37	-0.38	-0.28	0.51	0.01	-0.08
10	9	82	61	54	80	20	34	0.43	-0.12	-0.71	-0.07	-1.02	-0.08
11	10	87	96	95	94	38	42	0.73	1.39	1.23	0.61	0.53	0.90
12	11	83	70	68	86	28	32	0.49	0.27	-0.04	0.22	-0.33	-0.33
13	12	83	80	74	98	42	41	0.49	0.70	0.24	0.80	0.88	0.78
14	13	74	54	61	65	21	30	-0.05	-0.42	-0.38	-0.80	-0.93	-0.58
15	14	72	70	50	97	32	34	-0.16	0.27	-0.90	0.75	0.01	-0.08
16	15	82	61	57	73	20	34	0.43	-0.12	-0.57	-0.41	-1.02	-0.08
17	16	80	72	65	91	32	38	0.31	0.36	-0.19	0.46	0.01	0.41
18	17	75	52	68	89	31	37	0.01	-0.50	-0.04	0.36	-0.07	0.29
19	18	90	100	96	99	47	42	0.91	1.56	1.28	0.85	1.31	0.90
20	19	56	48	47	75	29	30	-1.12	-0.68	-1.04	-0.31	-0.24	-0.58
21	20	77	59	67	83	23	29	0.13	-0.20	-0.09	0.07	-0.76	-0.70
22	21	84	75	86	92	39	39	0.55	0.48	0.81	0.51	0.62	0.53
23	22	0	0	0	0	0	0	-4.45	-2.74	-3.26	-3.95	-2.74	-4.28
24	23	71	55	30	80	25	30	-0.22	-0.38	-1.84	-0.07	-0.59	-0.58
25	24	50	72	65	83	29	34	-1.47	0.36	-0.19	0.07	-0.24	-0.08
26	25	70	23	60	72	15	28	-0.28	-1.75	-0.42	-0.46	-1.45	-0.82
27	26	84	81	90	97	43	33	0.55	0.74	1.00	0.75	0.96	-0.21
28	27	88	81	92	95	50	47	0.79	0.74	1.09	0.65	1.56	1.52
29	28	80	77	91	90	45	40	0.31	0.57	1.05	0.41	1.13	0.66
30	29	66	15	54	42	19	30	-0.52	-2.10	-0.71	-1.91	-1.10	-0.58
31	30	76	82	91	95	45	41	0.07	0.79	1.05	0.65	1.13	0.78
32	平均分	74.8	63.7	68.9	81.5	31.8	34.7						
33	标准差	16.8	23.2	21.1	20.6	11.6	8.1						

图3-22 六个学科的原始分和标准分

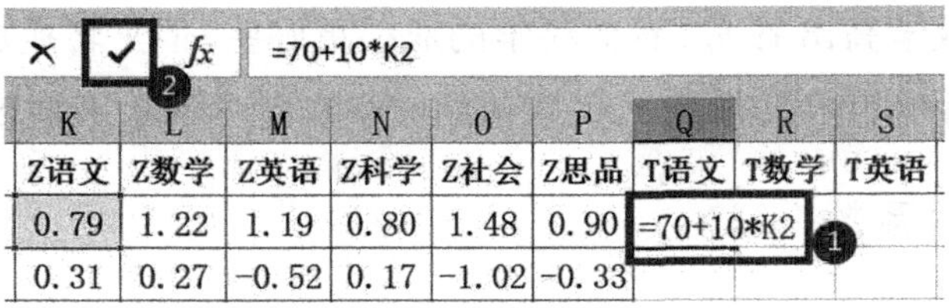

=70+10*K2

K	L	M	N	O	P	Q	R	S
Z语文	Z数学	Z英语	Z科学	Z社会	Z思品	T语文	T数学	T英语
0.79	1.22	1.19	0.80	1.48	0.90	=70+10*K2		
0.31	0.27	-0.52	0.17	-1.02	-0.33			

图3-23 *T*分数计算公式

序号	语文	数学	英语	科学	社会	思品	Z语文	Z数学	Z英语	Z科学	Z社会	Z思品	T语文	T数学	T英语	T科学	T社会	T思品
1	88	92	94	98	49	42	0.79	1.22	1.19	0.80	1.48	0.90	77.88	82.16	81.87	78.00	84.78	79.05
2	80	70	58	85	20	32	0.31	0.27	-0.52	0.17	-1.02	-0.33	73.12	72.70	64.82	71.70	59.81	66.71
3	81	62	79	85	36	38	0.37	-0.07	0.48	0.17	0.36	0.41	73.71	69.25	74.77	71.70	73.59	74.11
4	85	24	68	65	26	34	0.61	-1.71	-0.04	-0.80	-0.50	-0.08	76.09	52.90	69.56	62.00	64.98	69.18
5	69	73	81	55	39	37	-0.34	0.40	0.57	-1.28	0.62	0.29	66.57	73.99	75.72	57.16	76.17	72.88
6	69	73	81	97	39	37	-0.34	0.40	0.57	0.75	0.62	0.29	66.57	73.99	75.72	77.51	76.17	72.88
7	80	79	83	92	41	41	0.31	0.66	0.67	0.51	0.79	0.78	73.12	76.57	76.66	75.09	77.89	77.81
8	81	55	63	92	32	34	0.37	-0.38	-0.28	0.51	0.01	-0.08	73.71	66.24	67.19	75.09	70.14	69.18
9	82	61	54	80	24	33	0.43	-0.12	-0.71	-0.07	-1.02	-0.08	74.31	68.82	62.93	69.27	59.81	69.18
10	87	96	95	94	38	42	0.73	1.39	1.23	0.61	0.53	0.90	77.28	83.89	82.35	76.06	75.31	79.05
11	83	70	68	88	28	32	0.49	0.27	-0.04	0.22	-0.33	-0.33	74.90	72.70	69.56	72.18	66.70	66.71
12	83	80	74	98	42	41	0.49	0.70	0.24	0.80	0.78	0.78	74.90	77.00	72.40	78.00	78.75	77.81
13	74	54	61	65	21	30	-0.05	-0.42	-0.38	-0.80	-0.93	-0.58	69.54	65.81	66.24	62.00	60.67	64.24
14	72	70	50	97	32	34	-0.16	0.27	-0.90	0.75	0.01	-0.08	68.35	72.70	61.03	77.51	70.14	69.18
15	82	61	57	73	20	34	0.43	-0.12	-0.57	-0.41	-1.02	-0.08	74.31	68.82	64.35	65.88	59.81	69.18
16	80	72	65	91	32	38	0.31	0.36	-0.19	0.46	0.01	0.41	73.12	73.56	68.14	74.60	70.14	74.11
17	75	52	68	89	31	37	0.01	-0.50	-0.04	0.36	-0.07	0.29	70.14	64.95	69.56	73.63	69.28	72.88
18	90	100	96	99	47	42	1.91	1.56	1.28	0.85	1.31	0.90	79.07	85.61	82.48	78.48	83.06	79.05
19	56	48	47	75	29	30	-1.12	-0.68	-1.04	-0.31	-0.24	-0.58	58.83	63.23	59.61	66.85	67.56	64.24
20	77	59	67	83	23	29	0.13	-0.20	-0.09	0.07	-0.76	-0.71	71.33	67.96	69.03	70.73	62.39	63.01
21	84	75	86	92	39	39	0.55	0.48	0.81	0.51	0.62	0.53	75.50	74.85	78.08	75.09	76.17	75.35
22	0	0	0	0	0	0	-4.45	-2.74	-3.26	-3.95	-2.74	-4.28	25.50	42.57	37.35	30.51	42.59	27.22
23	71	55	30	80	25	30	-0.22	-0.38	-1.84	-0.07	-0.58	-0.58	67.76	66.24	51.56	69.27	64.12	64.24
24	50	72	65	83	29	34	-1.47	0.36	-0.19	0.07	-0.24	-0.08	63.56	73.56	68.14	70.73	67.56	69.18
25	70	23	60	72	15	28	-0.28	-1.75	-0.42	-0.46	-1.45	-0.82	67.16	52.47	65.77	65.40	55.51	61.77
26	84	81	90	97	43	33	0.55	0.74	1.00	0.75	0.96	-0.21	75.50	77.43	80.92	77.51	79.61	67.94
27	88	81	92	95	50	47	0.79	0.74	1.09	0.65	1.56	1.52	77.88	77.43	80.92	76.54	85.64	85.22
28	80	77	91	90	45	40	0.31	0.57	1.05	0.41	1.13	0.66	73.12	75.71	80.45	74.12	81.34	76.58
29	66	15	54	42	19	33	-0.52	-2.10	-0.71	-1.91	-1.10	-0.08	64.78	49.03	62.93	50.86	58.95	64.24
30	76	82	91	95	45	41	0.07	0.79	1.05	0.65	1.13	0.78	70.73	77.86	80.45	76.54	81.34	77.81
平均分	74.8	63.7	68.9	81.5	31.8	34.7												
标准差	16.8	23.2	21.1	20.6	11.6	8.1												

图3-24　六科原始成绩、标准分数和 T 分数

从图3-24中第2行的数据可以看到这名学生的各科成绩的标准分都是正数,说明这名学生各科成绩都高于平均水平。其中社会和思品的成绩满分是50分,从原始分很难区分数学92分和社会49分谁更好些,把原始分转换成标准分和 T 分数后,可以看出是社会学科的成绩更好一些。通过第17行的数据可以看出,另一名学生英语的标准分是负数,说明英语成绩低于平均水平,其他学科的标准分是正数,说明其他学科的成绩高于平均水平。他的数学72分和科学91,科学比数学高出19分,看似科学的成绩更好些,但是转换成标准分和 t 分数后,数学和科学相差只有1分,说明他的数学和科学的水平是相当的。

(二)相关系数

在了解学生各学科的成绩情况后,如果想进一步分析学生成绩的是否受性别、年龄、学习时长等影响,又或者在了解到学生的阅读习惯后,想看看阅读习惯对语文成绩是否有影响,或者学生的学习习惯对学习效果是否有影响,或者学生户外运动时间对身高、对视力是否有影响等情况时,用集中趋势或离散程

度的描述就不适合了。这时候要用到相关系数分析法。

相关系数是一种用来度量两个变量之间线性关系强度的统计指标。取值范围为-1~+1,数值越接近于1或-1就表示两个变量之间的线性关系越强,而数值越接近于0则表示两个变量之间的线性关系越弱。如果相关系数为正,则说明两个变量之间是正相关;如果相关系数为负,则说明两个变量之间是负相关;如果为0,则说明两个变量之间不存在线性关系。如果相关系数的绝对值<0.3,认为两个变量之间相关性极弱,可以视为无关。如果相关系数的绝对值在0.3~0.5之间,认为两个变量之间弱相关,如果相关系数的绝对值在0.5~0.8之间,认为两个变量之间中度相关。如果相关系数的绝对值>0.8则认为两个变量之间高度相关。

以图3-25为例,我们可以分析家庭收入、家庭人口、学习时间、出勤率及各科成绩之间是否存在关系,以及关系强弱情况。

	序号	学生性别	学生年龄	家庭收入	家庭人口	学习时间(小时/周)	出勤率(%)	数学成绩	英语成绩	物理成绩	化学成绩
1											
2	1	男	17	6000	4	10	95	85	90	80	75
3	2	女	16	8000	3	12	92	90	85	85	80
4	3	男	18	5000	5	8	90	75	80	70	65
5	4	女	17	9000	4	15	98	95	95	90	85
6	5	男	16	7000	3	11	93	80	85	75	70
7	6	女	18	10000	5	9	91	85	90	80	75
8	7	男	17	4000	4	7	88	70	75	65	60
9	8	女	16	6000	3	10	94	90	85	85	80

图3-25 相关性数据表

这个操作在Excel中仍然是使用"数据"选项卡中的"数据分析"功能。操作步骤如下。

步骤一:打开存有相关数据的工作簿文件"家庭情况.xlsx"。

步骤二:找到"数据"选项卡中的"数据分析"并单击,调出"数据分析"对话框(图3-26),选中"相关系数"后单击"确定"。

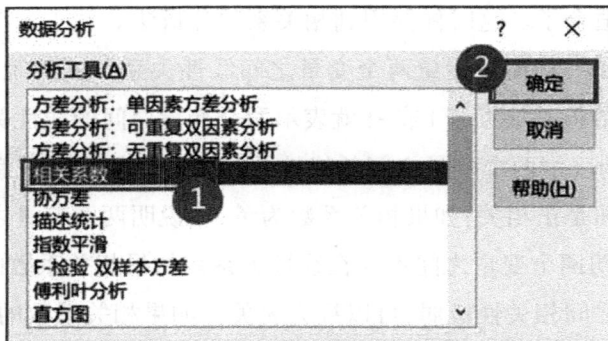

图3-26 "数据分析"对话框

步骤三：在打开"相关系数"对话框后，按照图3-27所示，依次设置"输入区域"，"分组方式"，"标志位于第一行"和"输出区域"。

说明：输入区域是需要进行相关分析的区域，参与分析的数据必须是相邻的。如果输入区域需要选中B1:K9，会把性别、年龄、家庭收入、家庭人口、学习时间、出勤率、数学成绩、英语成绩、物理成绩、化学成绩的相关系数都计算出来。如果只需要分析性别、年龄跟各学科成绩的相关性，那么需要调整表格结构把学生性别、学生年龄这两列移动到与成绩数据相邻，之后在输入区域中选中这个区域；

分组方式是指需要分析的数据的存放方式，图3-27中数据的分组方式是"逐列"。

标志位是指数据中的标题行。如果在输入区域选中的数据范围包括第一行的标题行，那么就要勾选"标志位于第一行"，否则会提示"输入区域包含非数值型数据"的错误。

输出区域的含义可以参考前文"描述统计"中的说明。

步骤四：得到分析结果（图3-28），其中对角线上的1，表示与自身完全相关。家庭收入和家庭人口的相关系数是0.07375，说明人口和收入存在一些相关性，但关系不是很强。数学与物理、数学与化学的相关系数是1，说明它们是完全正相关的。家庭人口和学习时间的相关系数是-0.39485，说明家庭人口对学习时间有一些负面影响。

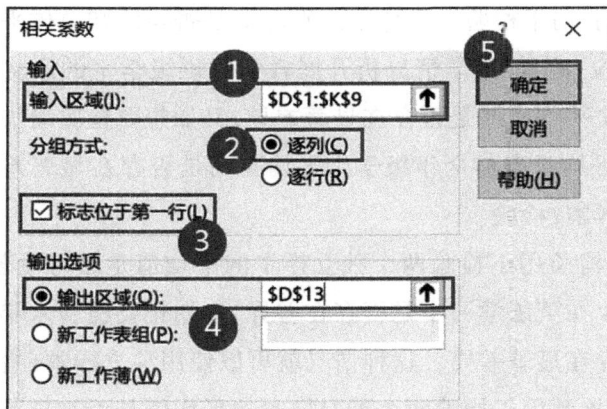

图 3-27　"相关系数"对话框

	家庭收入	家庭人口	时间(小时	出勤率(%)	数学成绩	英语成绩	物理成绩	化学成绩
家庭收入	1							
家庭人口	0.07375	1						
学习时间(	0.6278	-0.39485	1					
出勤率(%)	0.46588	-0.29549	0.860364	1				
数学成绩	0.70589	-0.33333	0.841209	0.83148	1			
英语成绩	0.7971	0.017168	0.770115	0.86036	0.84121	1		
物理成绩	0.70589	-0.33333	0.841209	0.83148	1	0.84121	1	
化学成绩	0.70589	-0.33333	0.841209	0.83148	1	0.84121	1	1

图 3-28　相关性分析结果

(三)t检验和z检验

如果我们想知道在某些学科的学习中,男生和女生是否有差别,如男生在理科的学习中是否更有优势,女生在文科的学生中更有优势,又如已经在班里使用学情分析开展教学进行一段时间,想看看教学效果与学情分析前有什么区别的时候,可以使用t检验来统计分析。

t检验用于比较两组样本的平均数差异的显著性检验。在进行t检验时,需满足样本服从正态分布(在教育研究中,大部分的连续样本都可以看成是正态分布的),且两组样本的方差相等或近似相等。

t检验可分为单样本t检验和双样本t检验。双样本t检验又分为独立样本t检验和配对样本t检验。

单样本 t 检验用于检验一个样本的平均值是否与已知总体平均值有显著差异。如想要检验一个使用学情分析开展教学的班级学生的语文平均成绩与全年级学生的语文平均成绩是否存在显著差异，又如想要检验增加户外运动时间的班级学生的平均身高与全年级学生平均身高是否存在显著差异。这种情况就可以使用单样本 t 检验。

独立样本 t 检验用于检验两个独立样本的平均值是否有显著差异，如想要检验男生和女生在英语学习中是否存在差异，又如想要检验八年级男生身高与女生身高是否存在显著差异。这种情况就可以使用独立样本 t 检验。

配对样本 t 检验用于检验两个配对样本的平均值是否有显著差异。如想要检验在古诗词单元教学中开展学情分析教学前和开展学情分析教学后，学生对古诗词内容掌握的情况是否存在显著差异，又如想要检验在一个班级中对学生的用眼情况进行干预前和干预后，学生的视力是否存在显著差异。这种情况可以使用配对样本 t 检验。

进行 t 检验一般需要分为三个基本步骤：

（1）假设：假设两个样本的平均值没有显著差异。

（2）计算 t 值：根据样本数据计算 t 值。

（3）判断：根据自由度和显著性水平，查找 t 分布表，得到临界值。若 t 值大于临界值，则拒绝零假设，认为两个样本的平均值存在显著差异。若 t 值小于临界值，则不能拒绝零假设，认为两个样本的平均值不存在显著差异。

当需要检验的样本量较大时（大于30），需要使用 z 检验。z 检验一般用于大样本（即样本容量大于30）平均值差异性检验的方法。

z 检验和 t 检验都是统计学中常用的显著性检验方法，在实际应用中它们的主要区别在于：z 检验适用于大样本（样本量大于30）且总体方差已知的情况，而 t 检验适用于小样本（样本量小于30）且总体方差未知的情况。

例：两个班分别进行名著阅读课，一个班进行了学情分析，一个班没有进行学情分析，想了解学情分析对名著常识、课文梳理、课文理解等方面的影响。需要分别讨论两个班的名著常识、课文梳理、课文理解的差异，并且两个班学生人数都是39人，我们使用双样本 t 检验。在 Excel 中可以选用"t 检验：双样本等方差假设"。两个班的成绩如图3-29所示。

序号	是否做了课前学情分析	名著常识	课文梳理	课文理解	是否做了课前学情分析	名著常识	课文梳理	课文理解
1	是	8	6	6	否	6	4	4
2	是	8	6	6	否	8	6	6
3	是	8	6	6	否	8	6	6
4	是	8	6	6	否	8	6	6
5	是	8	6	6	否	4	6	4
6	是	6	4	6	否	8	6	6
7	是	6	4	6	否	6	2	4
8	是	8	6	6	否	6	2	2
9	是	8	6	6	否	6	6	6
10	是	6	4	6	否	8	6	6
11	是	8	6	6	否	8	6	6
12	是	6	4	4	否	6	4	4
13	是	6	4	6	否	8	6	6
14	是	8	4	6	否	8	6	6
15	是	8	6	6	否	8	6	6
16	是	8	6	6	否	4	6	2
17	是	8	6	6	否	8	6	6
18	是	2	0	0	否	8	6	6
19	是	8	6	6	否	6	4	4
20	是	4	4	6	否	6	4	4
21	是	8	6	6	否	6	4	4
22	是	8	6	6	否	6	6	4
23	是	8	6	6	否	6	4	4
24	是	8	6	6	否	8	6	6
25	是	8	6	6	否	8	6	6
26	是	8	6	6	否	4	4	4
27	是	8	6	6	否	6	4	6
28	是	8	6	6	否	6	6	6
29	是	8	6	6	否	8	4	6
30	是	8	4	6	否	6	6	6
31	是	6	4	6	否	4	4	2
32	是	6	4	6	否	8	6	6
33	是	8	6	6	否	8	6	6
34	是	6	6	6	否	6	6	6
35	是	8	4	6	否	6	6	6
36	是	6	4	6	否	8	6	6
37	是	8	6	6	否	6	6	6
38	是	2	2	4	否	4	6	2
39	是	6	4	6	否	8	6	6

图 3-29　两个班的测验成绩

具体操作步骤如下。

步骤一：打开存有相关数据的工作簿文件"学情分析表.xlsx"。

步骤二：找到"数据"选项卡中的"数据分析"并单击，调出"数据分析"对话框,选中"t检验:双样本等方差假设"后单击"确定"(图3-30)。

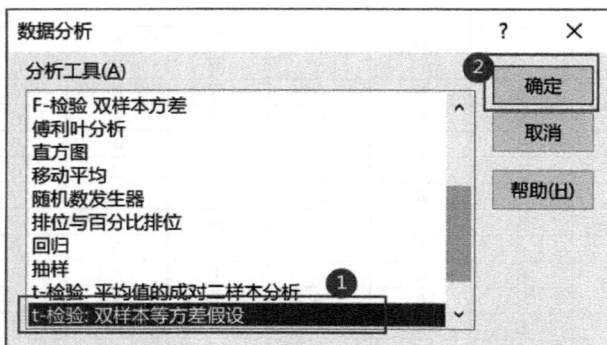

图3-30 "数据分析"对话框

步骤三:在"t检验:双样本等方差假设"对话框中,依次设置输入区域(需要进行t检验的数据区),变量1的区域(1)选择进行学情分析的"名著常识"所在单元格C1:C40,变量2的区域(2)选择没有进行学情分析的"名著常识"所在单元格G1:G40,因为选择了标题,所以要勾选"标志";输出区域(统计分析后的结果输出到L1单元格开始的位置),之后单击"确定"(图3-31)。

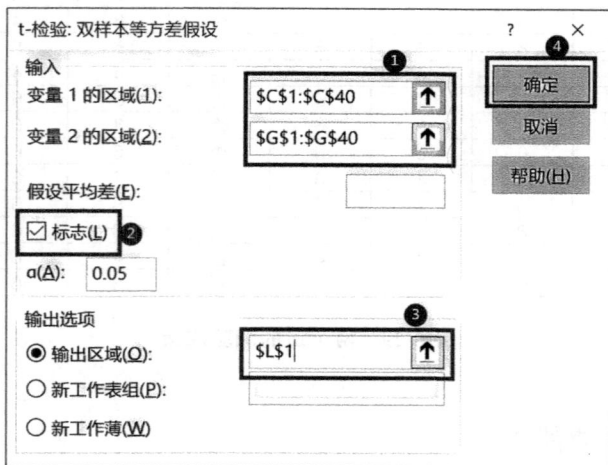

图3-31 "t检验"对话框

步骤四：得到"t检验：双样本等方差假设"的结果（图3-32）。

其中的"t Stat"是计算出来的t值；"P(T<=t)单尾/双尾"用于判断两个样本的平均值差异是否显著，通常情况下，p值小于0.01时说明存在显著差异，p值在0.01和0.05之间说明存在一定的差异，p值大于0.05说明可能不存在差异；"t单尾/双尾临界"是根据显著性水平（一般为0.05）和自由度，从t分布临界值表中查找到的值。

t-检验: 双样本等方差假设		
	名著常识	名著常识
平均	7.07692	6.7179487
方差	2.49393	1.9973009
观测值	39	39
合并方差	2.24561	
假设平均差	0	
df	76	
t Stat	1.05782	
P(T<=t) 单尾	0.14674	
t 单尾临界	1.66515	
P(T<=t) 双尾	0.29349	
t 双尾临界	1.99167	

图3-32　t检验结果

从图3-35的结果可知，p值大于0.05，且t检验的结果是1.057823，小于t单尾临界的1.665151和双尾临界的1.991673，得到的结论是开展学情分析教学对"名著常识"没有显著影响。

步骤五：分别对"课文梳理""课文理解"进行"t检验：双样本等方差假设"，得到相应的结果（图3-33）。

	t-检验: 双样本等方差假设				t-检验: 双样本等方差假设		
16	t-检验: 双样本等方差假设				t-检验: 双样本等方差假设		
17							
18		课文梳理	课文梳理			课文理解	课文理解
19	平均	5.128205128	5.2307692		平均	5.743589744	4.974359
20	方差	1.851551957	1.3927126		方差	1.090418354	2.078273
21	观测值	39	39		观测值	39	39
22	合并方差	1.622132254			合并方差	1.584345479	
23	假设平均差	0			假设平均差	0	
24	df	76			df	76	
25	t Stat	-0.35560639			t Stat	2.698665201	
26	P(T<=t) 单尾	0.361560238			P(T<=t) 单尾	0.004287183	
27	t 单尾临界	1.665151353			t 单尾临界	1.665151353	
28	P(T<=t) 双尾	0.723120475			P(T<=t) 双尾	0.008574366	
29	t 双尾临界	1.99167261			t 双尾临界	1.99167261	

图3-33　课文梳理的t检验结果

从结果可知，"课文梳理"的p值大于0.05，且$t=-0.35560639$，小于t单尾临界的 1.665151353 和双尾临界的 1.99167261，因此开展学情分析教学对"课文梳理"没有显著影响。"课文理解"的 p 值小于 0.05，且 $t=2.698665201$，大于 t 单尾临界的 1.665151353 和双尾临界 1.99167261，因此开展学情分析教学对"课文理解"有显著影响。

（四）方差分析[1]

当我们对同一年级不同班应用不同的教学方法，想比较这些方法对教学效果的影响时，t 检验和 z 检验就不合适了，因为它们只能比较两组样本平均数的差异，当有三组、四组甚至更多样本时，可以使用方差分析。

方差分析是一种用于比较两组或两组以上样本之间差异的方法。它可以确定这些组之间是否存在显著差异，以及这些差异的强弱和方向。

方差分析又可以分为以下几种。

单因素方差分析：用于比较一个自变量（因子）对一个连续因变量的影响，当有多组或多条件需要比较时使用。例如，当一个班进行了不同的教学方法识字，我们想了解这些方法对识字教学效果是否有影响及影响的强弱时，就可以应用单因素方差分析。把学生的识字成绩按照不同教学方式分组，之后使用单因素方差分析分析各组的差异情况。

重复测量方差分析：适用于在同一组个体上进行多次测量的情况，如对一个班的学生做了连续两年的成绩追踪，可以应用重复测量方差分析对学生在不同学期的成绩进行分析，看每个学期成绩是否有差异及差异的程度。

双因素方差分析：适用于分析两个自变量（因子）对一个连续因变量的影响，以及两个因子之间是否存在交互作用。例如，当不同班级进行了不同的教学方法学习识字，那么不同教学方法和不同班级对学生成绩是否会产生影响？这时可以将学生成绩按照班级和教学方法的组合方式分组。然后使用双因素方差分析来确定班级和教学方法这两个因素对学生成绩的影响，以及这两个因素的交互作用。

多因素方差分析：适用于同时考虑多个自变量（因子）对一个连续因变量的

---

[1] 徐文彬. 教育统计学思想、方法与应用[M]. 2版，南京：南京师范大学出版社，2012：158-161.

影响,并分析各因子及其交互作用是否有显著性差异。在上面的例子中,如果还想再看看不同教学方法和不同班级之间是否存在交互作用的时候,就需要应用多因素方差分析了。

在进行方差分析前需要满足一些前提条件,以确保分析的可靠性和准确性。以下是方差分析的前提条件。

独立性:各样本需独立于其他样本,即每个观测值彼此是互不相关的。如果样本出现相关性,会导致样本误差变大,从而影响方差分析的准确性。

正态性:因变量应满足正态分布,如果样本的总体分布不是正态的,则假设检验的结果是不可靠的。

方差齐性:各样本的方差应该相等,即方差稳定,如果方差不相等,将会导致假设检验的结果出现误差。可以使用Levene检验或Bartlett检验等方法进行验证。

随机性:每个样本都是随机选取的,且所有样本来源于相同的总体。如果样本来源于不同的总体,则样本误差会增大,导致分析结果不可靠。

如果方差分析前提条件得到满足,就可以进行进一步的分析,否则需要进行修正或采用其他分析技术。

例:三年级有6个班,每个班的语文教师都在各自班中采用不同的教学方法,想了解6个不同教学方法的差异情况,可以使用单因素方差分析,具体步骤如下。

步骤一:打开存有相关数据的工作簿文件"各班语文成绩分析.xlsx"(图3-34)。

步骤二:找到"数据"选项卡中的"数据分析"并单击,调出"数据分析"对话框,选中"方差分析:单因素方差分析"后单击"确定"(图3-35)。

步骤三:在打开的"方差分析:单因素方差分析"对话框中,依次设置输入区域A2:F39(需要进行单因素方差分析的数据区),因为选择了标题,所以要勾选"标志";输出区域I2(统计分析后的结果输出到I2单元格开始的位置),之后单击"确定"(图3-36)。❶

---

❶ 蒲括,邵朋. 精通Excel数据统计与分析[M]. 北京:人民邮电出版社,2014:11-112.

	A	B	C	D	E	F
1	年级语文成绩					
2	1班	2班	3班	4班	5班	6班
3	91	69	94.5	94	89	64
4	79	86	98.5	62	92	95
5	86.5	23	94.5	80	83	90
6	85.5	82	97.5	75	81	76
7	86	68	89.5	85	96	93
8	84	83	91.5	81	96	85
9	57	63	93.5	74	93	79
10	88	78	91	80	98	81
11	83	87	82	81	90	92
12	88	74	91	87	92	70
13	68.5	70	94.5	67	96	71
14	61	84	98	91	83	92
15	87	78	72	90	100	93
16	94	84	72.5	85	96	87
17	74.5	88	97.5	68	80	68
18	53.5	92	97	52	78	83
19	95.5	83	91	64	87	67
20	74.5	90	72.5	85	96	77
21	95	94	96.5	85	100	97
22	67	83	86	85	92	89
23	78	91	93.5	79	90	67
24	77.5	86	81.5	88	90	84
25	92	87	85	86	91	95
26	89.5	73	95	82	87	86
27	88	77	96.5	80	90	86
28	84.5	53	82.5	42	84	96
29	89	78	95.5	86	86	72
30	93	79	94	88	95	86
31	91	95	95	84	45	83
32	82	92	91	76	86	95
33	84	70	95	85	49	90
34	78.5	88	99.5	87		95
35	48.5	94	94	66		88
36	78.5		95	76		95
37	0		85.5	88		86
38			97.5	74		80
39				86		

图 3-34　各班语文成绩表

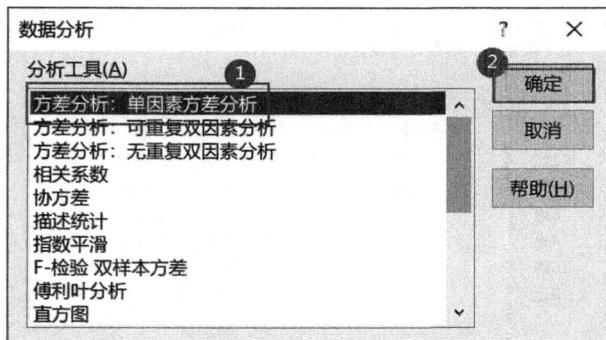

图3-35 "数据分析"对话框

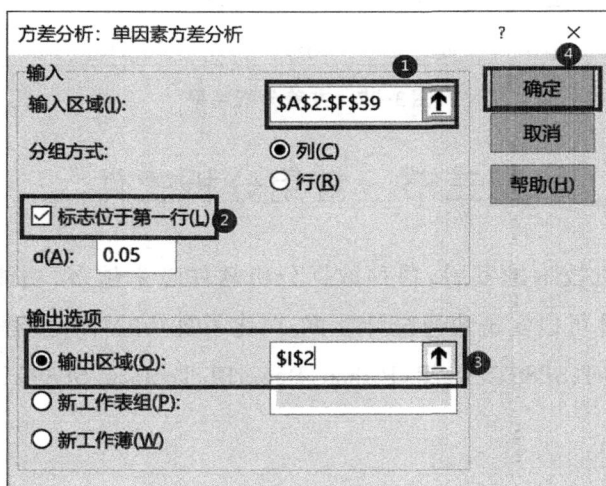

图3-36 "方差分析"对话框

步骤四：得到统计结果（图3-37）。

其中每个班的语文成绩是一组，一共有六组，方差分析首先分别计算出每组的成绩总和、平均分和方差。同时计算出六组成绩的组间方差SS=4639.101，自由度df=6（6组）-1=5，组间均方MS=927.8202，p值=0.0000373，p值远小于设定的显著性水平0.05，F值=5.948256172，大于F-crit的2.258785，因此可以得出结论，不同班级的教学方法之间的差异是显著的。

	组	观测数	求和	平均	方差		
2	方差分析：单因素方差分析						
3							
4	SUMMARY						
5	组	观测数	求和	平均	方差		
6	1班	35	2752.5	78.64286	326.4643		
7	2班	33	2622	79.45455	197.3807		
8	3班	36	3277	91.02778	55.28492		
9	4班	37	2924	79.02703	122.1937		
10	5班	31	2711	87.45161	150.1892		
11	6班	36	3033	84.25	92.93571		
12							
13							
14	方差分析						
15	差异源	SS	df	MS	F	P-value	F crit
16	组间	4639.101	5	927.8202	5.948256	3.73E-05	2.258785
17	组内	31508.34	202	155.9819			
18							
19	总计	36147.44	207				

图 3-37　方差分析结果

第三节　常用分析软件

随着计算机技术的发展，各种数据分析软件越来越多，功能越来越强大。这些计算机软件可以实现快速统计计算，简化了复杂的计算过程。常用数据分析的软件有 Excel、SPSS、SAS、R、Python、DowerBI、Tablocu、SPSSAU。

一、Excel

Excel 是一款电子表格软件，作为一款日常办公的常用软件，是教师最熟悉的入门级数据分析软件。它不仅有直观的界面、出色的计算功能和图表工具，还包含 11 类函数，包括日期与时间函数、财务函数、信息函数、逻辑函数、查询和引用函数、数学和三角函数、统计函数等（图 3-38）。常用的图表有 17 类：柱状图、条形图、散点图、气泡图、雷达图、饼图、折线图、面积图、树状图、组合图等（图 3-39）。能够涵盖教学中大部分的数据统计分析的需求。

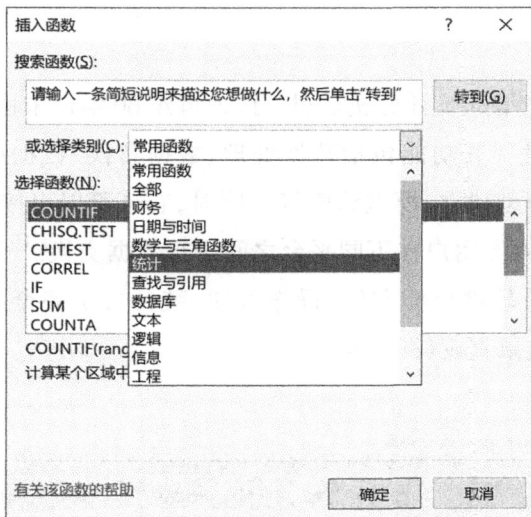

图3-38 Excel的统计函数

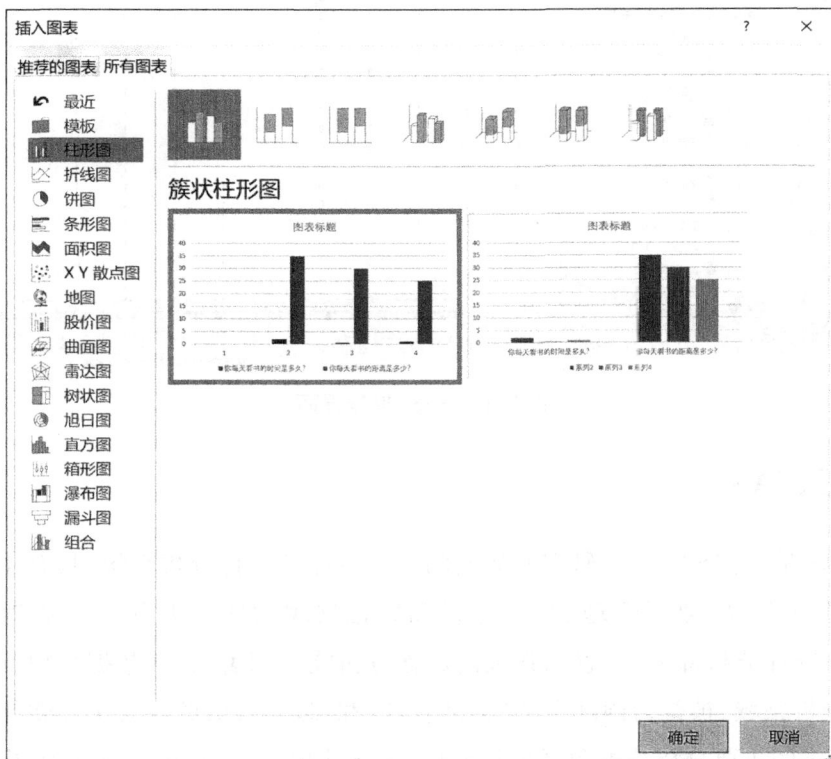

图3-39 Excel的图表

二、SPSS

SPSS是诞生最早的统计分析软件,于20世纪60年代末由美国斯坦福大学的三位研究生开发。其功能包括数据处理、数据转换、数据可视化、描述性统计、推断性统计、模型建立、模型诊断等。同时,它还可以直接读取Excel及DBF格式的数据文件,方便用户在不同平台之间进行数据交换。

SPSS的特点是软件界面友好,操作方便,统计方法齐全,能够方便地绘制图形、表格,输出结果直观(图3-40)。

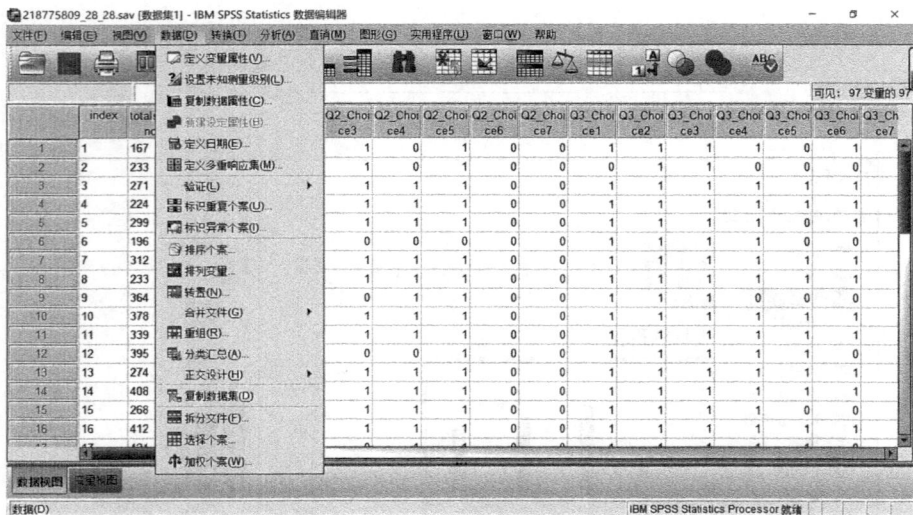

图3-40　SPSS操作界面

三、SAS

SAS是美国SAS软件研究所研制的一套专业的统计分析系统,具有比较完备的数据存取、数据管理、数据分析和数据展现功能。尤其是它的创业产品——统计分析部分,一直以强大的数据分析能力而著名,在数据处理方法和统计分析领域,被誉为国际上的"标准软件"和"最具权威的优秀统计软件包"。SAS提供的主要分析功能包括统计分析、经济计量分析、时间序列分析、决策分析、财务分析和全面质量管理工具等。同时还提供绘图系统,不仅可绘制各种统计图,还可绘制地图。

　　SAS也支持多种数据格式的导入和导出,包括Excel、CSV、XML、HTML等,并且可以与其他常用的软件和数据库进行数据交换,如Oracle、MySQL、Micro-softSQLServer等。它的缺点是操作不方便,需要进行编程,人机对话界面不友好。

四、R

　　R是一种免费开源的统计分析语言和操作环境,主要用于数据分析、统计建模和可视化。R能够处理各种类型数据,并提供了广泛的数据处理、统计分析、绘图功能等。这款软件最初由罗斯·伊哈卡和罗伯特·杰特曼在新西兰奥克兰大学开发,现在已经成为数据科学和统计学领域中最受欢迎的工具之一。

　　R的特点是免费、开源,R的许可证允许用户自由地运行、复制、分发、修改源代码和交换衍生版本。R提供了友好直观的语法和交互式界面,方便用户快速进入使用状态。R还提供了多种数据可视化方法(如散点图、折线图、直方图、箱形图和热图等),并且可以绘制交互式、动态的图表,允许用户构建高质量的数据可视化。

五、Python

　　Python同样是一款免费、开源的高级编程语言,由古多·范罗苏姆于1989年创造,并在1991年正式发布。Python可以应用于多个领域,数据分析只是其中一个领域。其提供了丰富的数据处理和分析库,具有数据分析、统计建模和可视化分析能力。Python的特点是简洁、易读、易学和可扩展性强,它拥有清晰简洁的语法结构和丰富的内置库,能够使开发者快速地实现各种应用。Python拥有庞大而活跃的科学计算的社区,使其可以不断改良它的库,以适合用户的各种需求。

六、PowerBI

　　PowerBI是微软推出的数据分析和可视化工具,是由Excel衍生而来。它可以从各种数据源中提取数据,再对这些数据进行统计分析,生成各种图表,并在网络或移动端与他人分享。PowerBI 的特点是操作简单,能快速上手,能够从 Excel 电子表格或本地数据库快速创建,能把复杂的数据转化成简洁美观的图表。

七、Tableau

Tableau 是一个可视化分析平台,能够快速分析、可视化并分析数据。它使用拖拽的方式操作,改变了人类使用数据解决问题的方式,使个人和组织能够充分利用自己的数据。Tableau 的特点是易用性强和采用拖拽式交互方式,它提供了各种方法来与其他用户共享数据和分析记录,以促进团队协作。

八、SPSSAU

SPSSAU 是由北京青丝科技有限公司自主研发的一款网页版智能化统计分析平台系统,用户采用拖拽点式操作就能实现数据处理、数据分析、可视化图表等功能,它可给出智能化分析建议和规范化的分析结果,可以最大限度减少分析人员的工作量。

第四节　用 SPSSAU 实现常用的
统计分析和制图

SPSSAU 是一款在线数据分析应用,无须下载、安装,只要进入网站登录即可使用。SPSSAU 的特点是只需要用鼠标进行拖动就可以实现常用的统计分析、数据可视化、问卷研究及进阶统计分析等,结果还提供智能化分析,可用图表、文字的形式解读分析结果。有帮助手册和视频讲解操作。

SPSSAU 提供免费版和会员版,免费版即可满足日常统计分析需求。

一、界面

SPSSAU 的界面主要分为三大块,左侧为"仪表盘",里面是各类统计分析方法,有"通用方法""问卷研究""可视化""数据处理""进阶方法"等(图 3-41),每类中又有若干具体方法,也可以直接在"搜索区"输入具体的方法名称查找。右侧占窗口 2/3 的部分是分析区,分析区的左侧显示的是需要进行分析的数据标题,也就是 Excel 文件中的列标题,右侧会根据选择的分析方法不同而略有不同,依据提示把相关的数据标题用鼠标拖动过去,单击"开始分析"即完成了分析。

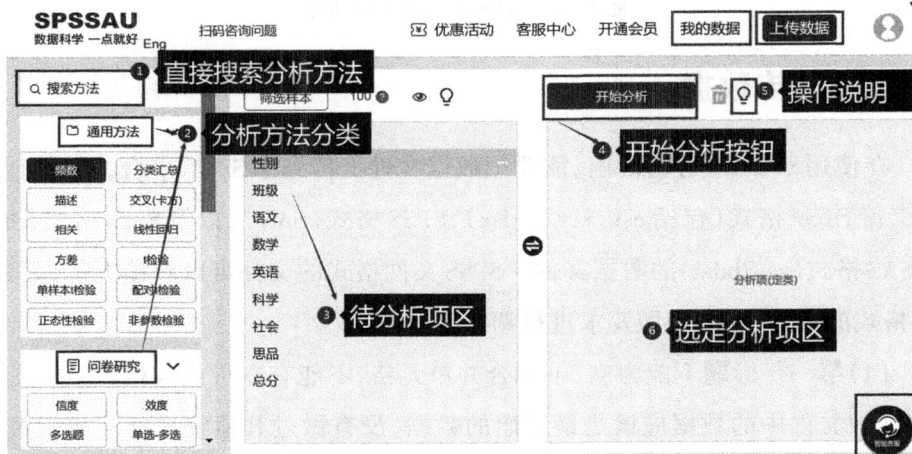

图 3-41　SPSSAU 界面

完成分析后,SPSSAU 会给出分析结果(图 3-42),有分析建议、智能分析结果和图表,并且可以把分析结果以不同的文档格式导出。

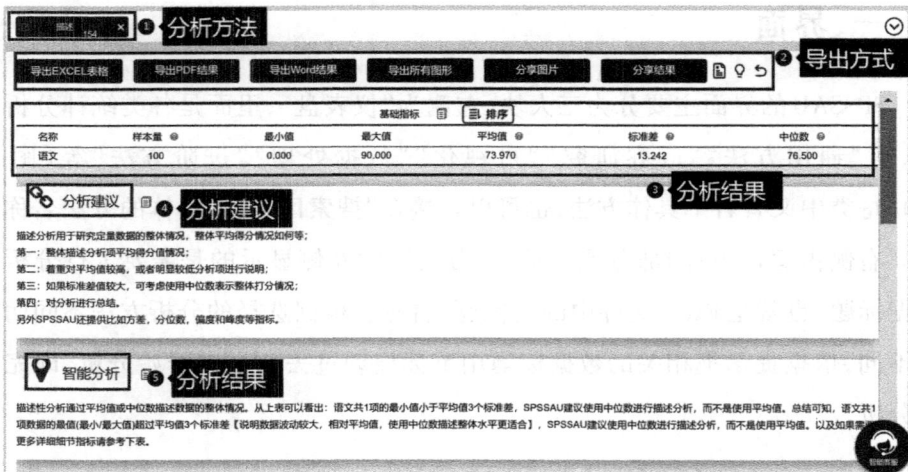

图 3-42　SPSSAU 分析结果界面

二、上传数据

在使用 SPSSAU 分析之前,需要把数据文件上传到 SPSSAU 平台,SPSSAU 目前支持 Excel 格式(包括 csv、xls 和 xlsx),SPSS 格式(SAV),以及 Stata 格式(dta)和 SAS 格式(sas7bdat)的数据文件。SPSS 文件格式的文件可以直接上传,而 Excel 格式的文件,需要按照要求进行调整。

(1)第一行标题不能为空,不能合并单元格,不能有空行或空列。

(2)文件中的数据应该是最原始的数据,没有做过其他统计计算或函数运算,如图 3-43 所示。

(3)SPSSAU 只会把 Excel 中第一个工作表中的数据上传在平台中,其他工作表中的数据不会上传。如果同一个文件中有多个工作表的数据需要分析,需要把多个工作表分别存在不同的工作簿文件中再上传。

	A	B	C	D	E	F	G	H	I	J
1	序号	性别	班　级	语文	数学	英语	科学	社会	思品	总分
2	1	男	五(02)班	77	67	68	97	90	88	487
3	2	女	五(04)班	65	39	55	78	71	87	395
4	3	女	五(05)班	88	92	94	98	99	92	563
5	4	男	五(04)班	72	87	41	91	89	86	466
6	5	男	五(03)班	75	71	86	82	94	87	495
7	6	男	五(04)班	68	46	54	59	69	76	372
8	7	男	五(06)班	83	79	76	90	96	90	514
9	8	女	五(05)班	80	70	58	85	70	82	445
10	9	女	五(03)班	48	19	25	37	62	76	267
11	10	女	五(01)班	60	14	31	52	64	81	302
12	11	女	五(03)班	66	65	43	79	80	80	413
13	12	男	五(03)班	82	80	85	96	95	93	531
14	13	男	五(03)班	67	49	56	89	86	88	435
15	14	男	五(01)班	65	63	54	80	81	84	427
16	15	女	五(04)班	78	77	78	91	92	92	508
17	16	男	五(04)班	81	94	89	99	89	86	538
18	17	女	五(01)班	69	14	67	72	82	83	387

图 3-43　SPSSAU 上传格式示例

现在问卷星为 SPSSAU 提供了数据接口, 在问卷星的统计分析中可以直接授权给 SPSSAU[图 3-44(a)]进行一些简单分析, 如果需要更多分析, 可以单击[图 3-44(b)]中"去 SPSSAU 平台分析"进入 SPSSAU。

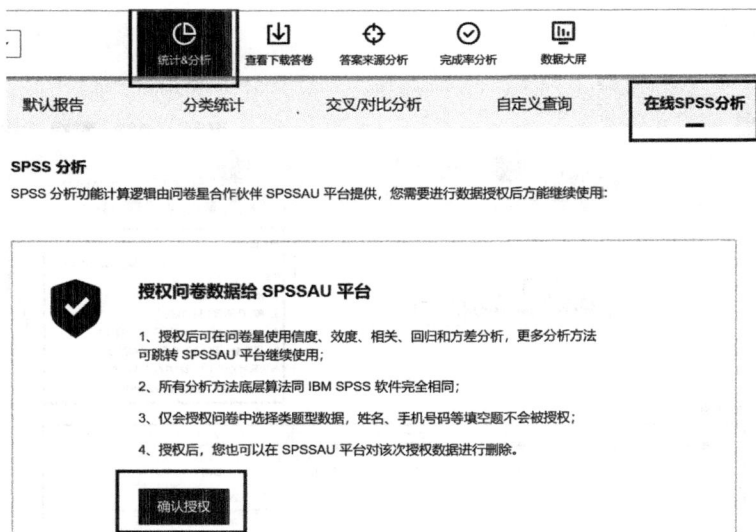

(a)

（b）

图 3-44　问卷星中 SPSSAU 接口

　　准备好数据文件后，可以在 SPSSAU 平台的"上传数据"中上传数据文件，如图 3-45 所示。

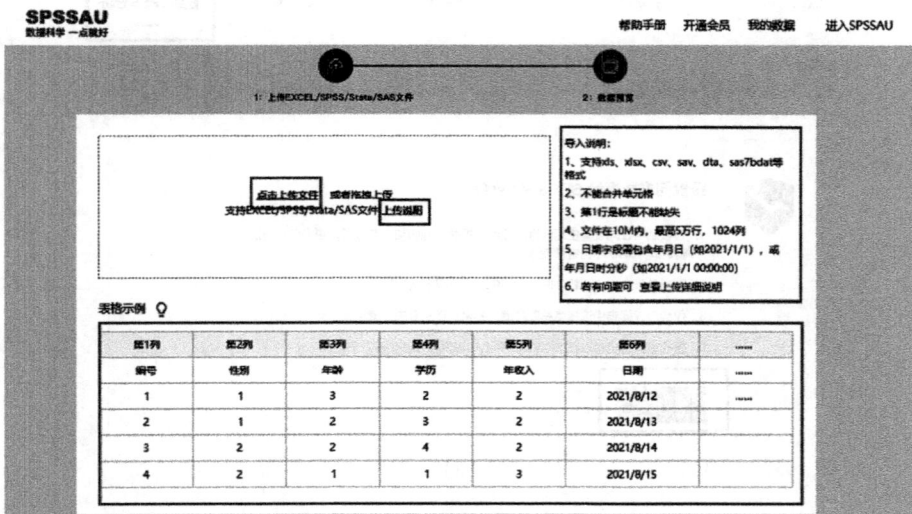

图 3-45　SPSSAU 平台中的"上传数据"

上传好文件后,可以看到数据预览的情况(图3-46),确认数据是否上传正确,如果准确无误,可以单击"进入分析"开始分析这些数据。

图3-46 数据预览

如果想要更换分析的数据文件,可以单击"我的数据"(图3-47),在列表中看到上传的所有数据文件,根据需要选择操作即可。

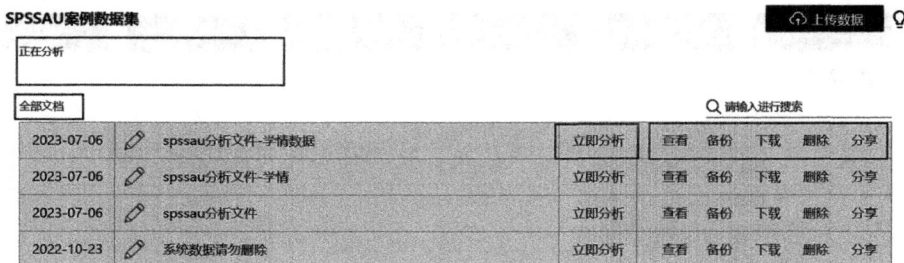

图3-47 "我的数据"中的文档

三、开始分析

以全年级成绩的数据文件为例,介绍SPSSAU的一些常用方法的操作。

（一）频数

频数统计是按照分类项把其在数据组中出现的次数统计出来。例如，统计男女生人数、统计班级人数等。按照图3-48中序号顺序，选择"频数"方法，之后把"性别"拖动到分享区，单击"开始分析"。单击图3-48中图标 💡 可以观看帮助。

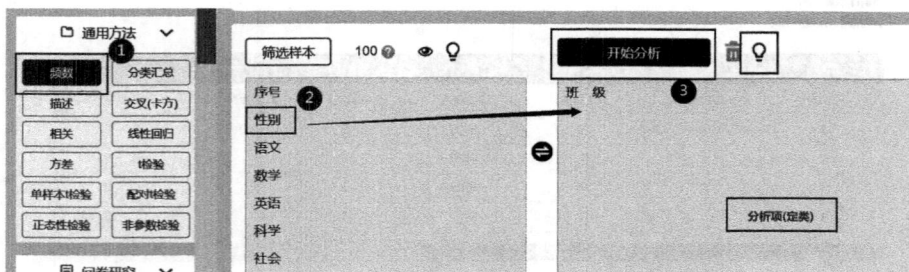

图3-48　统计"频数"

单击"开始分析"后，SPSSAU会给出分析结果（图3-49），分别按照班级汇总出各班人数，按照性别汇总出全年级男女生人数。

名称	选项	频数	百分比(%)	累积百分比(%)
班级	五(01)班	19	19.00	19.00
	五(02)班	12	12.00	31.00
	五(03)班	19	19.00	50.00
	五(04)班	17	17.00	67.00
	五(05)班	18	18.00	85.00
	五(06)班	15	15.00	100.00
	合计	100	100.00	100.0

图3-49　频数统计结果

同时 SPSSAU 还给出了按照班级和性别汇总的数据图表（图 3-50、图 3-51）。

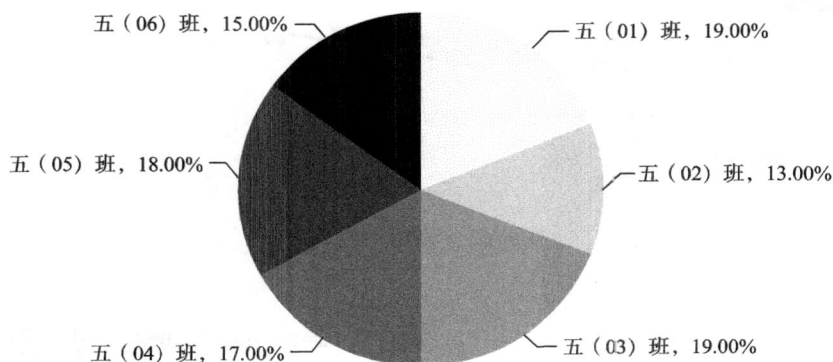

图 3-50 "班级"统计

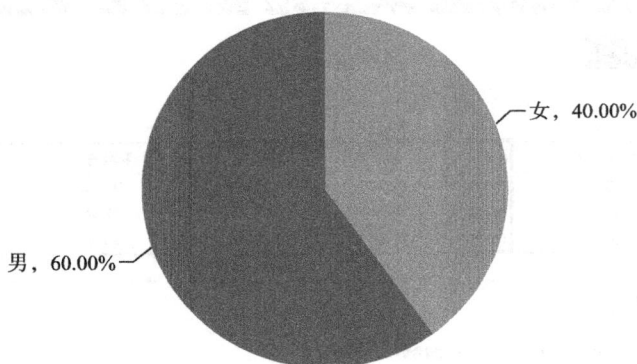

图 3-51 "性别"统计

（二）描述性统计

进入分析页面，按图 3-52 中序号顺序，先选择"描述"方法，之后把要统计的学科根据需要拖动到右侧的分析区，单击"开始分析"。

单击"开始分析"后，SPSSAU 会给出分析结果，不仅有文字形式还有图表形式（图 3-53）。

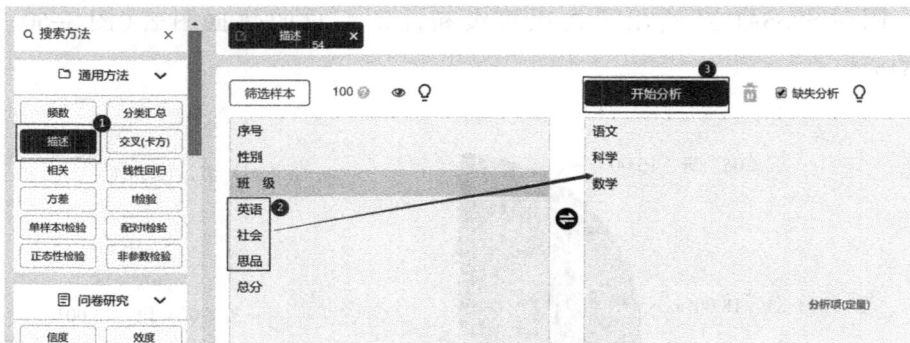

图3-52 "描述性统计"

名称	样本量 ❓	最小值 ❓	最大值	平均值 ❓	标准差 ❓	中位数 ❓
语文	100	0.000	90.000	73.970	13.242	76.500
科学	100	0.000	99.000	82.130	17.342	87.000
数学	100	0.000	100.000	62.780	23.193	67.500

🔗 **分析建议** 📄

描述分析用于研究定量数据的整体情况,整体平均得分情况如何等;

第一: 整体描述分析项平均得分值情况;

第二: 着重对平均值较高、或者明显较低分析项进行说明;

第三: 如果标准差值较大,可考虑使用中位数表示整体打分情况;

第四: 对分析进行总结。

另外SPSSAU还提供比如方差,分位数,偏度和峰度等指标。

📍 **智能分析** 📄

描述性分析通过平均值或中位数描述数据的整体情况。从上表可以看出: 语文,科学共2项的最小值小于平均值3个标准差, SPSSAU建议使用中位数进行描述分析,而不是使用平均值。总结可知,语文,科学共2项数据的最值(最小最大值)超过平均值3个标准差【说明数据波动较大,相对平均值,使用中位数描述整体水平更适合】,SPSSAU建议使用中位数进行描述分析,而不是使用平均值。以及如果需要更多详细细节指标请参考下表。

✏️ | ⏱饼状图 | ○圆环图 | ▥柱状图 | ☰条形图 | ↓数据

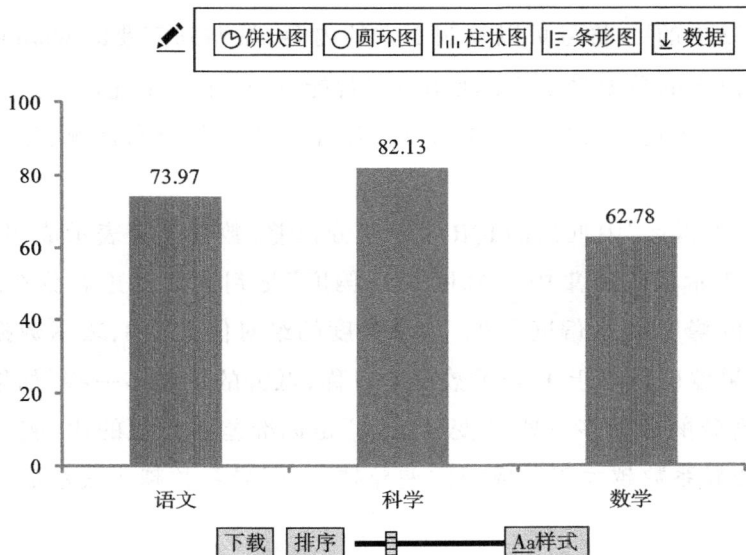

下载 | 排序 | ━━━●━━━ | Aa样式

深入指标 📋

名称	平均值±标准差 方差 ❓	25分位数 ❓	中位数 ❓	75分位数 ❓	标准误 ❓	均值95% CI(*LL*) ❓	均值95% CI(*UL*) ❓	IQR	峰度 ❓	偏度 ❓	变异系数 (CV)
语文	73.970±13.242 175.343	69.250	76.500	81.000	1.324	71.375	76.565	11.750	14.220	-3.180	17.901%
科学	82.130±17.342 300.741	78.000	87.000	93.000	1.734	78.731	85.529	15.000	8.205	-2.484	21.115%
数学	62.780±23.193 537.911	49.500	67.500	80.750	2.319	58.234	67.326	31.250	-0.212	-0.763	36.943%

百分位数 📋

名称	P2.5	P5	P10	P25	P27	P33	P50	P67	P73	P75	P90	P95	P97.5
语文	25.225	51.350	64.100	69.250	70.270	72.000	76.500	80.000	81.000	81.000	85.000	86.950	89.475
科学	18.075	52.150	61.400	78.000	78.000	79.000	87.000	91.000	92.000	93.000	97.000	98.000	99.000
数学	11.625	16.050	24.200	49.500	52.000	57.330	67.500	77.670	80.000	80.750	88.900	91.950	96.950

缺失分析 📋

名称	样本量 ❓	缺失样本量 ❓	最小值	最大值	平均值 ❓	标准差 ❓	中位数 ❓	是否数字恒定
语文	100	0	0.000	90.000	73.970	13.242	76.500	否
科学	100	0	0.000	99.000	82.130	17.342	87.000	否
数学	100	0	0.000	100.000	62.780	23.193	67.500	否

全局过滤后样本量: 100

🔗 **分析建议** 📋

缺失分析表格展示各分析项的缺失情况;
第一:'样本量'指某分析项独立分析时的样本量;
第二:'缺失样本量'指该某分析项独立分析时的缺失样本量;
第三:'全局过滤后样本量'指全部分析项均有完整数据时的样本量;
第四:'全局过滤后样本量'一定会小于等于各分析项的样本量;
第五:如果某项时最小值与最大值完全相同,则说明其恒定为一个固定数字。

图3-53 描述性统计结果

图3-53中的 ▤ 符号可以复制下方的内容,粘贴到需要的Word或PPT等内。统计出来的数据最小值都是0,在"智能分析"中给出建议是这几科的成绩波动较大,平均值可能不能很好地反映学生成绩的分布情况,建议使用中位数。

在"深入指标"中框出的IQR代表四分位差,数值越大表示成绩越分散,数值越小表示成绩越集中。"峰度"和"偏度"是判读数据正态分布情况的。正态分布的峰度是3,偏度是0。如果峰度的绝对值大于3,表示数据中有极端值。如果偏度值小于0,表示数据不对称,低分的成绩多一些,如果偏度值>0,表示高分的成绩多一些。"变异系数"是标准差与均值的比,表示数据离散程度,变异系数越大表示成绩的差异越大,变异系数越小表示成绩分布得更均匀。

(三)分类汇总

上文看到的是单科成绩的描述统计分析,如果想看每个班各科成绩的描述统计,就不能使用"描述"了,因为它只适用于把一列数据看成一个整体的数据统计。当需要把一列数据分成若干组(如按性别、班级等情况)分别统计的时候可以使用"分类汇总"方法(图3-54)。

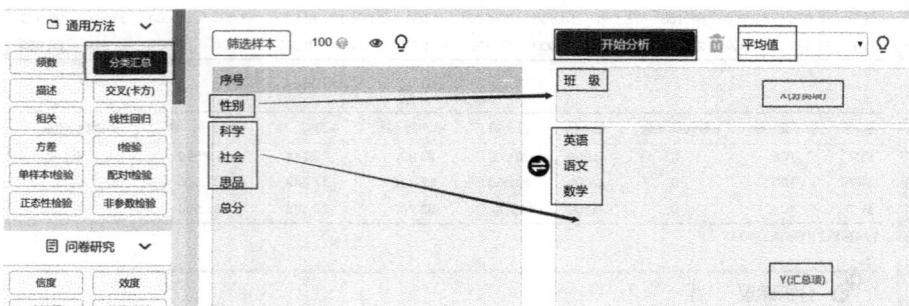

图3-54 "分类汇总"

　　"分类汇总"的基本操作跟上文的"描述"类似,都是"拖、拽、点一下"。先选"分类汇总",再拖动标题到相应位置后,单击"开始分析"。这里要注意的是,分析区分为"分类项"和"汇总项"两部分,需要把"班级"(按照班级分别统计)拖动到分类项中(可以没有分类项,结果跟"描述"是一样的),把要汇总的学科拖动到汇总项中。默认的汇总类型是"平均值"。

　　在汇总结果中,系统首先给出分类汇总的基础指标,按班级分别汇总了各学科的平均值(图3-55)。

标题	班级						汇总
	五(01)班	五(02)班	五(03)班	五(04)班	五(05)班	五(06)班	
英语	66.579	69.667	58.368	66.412	71.944	63.133	65.810
语文	73.632	78.917	62.895	74.353	80.056	76.733	73.970
数学	58.842	70.167	50.789	68.824	69.111	62.600	62.780

分类汇总用于研究不同分类时的汇总情况【比如不同区域分类项,销售额(汇总项)的差异情况】;
第一: SPSSAU提供平均值、标准差、求和等十余类汇总指标;
第二: 分类汇总直观展示数据汇总结果,不进行统计检验;
第三: 建议可使用平均值对比差异。

图3-55　分类汇总结果

　　在分类汇总的详细指标中,给出了按班级分别汇总的各学科的更多指标,其中 n 是统计的每班人数,后面有标准差、最大值、最小值、四分位差、方差等十多种指标(图3-56)。

　　分类汇总还可设置两个分类项对成绩进行分类汇总,如可以按照班级和性别来汇总。如图3-57所示。

　　分别对每个班级中男生和女生进行了各科的平均分的汇总,再对班级整体进行汇总,汇总结果如图3-58所示。

导出EXCEL表格　导出PDF结果　导出Word结果　分享图片　分享结果

分类汇总分析结果-详细指标　过滤指标∨

标题	项	五(01)班	五(02)班	五(03)班	五(04)班	五(05)班	五(06)班	汇总
英语	n	19	12	19	17	18	15	100
	平均值	66.579	69.667	58.368	66.412	71.944	63.133	65.810
	标准差	20.651	17.068	28.831	21.249	14.252	20.007	21.120
	平均值±标准差	66.579±20.651	69.667±17.068	58.368±28.831	66.412±21.249	71.944±14.252	63.133±20.007	65.810±21.120
	求和	1265.000	836.000	1109.000	1129.000	1295.000	947.000	6581.000
	最小值	31.000	37.000	0.000	23.000	50.000	11.000	0.000
	最大值	91.000	94.000	93.000	89.000	96.000	86.000	96.000
	25分位数	51.000	59.250	40.000	54.500	60.250	57.000	54.000
	中位数	76.000	70.500	60.000	72.000	68.000	65.000	68.000
	75分位数	85.000	83.750	86.000	83.500	81.500	79.000	83.000
	90分位数	88.000	93.100	89.000	89.000	95.100	84.800	89.000
	95分位数	91.000	94.000	93.000	89.000	96.000	86.000	92.900
	99分位数	91.000	94.000	93.000	89.000	96.000	86.000	95.990
	标准误	4.738	4.927	6.614	5.154	3.359	5.166	2.112
	均值95% CI(LL)	57.293	60.009	45.405	56.311	65.361	53.009	61.671
	均值95% CI(UL)	75.865	79.324	71.332	76.513	78.528	73.258	69.949
	极差	60.000	57.000	93.000	66.000	46.000	75.000	96.000
	四分位间距	34.000	24.500	46.000	29.000	21.250	22.000	29.000
	方差	426.480	291.333	831.246	451.507	203.114	400.267	446.034
	峰度	-1.359	-0.297	-0.789	0.124	-0.906	2.174	0.354
	偏度	-0.472	-0.386	-0.528	-1.017	0.347	-1.380	-0.869
语文	n	19	12	19	17	18	15	100
	平均值	73.632	78.917	62.895	74.353	80.056	76.733	73.970
	标准差	9.093	5.632	22.030	7.491	6.102	11.480	13.242
	平均值±标准差	73.632±9.093	78.917±5.632	62.895±22.030	74.353±7.491	80.056±6.102	76.733±11.480	73.970±13.242
	求和	1399.000	947.000	1195.000	1264.000	1441.000	1151.000	7397.000
	最小值	51.000	72.000	0.000	59.000	69.000	39.000	0.000
	最大值	90.000	89.000	83.000	83.000	90.000	86.000	90.000
	25分位数	69.000	73.250	63.000	67.500	74.750	76.000	69.250
	中位数	74.000	79.000	69.000	78.000	81.000	79.000	76.500
	75分位数	80.000	84.500	75.000	81.000	83.500	83.000	81.000
	90分位数	85.000	88.100	82.000	82.200	88.200	85.400	85.000
	95分位数	90.000	89.000	83.000	83.000	90.000	86.000	86.950

图3-56　"分类汇总"的各指标

开始分析　　平均值 ▼

班　级
性　别
英文
语文
数学

图3-57　"分类汇总"多个分类项

分类汇总分析结果　平均值 ▼

班级	性别	汇总类型	英语	语文	数学
五(01)班	女	平均值	69.375	74.375	56.875
五(01)班	男	平均值	64.545	73.091	60.273
五(01)班	汇总	平均值	66.579	73.632	58.842
五(02)班	女	平均值	80.667	83.000	82.667
五(02)班	男	平均值	66.000	77.556	66.000
五(02)班	汇总	平均值	69.667	78.917	70.167
五(03)班	女	平均值	57.875	62.125	50.125
五(03)班	男	平均值	58.727	63.455	51.273
五(03)班	汇总	平均值	58.368	62.895	50.789
五(04)班	女	平均值	75.000	75.429	72.571
五(04)班	男	平均值	60.400	73.600	66.200
五(04)班	汇总	平均值	66.412	74.353	68.824
五(05)班	女	平均值	74.000	82.444	66.111
五(05)班	男	平均值	69.889	77.667	72.111
五(05)班	汇总	平均值	71.944	80.056	69.111
五(06)班	女	平均值	74.000	80.800	64.200
五(06)班	男	平均值	57.700	74.700	61.800
五(06)班	汇总	平均值	63.133	76.733	62.600
	汇总	平均值	65.810	73.970	62.780

图3-58　多个分类项的汇总结果

(四)相关

相关就是前文所说的相关系数,它是研究数据之间有没有关系的。在SPSSAU中,相关性分析有两个分析项,分别是分析项X和分析项Y(可选)。可以把分析项都放在分析项X中,系统会在这些项目中两两比较相关性,如果在分析项X和分析项Y中都有内容,那么系统会比较X和Y之间的相关性,X中的各项间和Y中的各项间不会比较相关性。两种情况在结果呈现上也不同。

图3-59和图3-60是分析项都在X中的设置情况和统计分析结果情况。

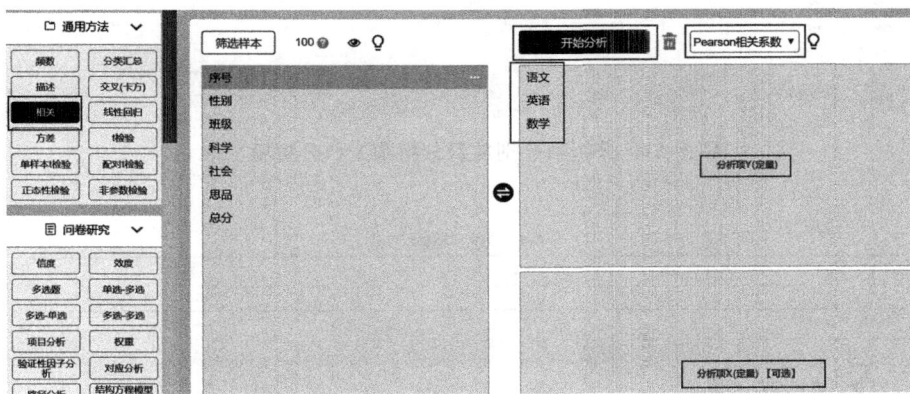

图3-59 分析项都在X中的设置

Pearson相关-标准格式					
	平均值	标准差	语文	英语	数学
语文	73.970	13.242	1		
英语	65.810	21.120	0.736**	1	
数学	62.780	23.193	0.703**	0.797**	1

* *p*<0.05 ** *p*<0.01

智能分析

从上表可知,利用相关分析去研究语文和英语,数学之间的相关关系,使用Pearson相关系数去表示相关关系的强弱情况。具体分析可知:
语文和英语之间的相关系数值为0.736,并且呈现出0.01水平的显著性,因而说明语文和英语之间有着显著的正相关关系。语文和数学之间的相关系数值为0.703,并且呈现出0.01水平的显著性,因而说明语文和数学之间有着显著的正相关关系。

图3-60 分析项都在X中的分析结果

图 3-61 和图 3-62 是把分析项分别放到分析项 X 和分析项 Y 中的情况以及分析结果。我们可以根据实际情况选择。

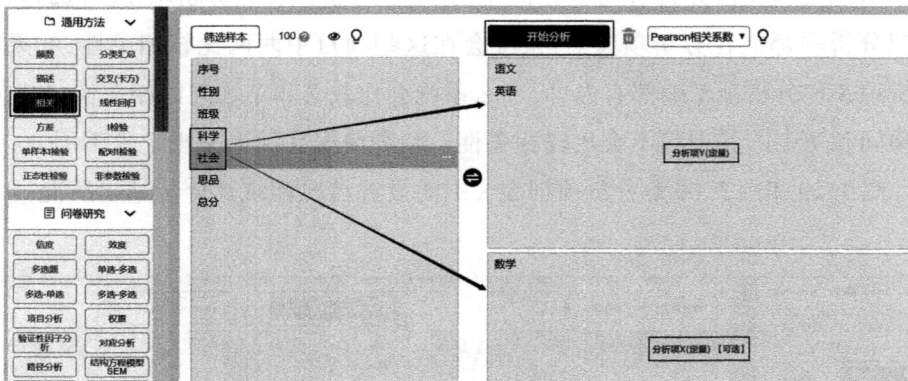

图 3-61　分析项分别放到分析项 X 和分析项 Y 中

Pearson相关-标准格式		
	语文	英语
数学	0.703**	0.797**

* *p*<0.05 ** *p*<0.01

📍 智能分析

从上表可知，利用相关分析去研究语文、英语分别和数学共1项之间的相关关系，使用Pearson相关系数去表示相关关系的强弱情况。具体分析可知：
语文和数学之间的相关系数值为0.703，并且呈现出0.01水平的显著性，因而说明语文和数学之间有着显著的正相关关系。
英语和数学之间的相关系数值为0.797，并且呈现出0.01水平的显著性，因而说明英语和数学之间有着显著的正相关关系。

图 3-62　分析项分别放到分析项 X 和分析项 Y 的分析结果

此外，SPSSAU 还提供相关性的可视化图表（图 3-63），用颜色的深浅表示相关性的强弱。

前面我们说过，如果相关系数的绝对值<0.3，认为是相关性极弱，可以视为无关。如果相关系数的绝对值在 0.3~0.5 之间，认为是弱相关，如果在 0.5~0.8 之间，认为是中度相关。如果相关系数的绝对值>0.8 则认为是高度相关。从图 3-63 中看到语文、数学、英语间的相关系数都在 0.7 左右，应该是中度相关。但是 SPSSAU 给出的分析结果是显著相关，这是因为 SPSSAU 判定的相关性区分点是 0.2、0.4 和 0.7，大于 0.7 就认为是紧密相关了。

✏️　⊞ 相关图 　⬇️ 数据

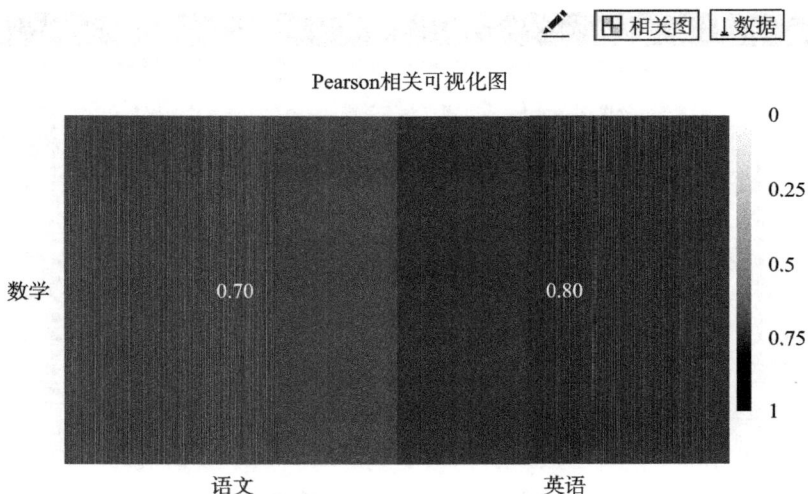

图 3-63　相关性的可视化

SPSSAU 提供了三种相关系数的分析方法（图 3-64），默认的是 Pearson 相关系数，还有 Spearman 相关系数和 Kendall 相关系数。一般 Pearson 相关系数是用于呈正态分布的数据上，Spearman 相关系数用于不满足正态分布的数据上。但是真正的正态分布只在理想状态在才会有，所以我们一般都假设数据满足正态分布，所以常用 Pearson 相关系数。Kendall 相关系数一般适用于不连续的数据，如对问卷中李斯特量表的分析，评价单中等级评分等，而成绩这样的连续的数据就不适用 Kendall 相关系数。

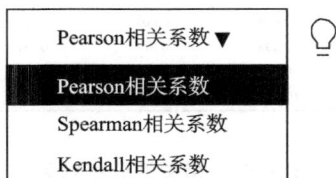

图 3-64　三种相关系数的分析方法

我们再看另一组数据，包括家庭收入、家庭人口、学习时间、出勤率和五科成绩（图 3-65）。

第1列	第2列	第3列	第4列	第5列	第6列	第7列	第8列	第9列	第10列	第11列	第12列
学生编号	学生性别	学生年龄	家庭收入	家庭人口	学习时间(小时/周)	出勤率(%)	语文成绩	数学成绩	英语成绩	物理成绩	化学成绩
1	男	17	5000	3	20	90	80	85	77	73	75
2	女	18	4000	4	30	95	88	90	93	91	89
3	男	16	4500	2	25	85	82	83	79	78	80
4	女	17	5500	5	15	92	85	82	83	81	83
5	男	16	6000	3	18	88	92	91	89	90	92
6	女	17	5500	4	22	90	86	88	90	88	87
7	男	18	5000	2	28	95	93	91	92	93	95
8	女	16	4500	2	20	88	78	76	74	77	75
9	男	17	4000	4	35	90	85	89	87	88	86
10	女	16	6000	3	15	85	80	82	81	80	81
11	男	17	5500	4	23	89	89	92	90	91	90
12	女	17	5000	3	27	95	92	88	91	89	90
13	男	16	4000	2	19	88	81	85	82	83	82
14	女	17	5500	5	21	92	84	83	87	85	86
15	男	18	6000	3	30	90	94	93	92	94	93
16	女	16	4500	2	17	83	76	78	75	77	78
17	男	17	5000	4	25	95	88	90	89	91	89
18	女	16	5500	3	24	92	85	86	88	88	88
19	男	18	4000	2	32	85	82	84	81	82	80
20	女	17	6000	2	26	88	90	91	89	91	93

图3-65　学生信息成绩表

通过相关分析我们可以看到针对这组数据,学生的年龄和出勤率对语文、数学、英语、物理和化学成绩都有正向相关,即年龄变大各科成绩都会有提高,出勤率越高各科成绩也会越高。学生的性别对各科成绩没有相关,家庭收入对化学成绩有相关,对其他学科没有相关。家庭人口对英语成绩有相关,对其他学科没有相关。学习时间对数学、英语、物理成绩有相关,对其他学科没有相关(图3-66)。具体相关原因需要应用其他方法进一步研究。

Pearson相关 标准格式

	语文成绩	数学成绩	英语成绩	物理成绩	化学成绩
学生性别	0.217	0.422	0.060	0.141	0.102
学生年龄	0.553*	0.588**	0.570**	0.540*	0.466*
家庭收入	0.434	0.302	0.336	0.301	0.444*
家庭人口	0.393	0.371	0.546*	0.422	0.441
学习时间(小时/周)	0.442	0.530*	0.479*	0.519*	0.405
出勤率(%)	0.685**	0.683**	0.799**	0.655**	0.675**

$* \ p<0.05 \ ** \ p<0.01$

图3-66　相关性分析结果

(五)线性回归

线性回归是回归分析,在确定数据有相关性后,可以用回归分析来确定数据之间是否有影响以及影响的程度,建立数学模型,来预测因变量随着自变量变化而变化的情况。一般情况会有一个或多个自变量和一个因变量。数据之间有相关关系但是不一定有回归影响关系。

在相关分析中可看到语文和数学之间有相关性,那么数学对语文的影响到底有多大,能否通过提高数学成绩来影响语文成绩? 这时可以把数学成绩作为自变量,语文成绩作为因变量,以此来对它们做回归分析(图3-67)。

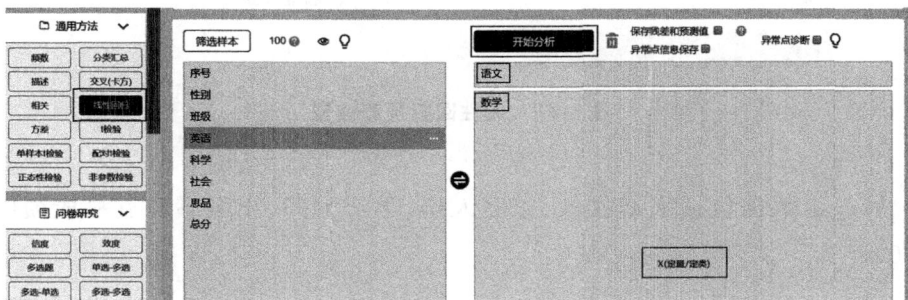

图 3-67　线性回归

如图 3-67 所示,把语文和数学分别拖动到 Y 区和 X 区之后,单击"开始分析",得到线性回归分析结果,如图 3-68 所示。

线性回归分析结果 (n=100)

	非标准化系数		标准化系数	t	p	共线性诊断	
	B	标准误	Beta			VIF	容忍度
常数	48.779	2.744	-	17.775	0.000**	-	-
数学	0.401	0.041	0.703	9.780	0.000**	1.000	1.000
R^2			0.494				
调整 R^2			0.489				
F			$F(1,98)=95.653, p=0.000$				
D-W值			1.981				

因变量: 语文

* $p<0.05$ ** $p<0.01$

📍 智能分析 ▤

从上表可知,将数学作为自变量,而将语文作为因变量进行线性回归分析,从上表可以看出,模型公式为: 语文=48.779 + 0.401*数学,模型R方值为0.494,意味着数学可以解释语文的49.4%变化原因。对模型进行F检验时发现模型通过F检验(F=95.653,p=0.000<0.05),也即说明数学一定会对语文产生影响关系,最终具体分析可知:

数学的回归系数值为0.401(t=9.780,p=0.000<0.01),意味着数学会对语文产生显著的正向影响关系。

总结分析可知:数学全部均会对语文产生显著的正向影响关系。

图 3-68　线性回归分析结果

分析结果中有预测模型，可以通过自变量数学成绩，预测语文成绩的变化是多少。如果数学成绩为89，预测语文成绩可能是84.49（图3-69）。

模型预测

语文		=	84.4910258847
数学		=	89

图3-69　线性回归预测模型

另一组数据包括家庭收入、家庭人口、学习时间、出勤率和五科成绩（图3-70）。

第1列	第2列	第3列	第4列	第5列	第6列	第7列	第8列	第9列	第10列	第11列	第12列
学生编号	学生性别	学生年龄	家庭收入	家庭人口	学习时间（小时/周）	出勤率（%）	语文成绩	数学成绩	英语成绩	物理成绩	化学成绩
1	男	17	5000	3	20	90	80	85	77	73	75
2	女	18	4000	4	30	95	88	90	93	91	89
3	男	16	4500	2	25	85	82	83	79	78	80
4	女	17	5500	5	15	92	85	82	83	81	83
5	男	16	6000	3	18	88	92	91	89	90	92
6	女	17	5500	4	22	90	86	88	90	88	87
7	男	18	5000	3	28	95	93	91	92	93	95
8	女	16	4500	2	20	80	78	76	74	77	75
9	男	17	4000	4	35	90	85	89	87	88	86
10	女	16	6000	3	15	85	80	82	81	80	81
11	男	18	5500	2	23	93	89	92	90	91	90
12	女	17	5000	3	27	92	88	88	91	89	90
13	男	16	4000	2	19	88	81	85	82	83	82
14	女	17	5500	5	21	92	84	83	87	85	86
15	男	18	6000	3	30	90	94	93	92	94	93
16	女	16	4500	2	17	83	76	78	75	77	78
17	男	17	5000	4	25	95	88	90	89	91	89
18	女	16	5500	3	24	92	85	86	88	87	88
19	男	18	4000	2	32	85	82	84	81	82	80
20	女	17	6000	4	26	88	90	91	89	91	93

图3-70　学生基本情况和成绩表

通过相关分析可知它们之间存在相关关系（图3-71），那么再来看看它们之间是否存在影响关系。

	语文成绩	数学成绩	英语成绩	物理成绩	化学成绩
			Pearson相关-标准格式		
学生性别	0.217	0.422	0.060	0.141	0.102
学生年龄	0.553*	0.588**	0.570**	0.540*	0.466*
家庭收入	0.434	0.302	0.336	0.301	0.444*
家庭人口	0.393	0.371	0.546*	0.422	0.441
学习时间（小时/周）	0.442	0.530*	0.479*	0.519*	0.405
出勤率（%）	0.685**	0.683**	0.799**	0.655**	0.675**

* $p<0.05$ ** $p<0.01$

图 3-71　线性回归分析结果

　　由于线性回归分析的因变量只能是一个，如果我们想分析性别、年龄、收入、人口、学习时间、出勤率对成绩的影响，需要对五个学科做五次回归分析，这样操作显得很烦琐。我们可以把五科成绩合成一个整体作为因变量分析。在SPSSAU中使用"生成变量"的方式把五科成绩合成一个新变量。我们在"数据处理"中选好"生成变量"，把五科成绩的标题选中，再在右侧选中合适的功能把五科成绩合成新变量，默认的是"平均值"，其他功能可根据具体情况选择，使用默认的"平均值"后，再确定新变量的名字，我们用"5科成绩均"表示用平均值合成五科成绩，最后单击下方的"确认处理"生成新的变量（图 3-72）。

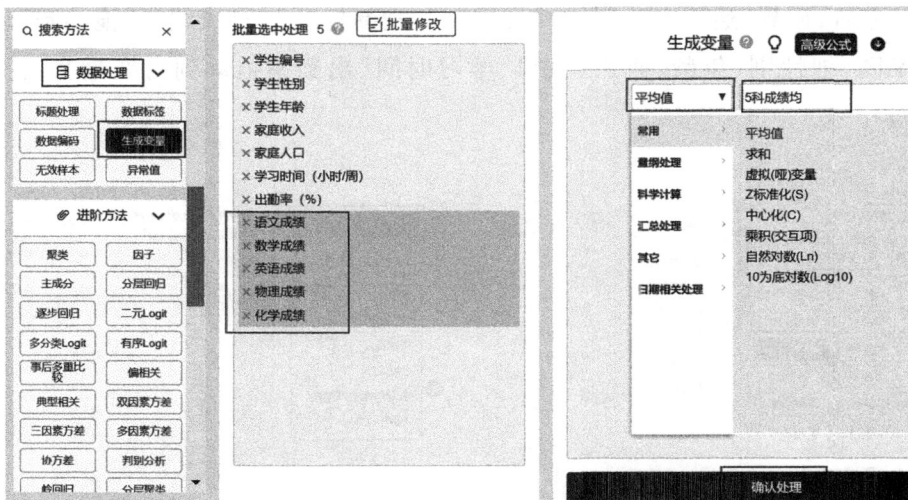

图 3-72　"生成变量"

生成新变量后,系统会在数据中增加一列,里面存放的是每名学生五科成绩的平均值,如图3-73所示。

第1列	第2列	第3列	第4列	第5列	第6列
5科成绩均	学生编号	学生性别	学生年龄	家庭收入	家庭人口
78	1	2	17	5000	3
90.2	2	1	18	4000	4
80.4	3	2	16	4500	2
82.8	4	1	17	5500	5
90.8	5	2	16	6000	3
87.8	6	1	17	5500	3
92.8	7	2	18	5000	3
76	8	1	16	4500	2
87	9	2	17	4000	4
80.8	10	1	16	6000	3
90.4	11	2	18	5500	4

图3-73 "5科成绩均"变量

之后,回到"通用方法"的"线性回归",把新标题"5科成绩均"拖动到因变量Y区,把性别、年龄、收入、人口、学习时间、出勤率拖动到自变量X区(图3-74)。

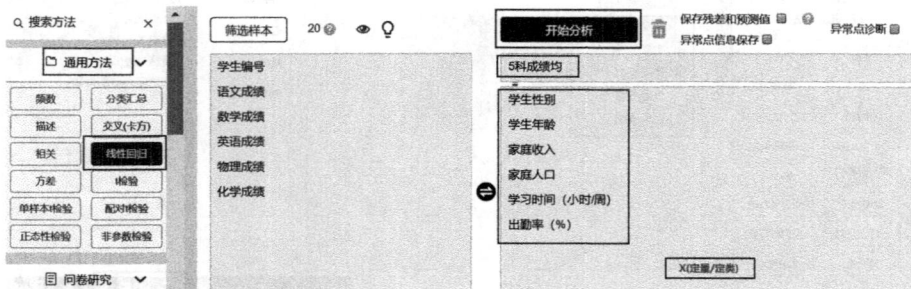

图3-74 用"5科成绩均"变量做线性回归分析

从得出的分析结果可以看到(图3-75),学生年龄对五科成绩有相关关系,但是却没有影响关系。家庭收入与五科成绩没有相关关系,但是却有影响关系。学习时间和出勤率对因变量对5科成绩影响较大。

线性回归分析结果 (n=20)

	非标准化系数		标准化系数	t	p	共线性诊断	
	B	标准误	Beta			VIF	容忍度
常数	-4.362	21.874	-	-0.199	0.845	-	-
学生性别	0.587	1.495	0.055	0.392	0.701	1.355	0.738
学生年龄	-0.180	1.276	-0.026	-0.141	0.890	2.329	0.429
家庭收入	0.004	0.001	0.535	3.665	0.003**	1.445	0.692
家庭人口	-0.510	1.060	-0.091	-0.481	0.638	2.417	0.414
学习时间 (小时/周)	0.497	0.171	0.517	2.912	0.012*	2.132	0.469
出勤率 (%)	0.691	0.227	0.549	3.043	0.009**	2.205	0.454
R^2				0.808			
调整R^2				0.720			
F				$F_{(6,13)}=9.127, p=0.000$			
D-W值				2.023			

因变量: 5科成绩均

* $p<0.05$ ** $p<0.01$

💡 智能分析

从上表可知, 将学生性别,学生年龄,家庭收入,家庭人口,学习时间 (小时/周) ,出勤率 (%) 作为自变量,而将5科成绩均作为因变量进行线性回归分析,从上表可以看出, 模型公式为: 5科成绩均=-4.362 + 0.587*学生性别-0.180*学生年龄 + 0.004*家庭收入-0.510*家庭人口 + 0.497*学习时间 (小时/周) + 0.691*出勤率 (%) ,模型R方值为0.808,意味着学生性别,学生年龄,家庭收入,家庭人口,学习时间 (小时/周) ,出勤率 (%) 可以解释5科成绩均的80.8%变化原因。对模型进行F检验时发现模型通过F检验(F=9.127, p=0.000<0.05),也即说明学生性别,学生年龄,家庭收入,家庭人口,学习时间 (小时/周) ,出勤率 (%) 中至少一项会对5科成绩均产生影响关系,另外, 针对模型的多重共线性进行检验发现,模型中VIF值全部均小于5,意味着不存在着共线性问题; 并且D-W值在数字2附近,因而说明模型不存在自相关性,样本数据之间并没有关联关系,模型较好。最终具体分析可知:
学生性别的回归系数值为0.587(t=0.392, p=0.701>0.05),意味着学生性别并不会对5科成绩均产生影响关系。
学生年龄的回归系数值为-0.180(t=-0.141, p=0.890>0.05),意味着学生年龄并不会对5科成绩均产生影响关系。
家庭收入的回归系数值为0.004(t=3.665, p=0.003<0.01),意味着家庭收入会对5科成绩均产生显著的正向影响关系。
家庭人口的回归系数值为-0.510(t=-0.481, p=0.638>0.05),意味着家庭人口并不会对5科成绩均产生影响关系。
学习时间 (小时/周) 的回归系数值为0.497(t=2.912, p=0.012<0.05),意味着学习时间 (小时/周) 会对5科成绩均产生显著的正向影响关系。
出勤率 (%) 的回归系数值为0.691(t=3.043, p=0.009<0.01),意味着出勤率 (%) 会对5科成绩均产生显著的正向影响关系。
总结分析可知:家庭收入,学习时间 (小时/周) ,出勤率 (%) 会对5科成绩均产生显著的正向影响关系。但是学生性别,学生年龄,家庭人口并不会对5科成绩均产生影响关系。

图3-75 线性回归分析结果

(六)t检验

前文已经说过,t检验是比较两组数据的平均数差异显著性的,这两组指的是定类数据,如数据中有男、女,同意、不同意,是、否等类似的数值。如果超出两个数值,SPSSAU只会做频次统计,而不做t检验,这时可以改用方差分析。

图 3-76 这组数据中的性别，里面只有 1 和 2，分别代表男、女，就可以做性别对语文、数学等学科的 t 检验，来讨论男、女生在学习这些学科时有没有显著差异（图 3-77）。

第1列	第2列	第3列	第4列	第5列	第6列
序号	性别	班级	语文	数学	英语
1	2	2	77	67	68
2	1	4	65	39	55
3	1	5	88	92	94
4	2	4	72	87	41
5	1	3	75	71	86
6	2	4	68	46	54
7	2	6	83	79	76
8	1	5	80	70	58
9	1	3	48	19	25
10	1	1	60	14	31
11	1	3	66	65	43

图 3-76　各科成绩表

图 3-77　t 检验

从分析结果可以看出在这组数据中性别对成绩没有显著影响（图 7-78）。

t检验分析结果

	性别(平均值±标准差)		t	p
	女(n=40)	男(n=60)		
班级	3.52±1.69	3.45±1.73	0.214	0.831
语文	75.38±14.85	73.03±12.09	0.865	0.389
数学	63.20±25.26	62.50±21.93	0.147	0.883
英语	70.53±20.73	62.67±20.96	1.845	0.068
科学	81.40±18.41	82.62±16.73	-0.342	0.733
社会	82.63±11.09	82.35±10.58	0.125	0.901
思品	86.05±7.31	84.10±6.88	1.354	0.179

* p<0.05 ** p<0.01

智能分析

从上表可知，利用t检验（全称为独立样本t检验）去研究性别对于班级、语文、数学、英语、科学、社会、思品共7项的差异性，从上表可以看出：不同性别样本对于班级、语文、数学、英语、科学、社会、思品全部均不会表现出显著性（p>0.05），意味着不同性别样本对于班级、语文、数学、英语、科学、社会、思品全部均表现出一致性，并没有差异性。

总结可知：不同性别样本对于班级、语文、数学、英语、科学、社会、思品全部均不会表现出显著性差异。

图3-78　t检验分析结果

再看一个例子，这是在前文t检验介绍中使用的数据（图3-79），在这个例子中"是否做了课前学情分析"这列里面只有1,2分别代表"是"和"否"，可以做t检验。

第1列	第2列	第3列	第4列	第5列
姓名	是否做了课前学情分析	名著常识	课文梳理	课文理解
71	2	8	6	6
72	2	8	6	6
4	2	8	6	6
2	2	8	6	6
76	2	8	6	6
73	2	6	4	6
69	2	6	4	6
59	2	8	6	6
63	2	8	6	6
16	2	8	4	6
33	2	8	6	6

图3-79　做t检验的学情数据

如图3-80所示,把"是否做了课前学情分析"拖动到X区,把"名著常识""课文梳理""课文理解"拖动到Y区,点击"开始分析"。

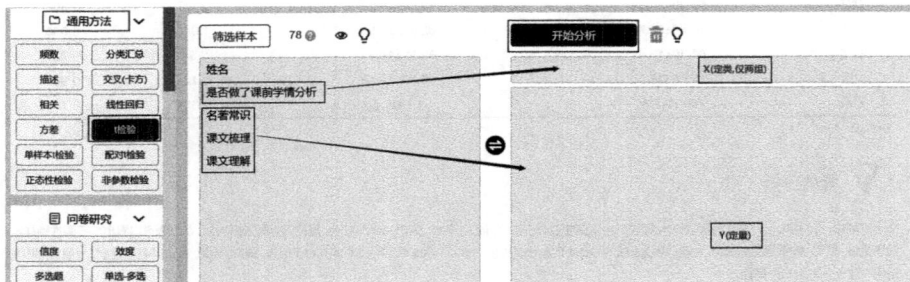

图3-80 "t检验"设置

得到 t 检验分析结果(图3-81)。可以看到做没做课前学情分析对课文理解存在显著差异。

	是否做了课前学情分析(平均值±标准差)		t	p
	否(n=39)	是(n=39)		
名著常识	6.72±1.41	7.08±1.58	-1.058	0.293
课文梳理	5.23±1.18	5.13±1.36	0.356	0.723
课文解	4.97±1.44	5.74±1.04	-2.699	0.009**
* p<0.05 ** p<0.01				
科学	81.40±18.41	82.62±16.73	-0.342	0.733
社会	82.63±11.09	82.35±10.58	0.125	0.901
思品	86.05±7.31	84.10±6.88	1.354	0.179

t检验分析结果

* p<0.05 ** p<0.01

🖈 智能分析

从上表可知,利用检验(全称为独立样本t检验)去研究是否做了课前学情分析对于名著常识,课文梳理,课文理解共3项的差异性,从上表可以看出:不同是否做了课前学情分析样本对于名著常识,课文梳理共2项不会表现出显著性(p>0.05),意味着不同是否做了课前学情分析样本对于名著常识,课文梳理全部均表现出一致性,并没有差异性。另外是否做了课前学情分析样本对于课文理解共1项呈现出显著性(p<0.05),意味着不同是否做了课前学情分析样本对于课文理解有着差异性.具体分析可知:

是否做了课前学情分析对于课文理解呈现出0.01水平显著性(t=-2.699,p=0.009),以及具体对比差异可知,否的平均值(4.97),会明显低于是的平均值(5.74)。

总结可知:不同是否做了课前学情分析样本对于名著常识,课文梳理共2项不会表现出显著性差异,另外是否做了课前学情分析样本对于课文理解共1项呈现出显著性差异。

图3-81 t 检验分析结果

（七）方差

全年级六个班，如果想了解不同班级对各学科的是否存在显著差异，要使用方差分析。如果全年级只有两个班，可以使用t检验。

如图3-82所示，把"班级"拖动到X区，把"语文""数学"等学科标题拖动到Y区后单击"开始分析"。

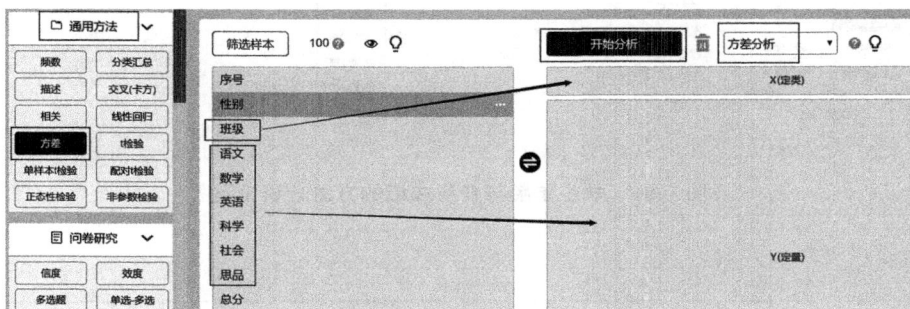

图3-82 "方差"分析

得到方差分析结果（图3-83），"语文"的$p=0.001$，小于0.01，可以看出不同班级的语文成绩存在显著差异。

方差分析结果

	班级（平均值±标准差）						F	p
	五(01)班(n=19)	五(02)班(n=12)	五(03)班(n=19)	五(04)班(n=17)	五(05)班(n=18)	五(06)班(n=15)		
语文	73.63±9.09	78.92±5.63	62.89±22.03	74.35±7.49	80.06±6.10	76.73±11.48	4.596	0.001**
数学	58.84±26.45	70.17±17.57	50.79±25.89	68.82±23.38	69.11±17.82	62.60±20.77	1.958	0.092
英语	66.58±20.65	69.67±17.07	58.37±28.83	66.41±21.25	71.94±14.25	63.13±20.01	0.907	0.480
科学	83.84±11.67	86.92±9.39	72.00±28.40	85.24±10.70	85.61±13.10	81.27±17.75	1.855	0.110
社会	81.53±11.32	87.33±9.04	78.53±14.46	82.41±8.78	82.94±9.19	84.20±8.96	1.127	0.351
思品	86.63±4.34	84.83±6.07	81.21±11.33	84.76±4.96	86.61±3.84	85.40±8.02	1.522	0.190

* $p<0.05$ ** $p<0.01$

🔖 智能分析

从上表可知，利用方差分析(全称为单因素方差分析)去研究班级对于语文、数学、英语、科学、社会、思品共6项的差异性，从上表可以看出：不同班级样本对于数学、英语、科学、社会、思品共5项不会表现出显著性($p>0.05$)，意味着不同班级样本对于数学、英语、科学、社会、思品全部均表现出一致性，并没有差异性。另外班级样本对于语文共1项呈现出显著性($p<0.05$)，意味着不同班级样本对于语文有着差异性。具体分析可知：

班级对于语文呈现出0.01水平显著性(F=4.596，p=0.001)，以及具体对比差异可知，有着较为明显差异的组别平均值得分对比结果为"五(01)班>五(03)班；五(02)班>五(03)班；五(04)班>五(03)班；五(05)班>五(03)班；五(06)班>五(03)班"(同时也可以使用折线图进行直观展示)。

总结可知：不同班级样本对于数学、英语、科学、社会、思品共5项不会表现出显著性差异，另外班级样本对于语文共1项呈现出显著性差异。

图3-83 方差分析结果

使用另一个例子中的数据,分析不同年龄对各科成绩是否存在显著差异,不同家庭人口对成绩是否存在显著差异,不同收入对成绩是否存在显著差异等(图3-84~图3-89)。

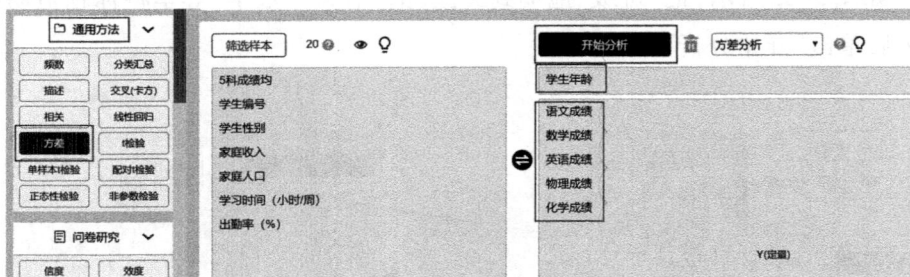

图3-84　学生年龄与各科成绩的方差分析设置

方差分析结果

| | 学生年龄(平均值±标准差) | | | F | p |
	16.0(n=7)	17.0(n=8)	18.0(n=5)		
语文成绩	82.00±5.26	86.25±3.73	89.20±4.76	3.807	0.043*
数学成绩	83.00±5.03	87.00±3.30	90.00±3.54	4.542	0.026*
英语成绩	81.14±5.81	86.63±4.60	89.60±4.93	4.308	0.031*
物理成绩	81.71±5.15	85.75±6.11	90.20±4.76	3.508	0.053
化学成绩	82.29±5.85	86.13±5.41	89.40±5.77	2.366	0.124

* $p<0.05$ ** $p<0.01$

智能分析

从上表可知,利用方差分析(全称为单因素方差分析)去研究学生年龄对于语文成绩,数学成绩,英语成绩,物理成绩,化学成绩共5项的差异性,从上表可以看出:不同学生年龄样本对于物理成绩,化学成绩共2项不会表现出显著性($p>0.05$),意味着不同学生年龄样本对于物理成绩,化学成绩全部均表现出一致性,并没有差异性。另外学生年龄样本对于语文成绩,数学成绩,英语成绩共3项呈现出显著性($p<0.05$),意味着不同学生年龄样本对于语文成绩,数学成绩,英语成绩有着差异性。具体分析可知:

学生年龄对于语文成绩呈现出0.05水平显著性(F=3.807,p=0.043),以及具体对比差异可知,有着较为明显差异的组别平均值得分对比结果为"18.0>16.0"(同时也可以使用折线图进行直观展示)。

学生年龄对于数学成绩呈现出0.05水平显著性(F=4.542,p=0.026),以及具体对比差异可知,有着较为明显差异的组别平均值得分对比结果为"18.0>16.0"(同时也可以使用折线图进行直观展示)。

学生年龄对于英语成绩呈现出0.05水平显著性(F=4.308,p=0.031),以及具体对比差异可知,有着较为明显差异的组别平均值得分对比结果为"18.0>16.0"(同时也可以使用折线图进行直观展示)。

总结可知:不同学生年龄样本对于物理成绩,化学成绩共2项不会表现出显著性差异,另外学生年龄样本对于语文成绩,数学成绩,英语成绩共3项呈现出显著性差异。

图3-85　学生年龄与各科成绩的方差分析结果

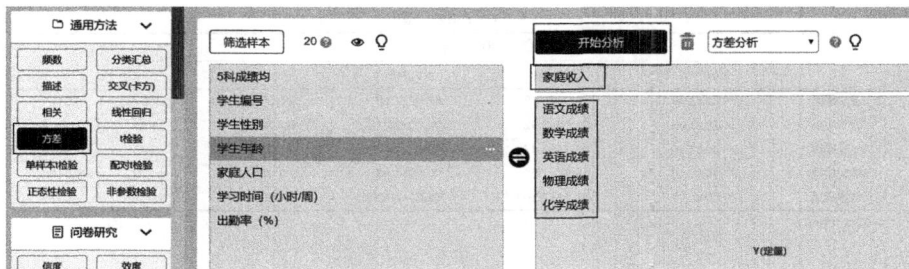

图 3-86　家庭收入与各科成绩的方差分析

方差分析结果

	家庭收入(平均值±标准差)					F	p
	4000.0(n=4)	4500.0(n=3)	5000.0(n=4)	5500.0(n=5)	6000.0(n=4)		
语文成绩	84.00±3.16	78.67±3.06	88.25±5.91	85.80±1.92	89.00±6.22	3.019	0.052
数学成绩	87.00±2.94	79.00±3.61	88.50±2.65	86.20±4.02	89.25±4.92	3.847	0.024*
英语成绩	85.75±5.50	76.00±2.65	87.25±6.95	87.60±2.88	87.75±4.72	3.493	0.033*
物理成绩	86.00±4.24	77.33±0.58	86.50±9.15	86.40±3.71	88.75±6.08	1.998	0.146
化学成绩	84.25±4.03	77.67±2.52	87.25±8.58	86.80±2.59	89.75±5.85	2.578	0.080

* $p<0.05$ ** $p<0.01$

📍 **智能分析**

从上表可知，利用方差分析(全称为单因素方差分析)去研究家庭收入对于语文成绩，数学成绩，英语成绩，物理或绩，化学成绩共5项的差异性，从上表可以看出：不同家庭收入样本对于语文成绩，物理成绩，化学成绩共3项不会表现出显著性($p>0.05$)，意味着不同家庭收入样本对于语文成绩，物理成绩，化学成绩全部均表现出一致性，并没有差异性。另外家庭收入样本对于数学成绩，英语成绩共2项呈现出显著性($p<0.05$)，意味着不同家庭收入样本对于数学成绩，英语成绩有着差异性。具体分析可知：

家庭收入对于数学成绩呈现出0.05水平显著性($F=3.847$，$p=0.024$)，以及具体对比差异可知，有着较为明显差异的组别平均值得分对比结果为"4000.0>4500.0;5000.0>4500.0;5500.0>4500.0;6000.0>4500.0"(同时也可以使用折线图进行直观展示)。

家庭收入对于英语成绩呈现出0.05水平显著性($F=3.493$，$p=0.033$)，以及具体对比差异可知，有着较为明显差异的组别平均值得分对比结果为"4000.0>4500.0;5000.0>4500.0;5500.0>4500.0;6000.0>4500.0"(同时也可以使用折线图进行直观展示)。

总结可知：不同家庭收入样本对于语文成绩，物理成绩，化学成绩共3项不会表现出显著性差异，另外家庭收入样本对于数学成绩，英语成绩共2项呈现出显著性差异。

著性差异。

图 3-87　家庭收入与各科成绩的方差分析结果

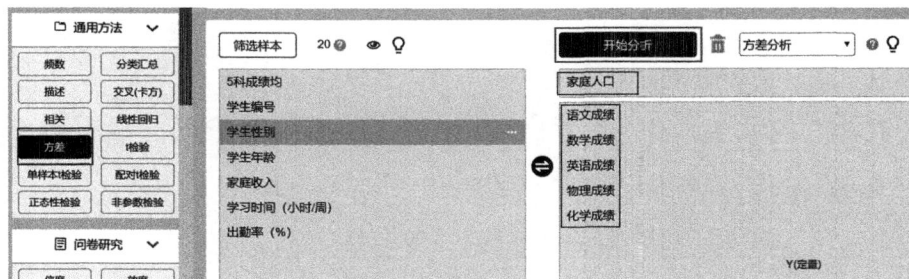

图 3-88　家庭人口与各科成绩的方差分析

方差分析结果 📋

	家庭人口(平均值±标准差)				F ❓	p ❓
	2.0(n=5)	3.0(n=7)	4.0(n=6)	5.0(n=2)		
语文成绩	79.80±2.68	88.00±6.19	87.67±1.86	84.50±0.71	4.557	0.017*
数学成绩	81.20±3.96	88.00±3.92	90.00±1.41	82.50±0.71	8.429	0.001**
英语成绩	78.20±3.56	87.14±5.87	89.67±1.97	85.00±2.83	7.298	0.003**
物理成绩	79.40±2.88	86.57±7.55	90.00±1.55	83.00±2.83	4.430	0.019*
化学成绩	79.00±2.65	87.71±7.20	89.00±2.45	84.50±2.12	4.577	0.017*

* $p<0.05$ ** $p<0.01$

📍 智能分析 📋

从上表可知，利用方差分析(全称为单因素方差分析)去研究家庭人口对于语文成绩，数学成绩，英语成绩，物理成绩，化学成绩共5项的差异性，从上表可以看出：不同家庭人口样本对于语文成绩，数学成绩，英语成绩，物理成绩，化学成绩全部均呈现出显著性($p<0.05$)，意味着不同家庭人口样本对于语文成绩，数学成绩，英语成绩，物理成绩，化学成绩均有着差异性。具体分析可知：

家庭人口对于语文成绩呈现出0.05水平显著性($F=4.557$, $p=0.017$)，以及具体对比差异可知，有着较为明显差异的组别平均值得分对比结果为"3.0>2.0;4.0>2.0"(同时也可以使用折线图进行直观展示)。

家庭人口对于数学成绩呈现出0.01水平显著性($F=8.429$, $p=0.001$)，以及具体对比差异可知，有着较为明显差异的组别平均值得分对比结果为"3.0>2.0;4.0>2.0;3.0>5.0;4.0>5.0"(同时也可以使用折线图进行直观展示)。

家庭人口对于英语成绩呈现出0.01水平显著性($F=7.298$, $p=0.003$)，以及具体对比差异可知，有着较为明显差异的组别平均值得分对比结果为"3.0>2.0;4.0>2.0"(同时也可以使用折线图进行直观展示)。

家庭人口对于物理成绩呈现出0.05水平显著性($F=4.430$, $p=0.019$)，以及具体对比差异可知，有着较为明显差异的组别平均值得分对比结果为"3.0>2.0;4.0>2.0"(同时也可以使用折线图进行直观展示)。

家庭人口对于化学成绩呈现出0.05水平显著性($F=4.577$, $p=0.017$)，以及具体对比差异可知，有着较为明显差异的组别平均值得分对比结果为"3.0>2.0;4.0>2.0"(同时也可以使用折线图进行直观展示)。

总结可知：不同家庭人口样本对于语文成绩，数学成绩，英语成绩，物理成绩，化学成绩全部均呈现出显著性差异。

图3-89 家庭人口与各科成绩的方差分析结果

SPSSAU中还有很多统计分析方法，这里不能一一说明，感兴趣的读者可以自行探索。

第四章　如何表达学情数据

第三章我们了解了统计分析的常用方法,但是这些方法得出的结果主要是数据,不能直观地反映数与数之间的关系。如果想直观、形象地表示数据之间的关系,这就需要用到统计图了。

统计图是一种用图形方式呈现数据的可视化工具,它利用图形将数据转化为可理解和易于分析的形式。统计图可以直观、形象地反映数量之间的对比关系及变化趋势等特征,可以把复杂的统计数字直观化、形象化,使人一目了然,便于理解和比较,因此有"一图胜千言"之说。在教育教学中常用的统计图一般采用直角坐标系:横坐标用来表示时间、事物的组别或自变量 x 等,纵坐标用来表示数值、统计量或因变量 y 等。

以 Excel 中的柱形统计图为例(图4-1),说明统计图中所包含的各元素。

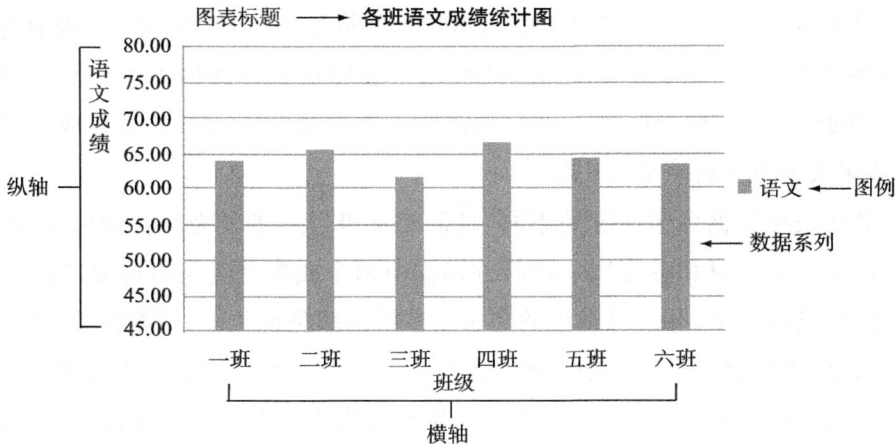

图4-1　统计图结构

(1)图表标题:简明扼要的说明统计图的主题或内容。

(2)坐标轴:通常包括横轴(x轴)和纵轴(y轴),用于表示数据的维度和范围。饼图、圆环图没有坐标轴。坐标轴上有刻度线,刻度线对应的数字是刻度线标签,y轴标签一般表示数据的大小,x轴标签一般表示分类名称或时间。坐标轴旁有轴标题。

(3)数据系列:由若干数据坐标点组成一个数据系列,图4-1中的每个柱子就代表一个数据系列。

(4)图例:解释图表中每个数据系列的含义。用不同的颜色、线型等说明不同的数据系列。

常用的统计图有条形图、扇形图、折线图、雷达图、箱线图、直方图等,它们各有特点,适合用在不同场景。下面具体介绍这些统计图的特点、绘制方法及应用场景。

一、柱形图、条形图

(一)柱形图[1]

柱形图又称"柱状图",是在直角坐标系中,用相同宽度不同长短的竖条表示数量多少,还可在同一张图表中用不同颜色竖条表示不同的组,直观地进行数量多少的对比(图4-2)。因此,柱形图一般用在比较数据大小和趋势等情境。例如,可以用柱形图做某班学生在期中考试和期末考试的各科成绩的对比,或年级各班各科总分对比等。

根据表格数据分组情况的不同,柱形图又可进一步分为簇状柱形图、堆积柱形图和百分比堆积柱形图。簇状柱形图由两个或多个竖条组构成(图4-3),同组的竖条间不留间隙,每组中的竖条用不同的颜色或灰度、图案区分,同一颜色或灰度、图案竖条在每组中的排列次序要一致。一般需要有图例说明每个颜色或灰度、图案所代表的竖条的含义。如果每组中只有一个竖条,就是简单的柱形图。

堆积柱形图是把每组中的数据堆叠在一个竖条上,可以反映局部与整体的关系。饼形图也可反映局部与整体关系,但是一个饼形图只能反映一组数据的局部与整体的对应关系,如全年级六个班的语文成绩对比图。如果想同时看到

---

[1] 恒盛咨询. Excel数据可视化:一样的数据不一样的图表[M]. 北京:机械工业出版社,2014:75-78.

全年级六个班的各科成绩对比图,就可以使用堆积柱形图,如图4-4所示。百分比堆积柱形图是以百分比的形式显示局部在整体中的占比情况(图4-5)。

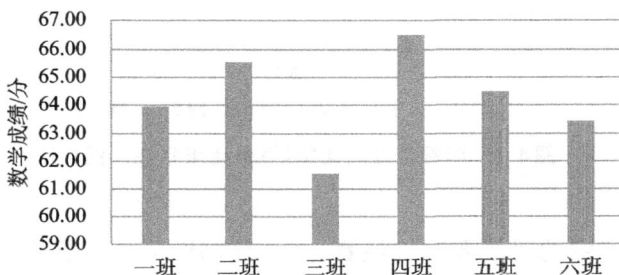

图4-2 简单柱形图

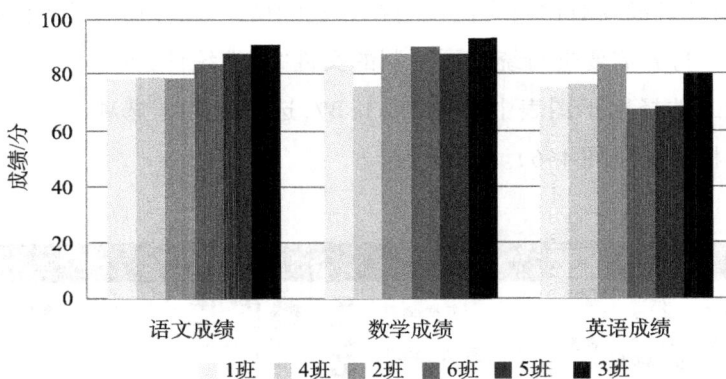

图4-3 年级成绩对比图(簇状柱形图)

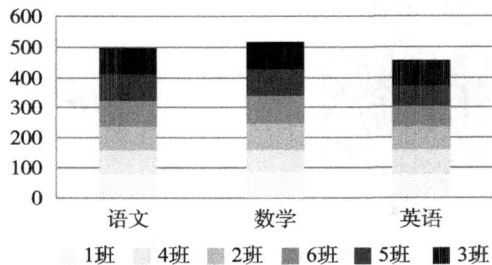

图4-4 年级成绩对比图(堆积柱形图)

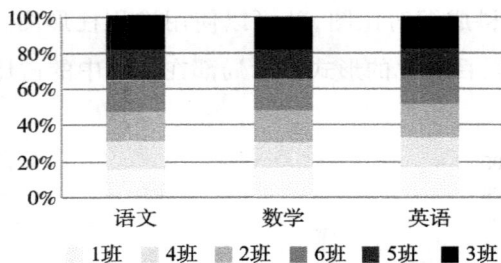

图4-5　年级成绩对比图(百分比堆积柱形图)

在绘制柱形图的时候要特别注意,参与绘制图形的数据应该是相关的、可比的,且数值相差不是特别巨大,如绘制成绩的柱形图时,总分就不适宜和平均分绘制在一个柱形图中。

以绘制各班成绩对比图为例说明在Excel中的绘制柱形图的方法如下。

步骤一:打开需要进行统计图绘制的文件"成绩统计.xlsx"。

步骤二:选择用于图表中的数据A1:B7,选择"插入"选项卡中的"图表"组中的"插入柱形图"(图4-6)。

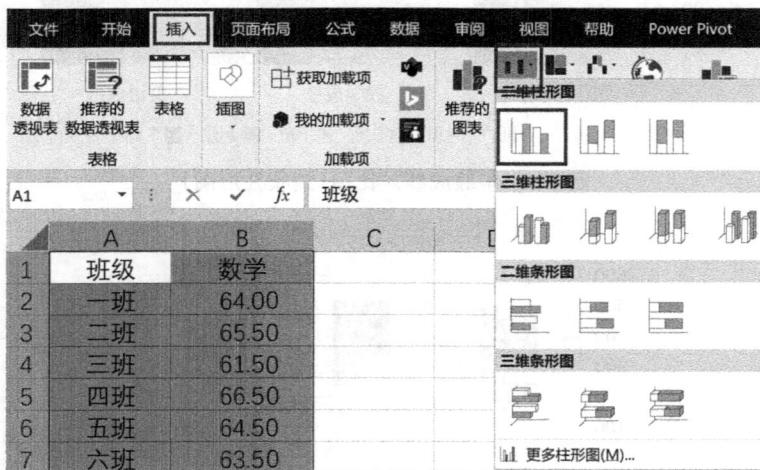

图4-6　插入柱形图

步骤三:得到柱形图(图4-7)后,可根据需要修改图表中的各个元素。

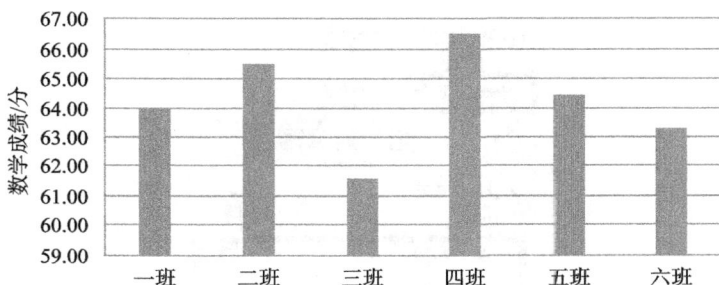

图4-7　各班数学成绩柱形图

说明:

(1)柱形图默认状态下会把数据的标题"数学",作为图表的标题,放在图表的上方。默认状态下纵轴的坐标刻度是根据绘图数列中的数字自动确定的,因为图4-7中参与绘制图形的数据是64.00、65.50、61.50、66.50、64.50、63.50,数据集中在60.00~70.00之间,所以纵轴的刻度标签是从59.00~67.00,坐标刻度线间距是1.00,这样可以把这些数值接近的数据表现得很清楚。

(2)如果需要以习惯的100分为坐标刻度最大值的话,可以通过修改纵坐标的属性实现,具体方法如下:首先需要双击纵坐标的数值(图4-8中长方形框的位置)。

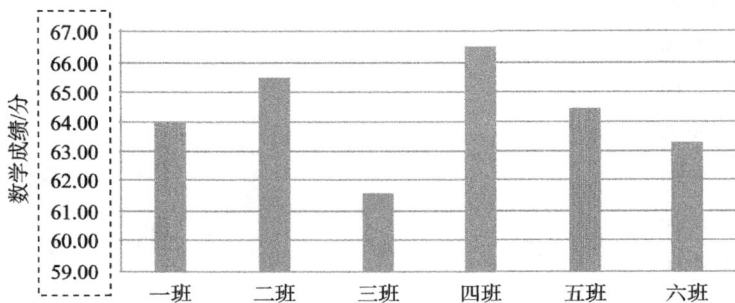

图4-8　图表纵坐标

之后,在右侧"设置坐标轴格式"中对坐标轴的边界进行修改(图4-9)。

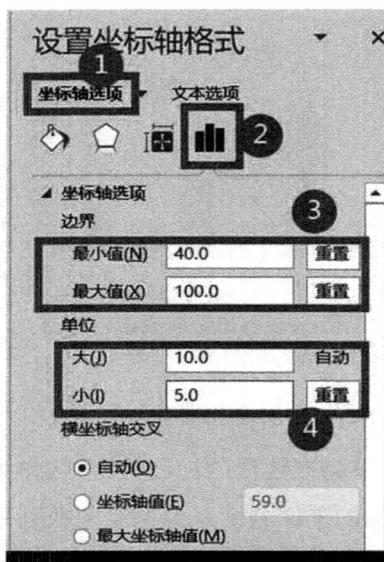

图4-9 设置坐标轴格式

其中③是纵坐标轴的最小值和最大值,④是纵轴主要水平网络线的间隔单位和次要水平网络线的间隔单位(默认不显示次要水平网络线)。效果图如图4-10所示。

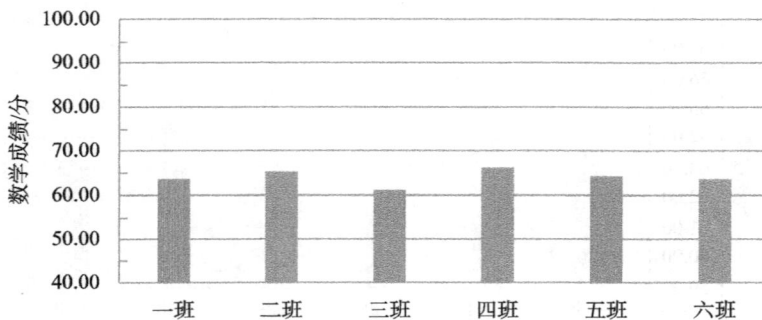

图4-10 设置纵坐标格式后的柱形图

（3）当坐标轴刻度不能明确表示出竖条数据时,可以给每组数据添加各自代表的数值(图4-11)。

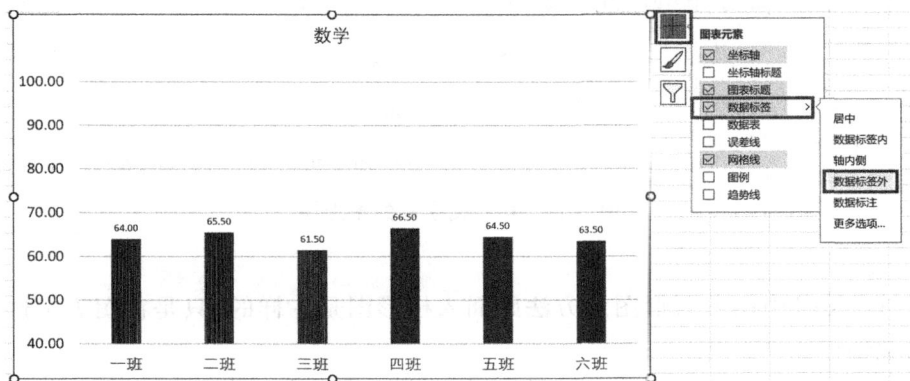

图4-11　设置"数据标签"

(二)条形图

条形图与柱形图类似,只是表示数据的是水平的横条。一般用条形图绘制排名情况,可以很明显地看出排列顺序(图4-12)。当柱形图的分类标签太长时会有部分文字被截断,这时也可以用条形图来呈现(图4-13)。

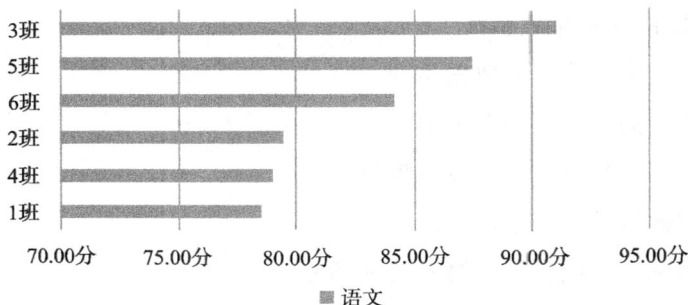

图4-12　年级成绩对比图(有排序的条形图)

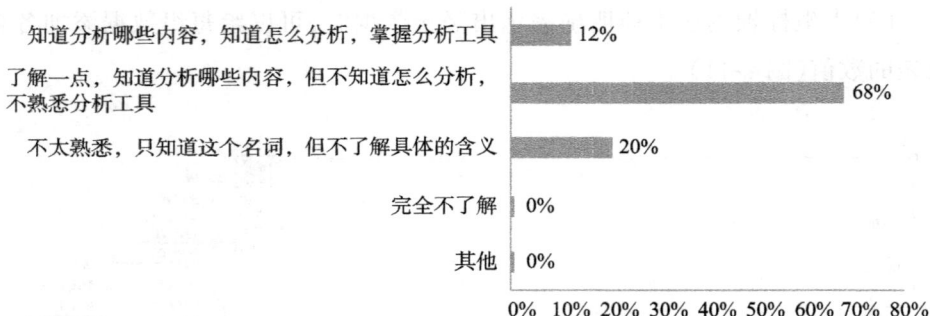

知道分析哪些内容，知道怎么分析，掌握分析工具 ▬ 12%

了解一点，知道分析哪些内容，但不知道怎么分析，
不熟悉分析工具 ▬▬▬▬▬▬ 68%

不太熟悉，只知道这个名词，但不了解具体的含义 ▬▬ 20%

完全不了解 | 0%

其他 | 0%

0% 10% 20% 30% 40% 50% 60% 70% 80%

图 4-13　标签文字长的条形图

在 Excel 中插入条形图的方法跟插入柱形图是一样的,只是在图表中选择"条形图"。

二、饼图[1]

饼图又称饼形图,是一种把一个圆形或圆环形划分为几个扇形的统计图,它可以显示一个数据系列中各项的大小与各项总和的比例。饼图只能显示一个数据系列(数据表中的一行或一列数据,如果是多行或多列的数据可以使用堆积柱形图或百分比堆积柱形图)。饼图中各组数据比例的总和是100%。因此需要了解各项数据在总体中占比时,可以使用饼图。

使用饼图的注意事项:

(1)仅有一个要绘制的数据系列。

(2)要绘制的数值不能有负值。

(3)要绘制的数值中最好没有零值。

(4)类别数目最好不超过7个。

(5)各类别分别代表整个饼图的一部分。

下面以全年级语文各分数段人数的饼图为例,说明具体的绘图步骤。

步骤一:计算各分数段的人数。先在全年级各科成绩单旁边,绘制一个用来统计语文各分数段人数的表格,格式如图4-14所示。

---

[1] 徐文彬. 教育统计学思想、方法与应用[M]. 2版,南京:南京师范大学出版社,2012:30.

	A	D	E	F	G	H	I	J	K	L	M	N
1	序号	班 级	语文	数学	英语	科学	社会	思品	总分		分数段	语文
2	1	五(02)班	77	67	68	97	40	38	387		90以上人数	
3	2	五(04)班	65	39	55	78	21	37	295		80以上以上人数	
4	3	五(05)班	88	92	94	98	49	42	463		70以上以上人数	
5	4	五(04)班	72	87	41	91	39	36	366		60以上以上人数	
6	5	五(03)班	75	71	86	82	44	37	395		60以下以上人数	
7	6	五(04)班	68	46	54	59	19	26	272			
8	7	五(06)班	83	79	76	90	46	40	414			
9	8	五(05)班	80	70	58	85	20	32	345			

图4-14 分段统计语文成绩

步骤二:给语文成绩所在单元格起名。选中所有语文成绩E2:E297,在地址栏中给语文成绩所选单元格起名为“语文”,这样做的目的是使用函数时不用反复现在所有语文成绩所在单元格,如图4-15所示。

语文 ② | fx 语文

	D	E ①	F	G	H	I	J	K
1	班 级	语文	数学	英语	科学	社会	思品	总分
2	五(01)班	60	14	31	52	14	31	202
3	五(01)班	65	63	54	80	31	34	327
4	五(01)班	69	14	67	72	32	33	287
5	五(01)班	76	63	76	90	34	33	377
6	五(01)班	72	73	81	79	30	35	370
7	五(01)班	80	89	80	87	36	39	411
8	五(01)班	81	90	86	97	42	41	437
9	五(01)班	74	61	54	84	26	32	331
10	五(01)班	77	78	91	94	38	38	416
11	五(01)班	69	59	53	84	21	40	326
12	五(01)班	69	31	34	70	19	37	260

图4-15 给单元格起名

步骤三:统计全年级语文成绩大于等于90分的人数。选中N2单元格,在编辑栏中选择f_x的,找到COUNTIF函数,在“Range”中输入统计范围“语文”,在“Criteria”中输入统计条件“>=90”,点击“确定”后得到大于等于90分的人数(图4-16)。

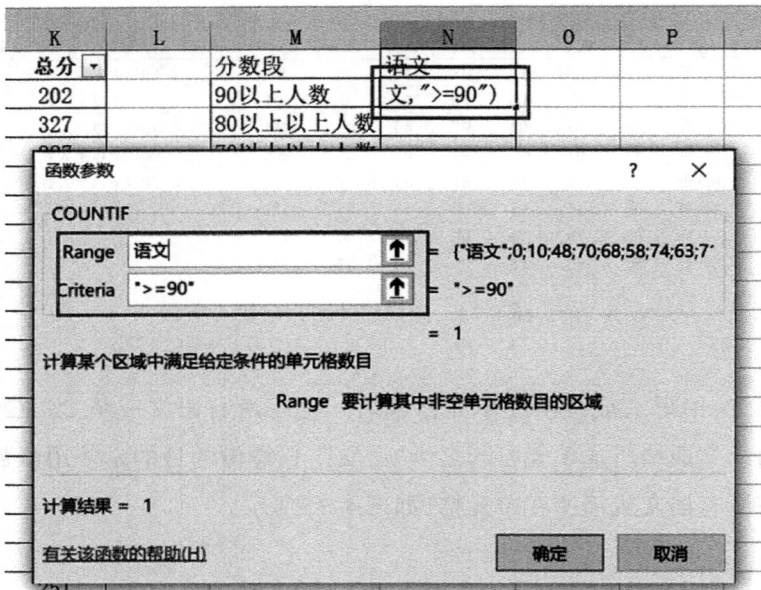

图4-16 用COUNTIF函数统计语文大于等于90分的人数

步骤四:计算大于等于80分且小于90分的人数。先利用步骤三的方法计算大于等于80的人数,再减去90分以上的人数,就得出大于等于80分小于90分的人数了(图4-17)。

图4-17 计算语文成绩大于等于80分小于90分的人数

步骤五:计算大于等于70分且小于80分的人数。先利用步骤三的方法计算大于等于70的人数,再减去80分以上的人数,就得出大于等于70分小于80分的人数了(图4-18)。

M	N	O	P
分数段	语文		
90以上人数	6		
80以上以上人数	108		
70以上以上人数	=COUNTIF(语文,">=70")-N3		
60以上以上人数	156		
60以下以上人数	14		

图4-18 计算成绩大于等于70分小于80分的人数

步骤六:计算大于等于60分且小于70分的人数,方法步骤三(图4-19)。

M	N	O	P
分数段	语文		
90以上人数	6		
80以上以上人数	108		
70以上以上人数	126		
60以上以上人数	=COUNTIF(语文,">=60")-N4		
60以下以上人数	14		

图4-19 计算成绩大于等于60分小于70分的人数

步骤七:计算小于60分的人数(图4-20),方法同步骤三。

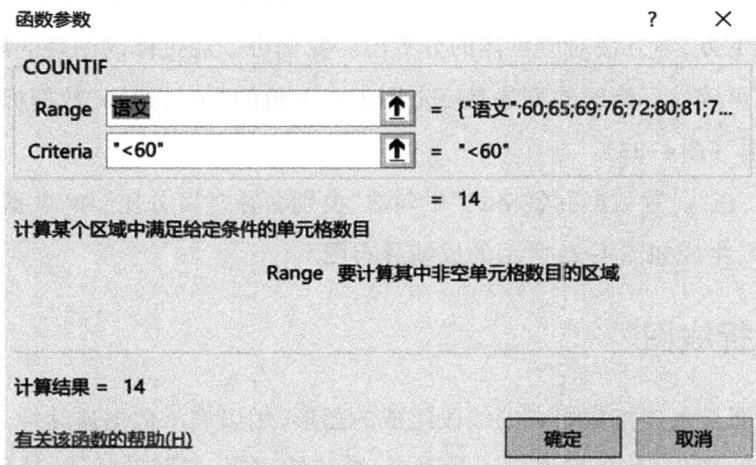

图4-20 用COUNTIF函数计算小于60分的人数

步骤八：绘制饼图。选中M1:N6，选择"插入"选项卡"图表"组中的饼图（图4-21），得到语文各分数段的人数统计图（图4-22）。

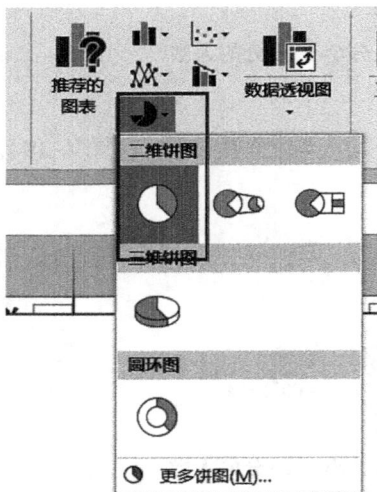

图4-21　插入饼图

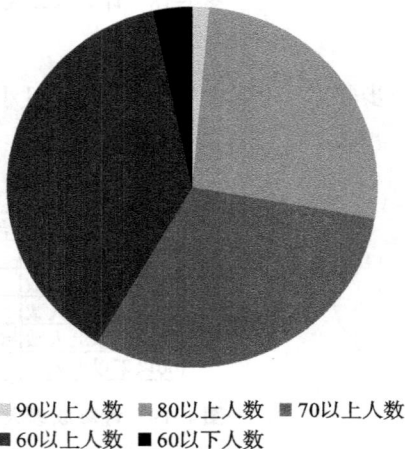

90以上人数　80以上人数　70以上人数
60以上人数　60以下人数

图4-22　各分数段人数的饼图

步骤九：修饰图。默认生成的饼图没有显示每个分数段的具体占比，图例是在饼图下方，不方便对应具体的分数段。我们可以通过修改图表的属性让图表更具有可读性。修改的方法是点击图表右上角的"＋"，选择"数据标签"中的"更多选项"（图4-23）。

之后，在"设置数据标签格式"中勾选"类别名称""百分比"和"数据标签外"（图4-24），生成如图4-25所示的成绩分布图。

三、折线图[1]

折线图是由连接数据点的线段组成的图形，用以表示数据连续性和数据趋势。在折线图中，数据是递增还是递减、增减的速率、增减的规律、峰值等特征都可以清晰地反映出来。所以，折线图常用来分析数据随时间的变化趋势，或

---

[1] 徐文彬.教育统计学思想、方法与应用[M].2版，南京：南京师范大学出版社，2012:29.

者按照一定顺序发展的变化趋势。例如,可用来分析某位学生或某些学生或班级的成绩随时间变化的情况,从而预测未来的成绩趋势。在折线图中,一般横轴(x轴)用来表示时间的推移;而纵轴(y轴)代表不同时刻的数据的大小。

图4-23　设置数据标签

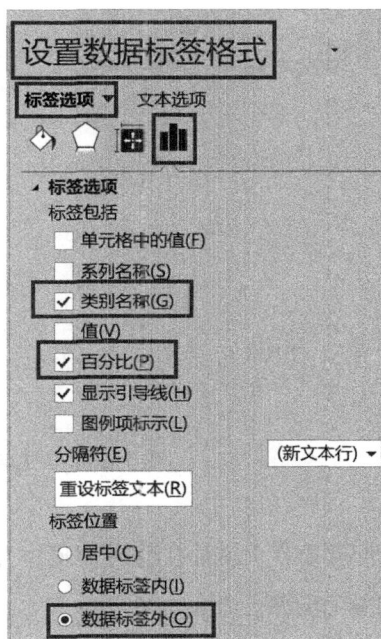

图4-24　设置数据标签格式

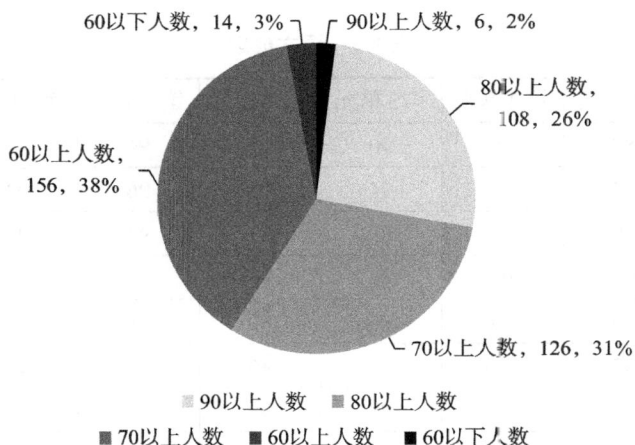

图4-25　成绩分布图

图 4-25 是学习 Excel 操作前和学习后,学生对自己操作 Excel 功能熟练程度的自评对比(0.00 代表完全不熟练,10.00 代表非常熟练),从图中可以看出,随着内容难度的增加,学生在学习前对 Excel 相关操作的熟练程度是减小的;在学习后,各项操作的熟练程度是大幅度提升的。

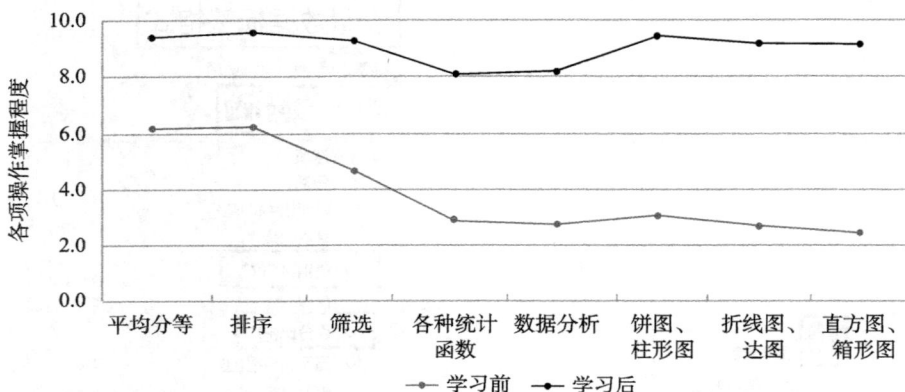

图 4-26 学生学习前和学习后自评对比

如果要在 Excel 中绘制某班学生语文上学期 7 个单元成绩的变化图,可以采用如下步骤。

步骤一:准备好语文 7 个单元的成绩表,如表 4-1 所示。

表 4-1 语文成绩

序号	第1单元	第2单元	第3单元	第4单元	第5单元	第6单元	第7单元
1	80	85	90	92	94	97	100
2	95	92	94	93	96	97	99
3	99	88	89	87	92	92	98
4	97	99	86	93	87	96	100
5	85	99	96	88	100	85	88
6	93	100	93	86	92	93	97
7	89	91	98	99	95	87	100
8	86	85	100	85	96	94	92

步骤二：先绘制一名学生的折线图。选中B1:H2，选择"插入"选项卡中"图表"组中的"插入折线图"（图4-27）。

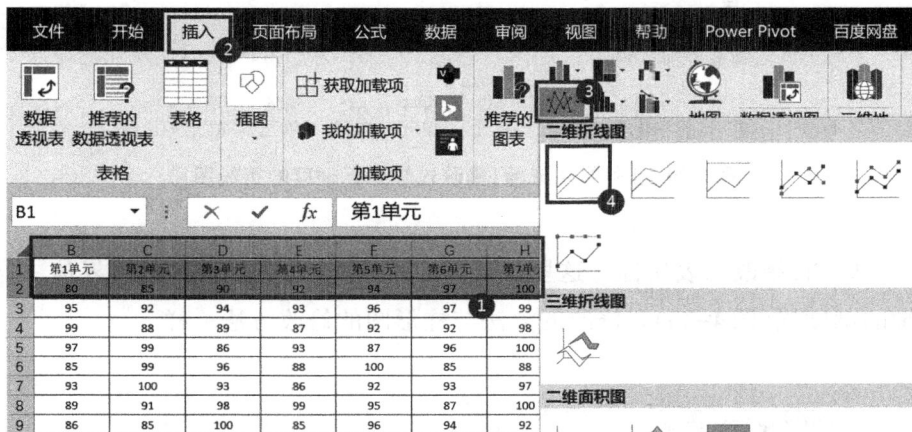

图4-27　插入折线图

步骤三：得到一名学生的成绩走势（图4-28）。注意图中方框中的数字，这是纵坐标刻度的最大值和最小值，由于这两个值之间差距大，导致折线的曲度不明显，而且成绩一般满分是100分，不是120分，也不会有人考0分，所以我们可以修改纵坐标的刻度值，把最大值改成100，最小值可以根据实际情况修改。此外，为了使统计图更易读，还可以选择"带数据标记的折线图"，在横轴上加"次要刻度线"，效果图如图4-29。

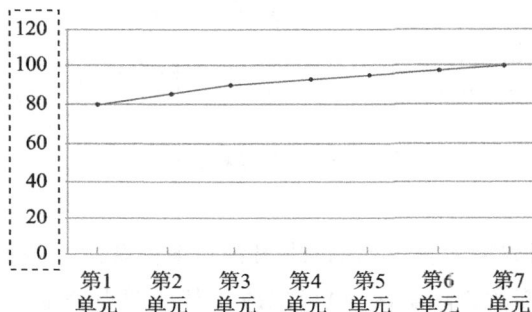

图4-28　1号学生成绩（折线图）

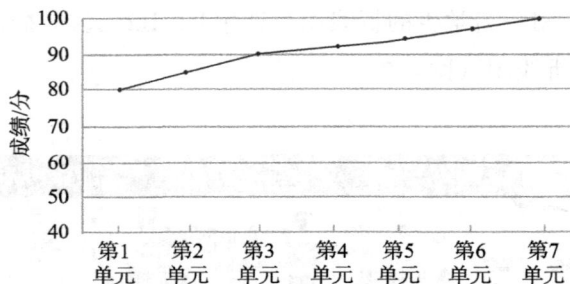

图4-29　1号学生成绩(修改过纵坐标刻度的折线图)

　　步骤四：修改图表属性。这里修改了图表的类型、纵坐标轴的边界值、横坐标轴的刻度线(图4-30)。修改的方法与柱形图的修改方法一样。

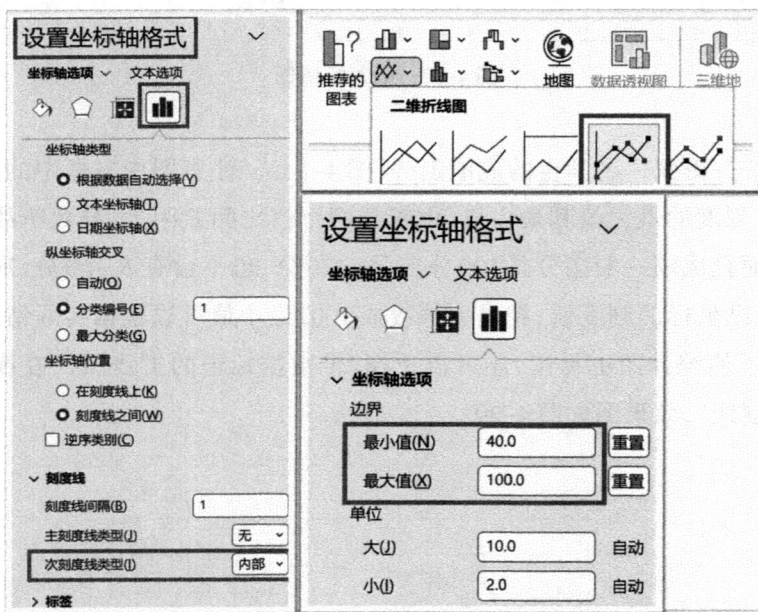

图4-30　设置坐标轴格式

　　折线中的数据如果太多,会让折线图看起来很杂乱。我们可以通过拆分数据,多做几个折线图的方法解决,也可以改用其他图表表示。

四、箱形图[1]

箱形图又称箱线图(图4-31),是根据前文提到的中位数和四分位数的信息绘制的图形,所以箱形图很适合用来可视化考试成绩数据,可以很清晰地反映出数据分布情况、离散程度和异常情况。

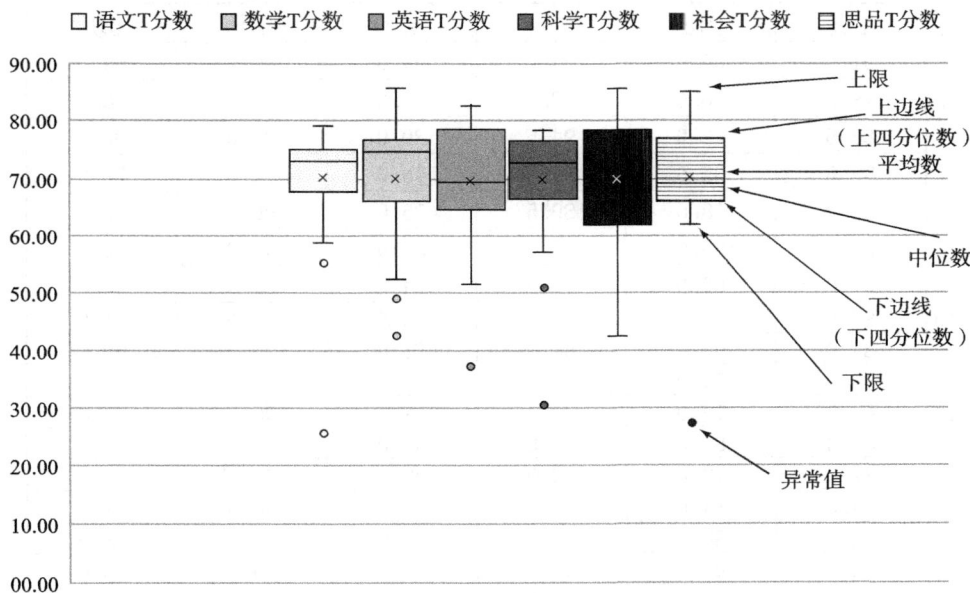

图4-31 六科成绩 t 分数的箱形图

图4-31即箱形图,清晰地反映出年级语文成绩的分布情况:极值、集中区域、中间水平等。

在箱形图中,矩形外最上方和最下方的横线分别表示数据的上限和下限(注意不是最大值和最小值,上限=上四分位数+1.5×四分位差,下限=下四分位数-1.5×四分位差),中间矩形部分的上边线和下边线分别表示上四分位数和下四分位数,矩形中间的横线线段表示数据的中位数,矩形中间的×表示平均数。在图中的最上方或最下方有时会有星号和圆圈(图4-31中出现的是圆圈),分别表示数据中的极端值。超过1.5倍的数据被定义为异常值,用"●"表示,超过3倍四分位差的数据是极端值,用"*"表示(不同的软件对异常值的标注会略有区别)。

下面详细介绍在Excel中绘制全年级语文成绩箱形图的步骤。

步骤一:在Excel中打开全年级的语文成绩汇总表,选中6个班语文的所有成绩A2:F33(图4-32)。

	A	B	C	D	E	F
2	1班	2班	3班	4班	5班	6班
3	91.0	69.0	94.5	94.0	89.0	64.0
4	79.0	86.0	98.5	62.0	92.0	95.0
5	86.5	23.0	94.5	80.0	83.0	90.0
6	85.5	82.0	97.5	75.0	81.0	76.0
7	86.0	68.0	89.5	85.0	96.0	93.0
8	84.0	83.0	91.5	81.0	96.0	85.0
9	57.0	63.0	93.5	74.0	93.0	79.0
10	88.0	78.0	91.0	80.0	98.0	81.0
11	83.0	87.0	82.0	81.0	90.0	92.0
12	88.0	74.0	91.0	87.0	92.0	70.0
13	68.5	70.0	94.5	67.0	96.0	71.0
14	61.0	84.0	98.0	91.0	83.0	92.0
15	87.0	78.0	72.0	90.0	100.0	93.0
16	94.0	84.0	72.5	85.0	96.0	87.0
17	74.5	88.0	97.5	68.0	80.0	68.0
18	53.5	92.0	97.0	52.0	78.0	83.0
19	95.5	83.0	91.0	64.0	87.0	67.0
20	74.5	90.0	72.5	85.0	96.0	77.0
21	95.0	94.0	96.5	85.0	100.0	97.0
22	67.0	83.0	86.0	85.0	92.0	89.0
23	78.0	91.0	93.5	79.0	90.0	67.0
24	77.5	86.0	81.5	88.0	90.0	84.0
25	92.0	87.0	85.0	86.0	91.0	95.0
26	89.5	73.0	95.0	82.0	87.0	86.0
27	88.0	77.0	96.5	80.0	90.0	86.0
28	84.5	53.0	82.5	42.0	84.0	96.0
29	89.0	78.0	95.5	86.0	86.0	72.0
30	93.0	79.0	94.0	88.0	95.0	86.0
31	91.0	95.0	95.0	84.0	45.0	83.0
32	82.0	92.0	91.0	76.0	86.0	95.0
33	84.0	70.0	95.0	85.0	49.0	90.0

图4-32 选中全部数据

步骤二：在"插入"选项卡中选中"直方图"列表中的"箱形图"，也可以从"推荐的图表"中选择"箱形图"（图4-33）。

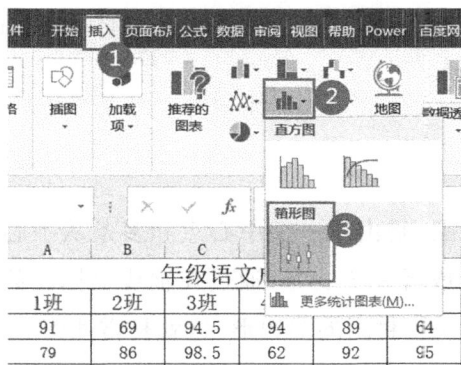

图4-33　插入"箱形图"

步骤三：得到箱形图（图4-34）。

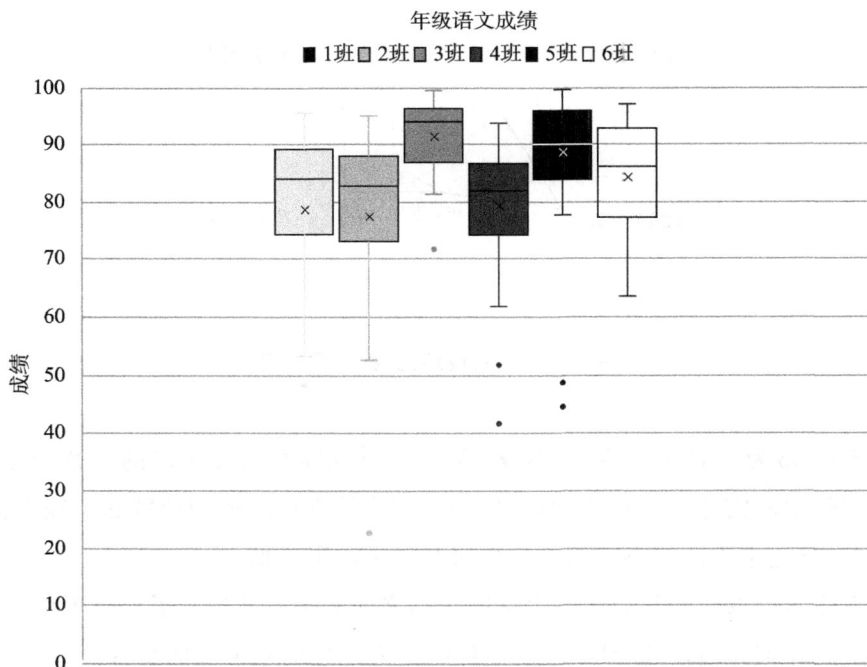

图4-34　年级语文成绩箱形图

步骤四:修饰图表。默认的图表是没有横、纵坐标轴标题和图表标题的,各个箱形也没有说明是哪个班级,这些都需要添加,以方便读图。添加的方法是选中图表后在图表的右上角的"+"号,勾选其中"坐标轴标题"和"图例"(图4-35)。

图 4-35　设置图表元素

五、雷达图[1]

雷达图又称蜘蛛图,是由从一个中心点和多条从中心点发出的轴组成,每条轴线代表一个维度或者一个变量,通过在轴线上标注数据点,再把这些数据点用线连接起来形成一个封闭的多边形,这就是雷达图。我们一般用雷达图来反映一个学生各学科成绩的均衡程度,雷达图可以直观地反映学生的强项和弱项(图4-36),也可以把班级中位数和年级中位数加入,找到学生的定位。

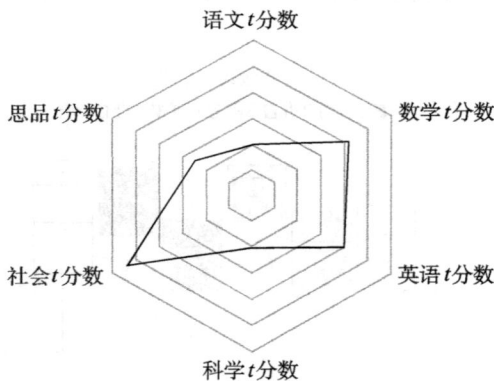

图4-36　六科成绩 t 分数的雷达图

图4-36为一名学生语文、数学、英语三科成绩及所在班级的三科中位数、年级中位数的雷达图。从图中可以看到,学生所在班级的中位数和年级中位数差不多,学生本人的三科成绩都比班级和年级水平略低。

雷达图可以帮助我们把多个维度数据之间的关系简单明了地呈现出来。

下面详细介绍在Excel中绘制全年级语文成绩的箱形图的步骤。

---

[1] 恒盛咨询. Excel数据可视化:一样的数据不一样的图表[M].北京:机械工业出版社,2014:129.

步骤一：在Excel中打开全年级的成绩汇总表，分别计算出语文、数学、英语三科的班级中位数和年级中位数（使用中位数而不使用平均数是因为中位数能准确地体现中等水平）。在Excel中中位数用MEDIAN函数实现（具体方法请查看本章第三节）。通过计算得出如图4-37所示内容并选中。

M	N	O	P
	语文	数学	英语
学生成绩	61	87	64
班级成绩中位数	89	92	88
年级成绩中位数	76	83	80

图4-37 做雷达图的成绩数据

步骤二：在"插入"选项卡中选中"推荐的图表" 中的"雷达图"（图4-38）。

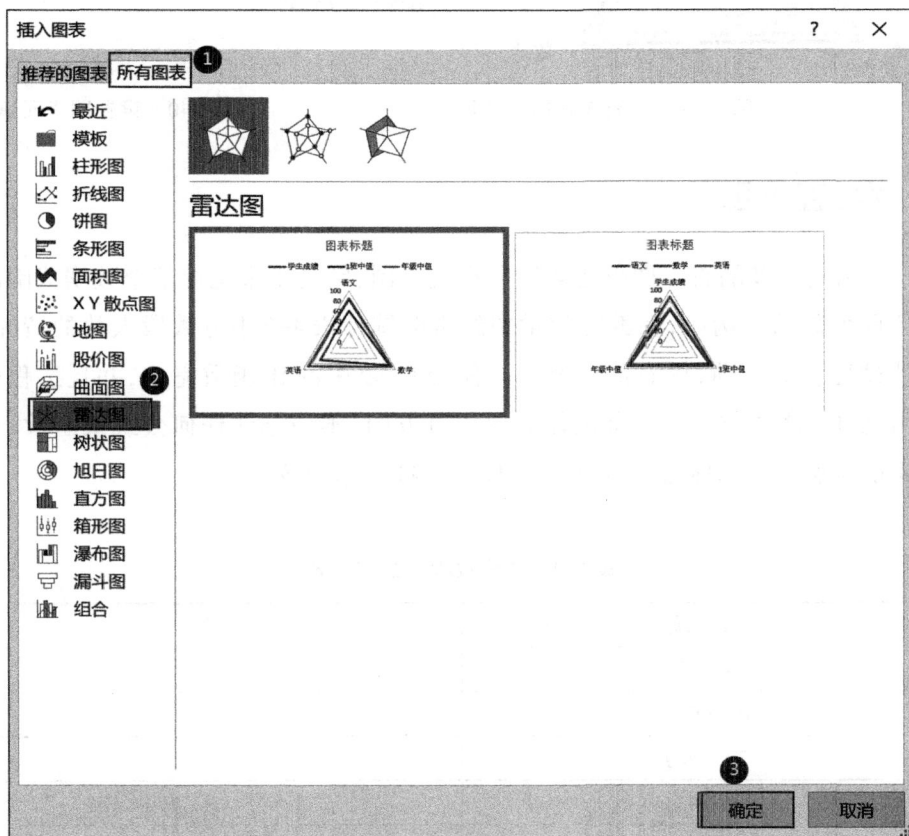

图4-38 插入雷达图

步骤三：得到雷达图（图4-39）。

步骤四：修饰图表。修饰的方法是选中图表后单击图表右上角的"+"号，根据个人习惯勾选其中选项（图4-40）。

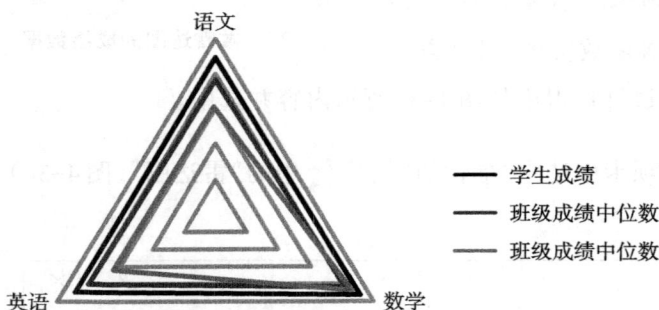

图4-39　三科成绩的雷达图　　　　图4-40　设置图表元素

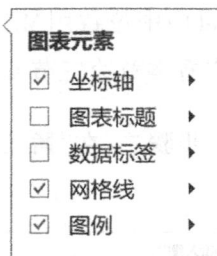

六、直方图[1]

本书所涉及的直方图仅指频数分布直方图，它是用来统计某个数据范围内的数据个数的。例如，在教育教学中经常会统计表4-2中分数段人数的情况，统计过程相对烦琐，仅有部分教师会使用 Excel 中的 IF 函数完成，并且过程中会用到 IF 函数的嵌套，很难记住。使用直方图，不用记住任何公式或函数，只用简单地点击鼠标拖选就可以实现如图4-41所示的效果了。

表4-2　各分数段人数统计表

分数段统计	人数
0~59分	
60~69分	
70~79分	
80~89分	
90~100分	

[1] 徐文彬. 教育统计学思想、方法与应用[M]. 2版，南京：南京师范大学出版社，2012：29.

分数段统计		人数
0~59分人数	59	
60~69分人数	69	
70~79分人数	79	
80~89分人数	89	
90~100分人数	100	
		频率
	59	0
	69	0
	79	2
	89	18
	100	4
其他		0

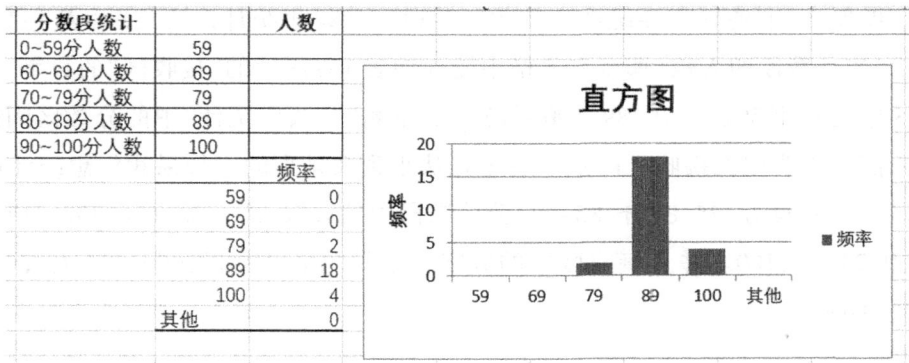

图4-41　分数段人数的直方图

　　需要注意的是,这里的直方图不是使用"插入图表"得到的,"插入图表"中的直方图横轴的坐标是由系统自动生成的,不能随意修改。图4-41中的直方图是由"数据分析"中的"直方图"完成的,使用者可以根据需要进行修改。直方图绘制的具体操作步骤如下:

　　步骤一:准备需要统计分数段人数和制作直方图的全年级成绩的数据文件(图4-42)。

	A	C	D	E	F	G	H	I	J
1	序号	性别	班　级	语文	数学	英语	科学	社会	思品
243	241	女	五(04)班	70	33	56	72	33	36
244	242	男	五(06)班	72	78	45	86	28	28
245	243	女	五(05)班	71	10	59	68	21	32
246	244	女	五(05)班	83	90	73	89	32	38
247	245	女	五(06)班	67	35	41	67	23	25
248	246	男	五(03)班	70	64	79	86	36	31
249	247	男	五(03)班	75	80	80	97	45	42
250	248	女	五(01)班	85	77	87	96	38	44
251	249	男	五(05)班	82	79	65	90	46	39
252	250	男	五(05)班	80	93	67	97	45	40
253	251	男	五(01)班	78	80	45	89	36	36
254	252	女	五(06)班	87	81	89	95	40	42
255	253	女	五(02)班	86	79	89	95	40	38
256	254	女	五(01)班	83	77	76	97	30	41
257	255	男	五(05)班	76	84	58	88	37	39
258									

图4-42　做直方图的数据表格

步骤二：准备好需要统计人数的分数段。如果想统计语文成绩（表4-2中所示）的分数段的人数，那么在表格中输入如表4-3所示的"接收区"的数字，接收区中的数字59、69、79、89、100对应的是左侧"分数段统计"中的分数区间的最大值。需要注意接收区的数字一定是从小到大排列的。如果我们想统计60分以下、60~74分、75~84分，85~100分分数段中的人数，那么接收区的数字应该是59、74、84、100。并且接收区中的数字一定是对应分数段区间的最大值（包含）（表4-3）。

表4-3   各分数段转换表

分数段统计	接收区
0~59分人数	59
60~69分人数	69
70~79分人数	79
80~89分人数	89
90~100分人数	100

步骤三：选择"数据"选项卡中的"数据分析"（图4-43）。

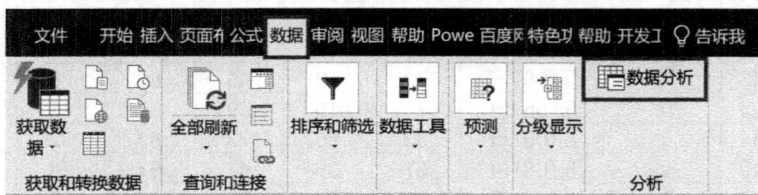

图4-43   "数据分析"选项

步骤四：在打开的"数据分析"对话框中选择"直方图"后单击"确定"（图4-44）。

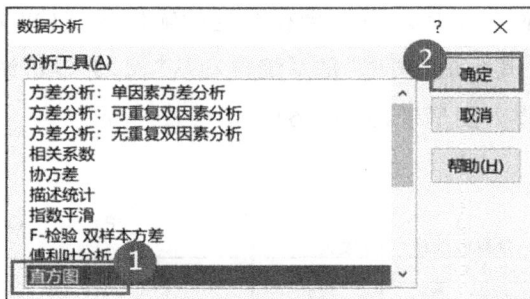

图4-44 "数据分析"对话框

步骤五：在打开的"直方图"对话框（图4-45）中按顺序分别用鼠标拖动选取"输入区域"——需要统计分数段人数的语文成绩所在的单元格区间、"接收区域"——接收区所在的单元格、"标志"——有标题行、"输出区域"——统计结果所在单元格、"图表输出"——需要绘制出直方图。

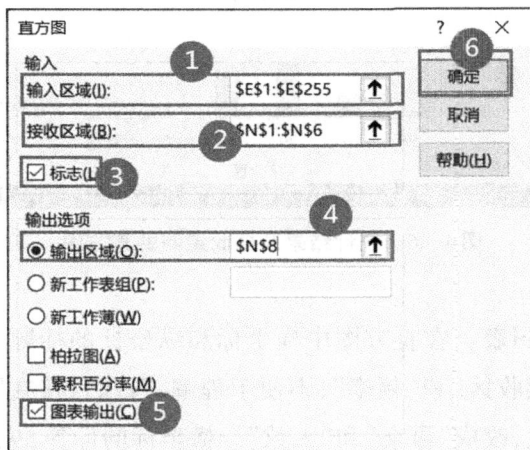

图4-45 "直方图"对话框

步骤六：确认输出结果。系统会在指定的输出区域（N8单元格开始）显示统计出来的结果。其中的"频率"是系统自动从"输入区域"统计出来的各分数段中的人数，并用直方图呈现（图4-46）。

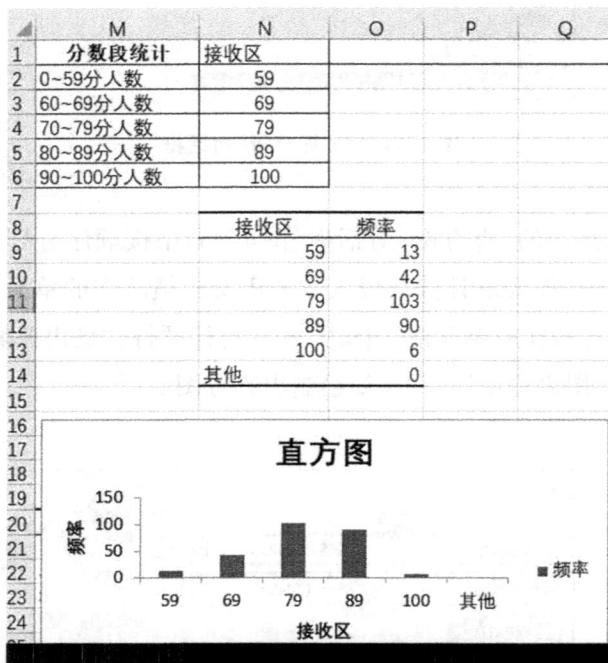

图4-46　统计结果及据此绘制的直方图

步骤七：修饰图表。在直方图中横坐标和纵坐标的标题分别取自"输出区域"的标题——"接收区"和"频率"，不便于理解，可以直接在图中选择横、纵坐标的标题进行修改，改成"语文"和"人数"。横坐标的标签59、69、79、89、100也不利于理解，可以把N9：N14单元格的内容修改成图4-47所示的内容。

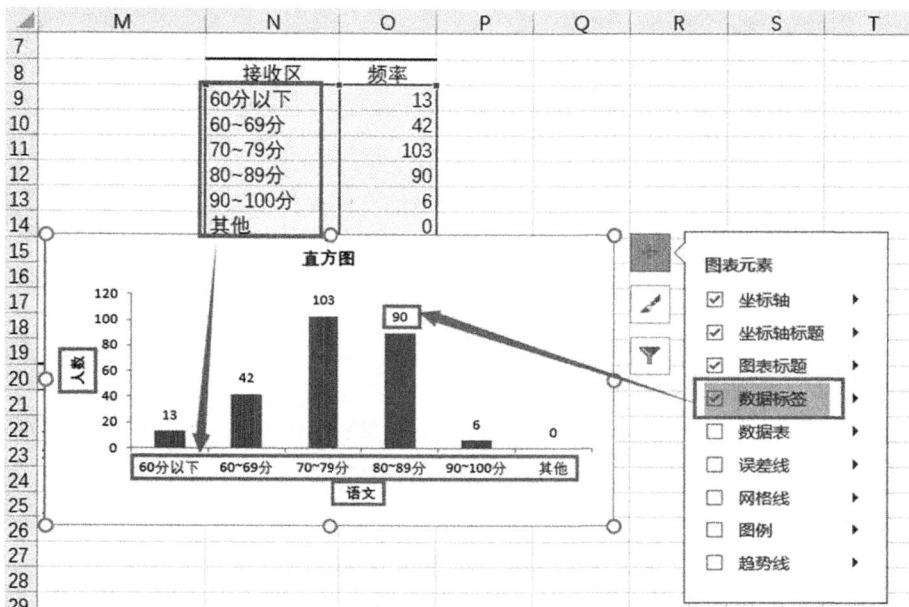

图 4-47　修改图表元素

第五章　如何根据学情分析调控教学

前四章介绍了什么是学情分析，以及怎样获取和分析学情，这一章将从多个角度综合展示在教学中获取学情、分析学情、改进教学的案例。

案例一

本案例来自高老师执教的北京版小学一年级下册"认识图形"一课。展示内容为课前使用问卷星收集学情数据并根据分析结果调整教学目标和教学内容。

以往高老师课前会根据经验判断学情，设计课堂内容。但是在课堂教学实践中往往会遇到各种问题，使得教学效果没有达到预期。在讲授一年级下册的"认识图形"时，高老师在教学1班使用学情分析，在教学2班不使用学情分析，依照以往的情况进行教学。

通过对教学2班学生近一年的观察及对其学习情况的了解，高老师制定的教学目标如下。

（1）初步认识长方形、正方形、平行四边形、三角形和圆的形状与名称，体会"面"在"体"上。

（2）通过操作活动，掌握长方形、正方形、平行四边形、三角形和圆的图形特征，会辨认和区分这5种平面图形。

（3）初步感受图形之间可以相互转化的数学思想，积累数学活动经验。

设计教学过程如图5-1所示。

在教学实施环节，出于对教学2班的观察和经验，高老师发现三点问题。

（1）内容安排过多，课堂教学时间分配不合理，没能完成既定教学目标及任务。设置了7个环节（包括4个小组活动），其中小组活动4"图形的相互转化"仓促完成，学生对图形间的转化感受不深，教学时间内未完成回顾反思环节，整节课效果不佳。

（2）小组活动要求不够明确具体,近1/4的学生没有参与小组活动,活动后期出现闲聊现象。

（3）重点、难点落实不到位,学生提高甚少,仍有一些学生在认知上对基本图形存在困惑。例如,从课后练习反馈中发现学生对平行四边形的认识存在问题,当平行四边形变化了倾斜方向和角度,有的学生就分辨不出了。

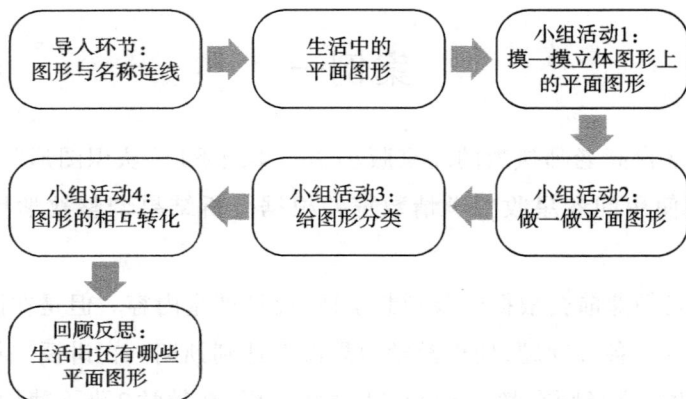

图5-1　教学过程

因此,在对教学1班进行教学之前,高老师依据一年级学生的特点,设计了学情分析调查问卷,问卷题型为简单的选择题(表5-1)。

表5-1　问卷内容

1. 连一连	
2. 下面两个图形是三角形吗? A. 一个是 B. 两个都是 C. 两个都不是	

3. 这些物品上有哪些你认识的图形?(可多选) A. 三角形 B. 长方形 C. 正方形 D. 平行四边形 E. 圆	
4. 猜一猜袋子里可能是什么图形?(可多选) A. 三角形 B. 长方形 C. 正方形 D. 平行四边形	

学生利用问卷星完成,得到问卷数据(图5-2)。

1. 下面两个图形是三角形吗?

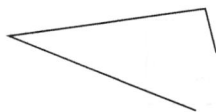

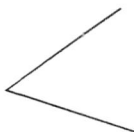

[单选题]

选项	小计	比例
一个是	7	21.21%
两个都是	7	21.21%
两个都不是	19	57.58%
本题有效填写人次	33	

2. 这些物品上有哪些你认识的图形?

[多选题]

选项	小计	比例
三角形	32	96.97%
长方形	32	96.97%
正方形	29	87.88%
平行四边形	6	18.18%
圆	22	66.67%
本题有效填写人次	33	

3. 猜一猜袋子里可能是什么图形?

[多选题]

选项	小计	比例
三角形	18	54.55%
长方形	22	66.67%
正方形	19	57.58%
平行四边形	8	24.24%
本题有效填写人次	33	

图 5-2　问卷统计结果

根据学生作答情况,高老师对每道题都做了深入分析,得到以下分析内容:

（1）判断两个图形是三角形吗？此题共有14位学生答错（42.4%的错误率），说明这些学生对基本图形概念不清，不知道长方形、正方形、三角形等这些平面图形应该是封闭图形，选一个的学生可能将角与三角形混淆了。

（2）在生活物品上找认识的图形。此题大部分学生都找到了长方形、正方形、三角形。此图上没有平行四边形，但有6人选择了平行四边形，有11人没有找到圆。说明这些同学还是不能将生活中的物品与平面图形联系起来，他们的脑海中不能从一个实物抽象出图形，当然这也是难点和重点。因此在课堂上应注重培养学生的空间观念，试着让学生在脑海中建立立体图形与平图形的联系。

（3）猜一猜袋子里可能是什么图形？这是一道多选题，袋子里可能是长方形、正方形、三角形，但不会是平行四边形。学生知道的图形特征没有那么全面，因此完全正确的人数并不太多，但只要学生能发现这不可能是平行四边形，说明他已经知道了平行四边形与长方形、正方形的区别。但也有8人选择了平行四边形，说明在课堂上需要注意引导学生将平行四边形与长方形、正方形进行区分辨认。

在分析过学生的问卷情况后发现，学生都知道图形的名称，但是不是每个学生都知道图形的特征，而且学生关于从实物到图形、从立体到平面的空间感和抽象能力也有不足。因此，高老师对教学目标进行了修改，修改后的教学目标见表5-2。

表5-2　学情分析前后教学目标对比表

学情分析前的教学目标	学情分析后的教学目标
1．初步认识长方形、正方形、平行四边形、三角形和圆的形状与名称，体会"面"在"体"上 2．通过操作活动，掌握长方形、正方形、平行四边形、三角形和圆的图形特征，会辨认和区分这5种平面图形 3．初步感受图形之间可以相互转化的数学思想，积累数学活动经验	1．通过操作活动，初步掌握长方形、正方形、平行四边形、三角形和圆的图形特征，会辨认和区分这5种平面图形，体会"面"在"体"上，积累数学活动经验 2．通过了解图形的广泛应用，感受数学知识与生活的紧密联系

修改后的教学目标去掉了初步认识基本图形的形状和名称,增加了了解图形的广泛应用。把课堂时间集中在掌握基本图形的特征的辨认、区分和应用上,让学生能充分感知生活中的物体和数学中的图形的对应关系,建立空间感,形成初步的抽象能力。

此外,高老师对教学1班的学生还做过学习风格、习惯等调研。调研结果显示如下。

教学1班动觉学习者约占2/3,听觉视觉混合学习者约占1/3。因此高老师将学生按照动觉学习者和听觉视觉混合学习者相结合的方式进行搭配分组。同时又考虑将习惯好的与习惯较差的学生分到一组,利用环境浸染,潜移默化地培养学生的良好习惯。

针对班里约2/3学生是动觉学习者的情况,为了更好地让学生体会"面"在"体"上,以及初步感受图形间是可以相互转化的,高老师采用实践探究,操作体验(摸一摸、画一画、量一量、拓一拓等)的方法帮助学生进行图形的抽象和转化,培养学生的空间观念。针对1/3的学生是听觉视觉混合学习者的情况,为了让学生更好地认识长方形、正方形、平行四边形、三角形和圆的形状与名称,并且会辨认和区分长方形、正方形、平行四边形、三角形和圆这5种平面图形,高老师提供大量直观图形,学生可以通过观察、对比等方法去认识和分辨不同的图形,培养学生的几何直观能力。

主要小组活动环节见表5-3。

表5-3　小组活动

游戏一:摸一摸	游戏二:做一做	游戏三:分一分
游戏要求: 1.先自己摸一摸这些物品的面,看看哪个面上的形状与黑板上的几种图形相同 2.把自己找到的图形在小组内说一说,比一比谁找到的图形更多	游戏要求: 1.小组先讨论,怎样把立体图形上的平面图形搬到纸上 2.利用学具进行操作,看哪组能用更多的方法找到最多的平面图形。 我们组用(　　)方法找到了(　　)平面图形	游戏要求: 1.小组内讨论按形状可以怎样分 2.小组合作给图形分类 我们组按照形状将这些平面图形分成了(　　)类,分别是(　　　　)

在教学实践后，高老师的感受如下。

（1）通过"摸一摸"活动，全班学生都认识到生活中处处可见的物品上都有不同的平面图形，体验"面在体上"；同时感受平面图形都是平平的封闭图形，围成图形的线（边）要首尾相接。

（2）通过"做一做"活动，7个小组中有4个小组可以使用2种以上方法找到至少9个平面图形，3个小组使用1种方法找到至少7个以上平面图形。学生在立体图形上找到平面图形，通过动手操作进一步体会"面在体上"，加深学生对知识的理解，同时调动了学生积极性，利于保持注意力，还培养了学生的空间观念。

（3）在"分一分"活动后，教师进行追问："你怎么知道这几个图形都是长方形呢？长方形和正方形有什么不一样呢？刚才有的小组把长方形和正方形分在一起，它们是不是有什么相同的地方？这些图形里哪个图形最特殊？小组内讨论一下，找到最特殊的一个平面图形，说清楚为什么选它。"一系列的追问让学生知道活动后要有思考，通过分类活动和追问，学生全部明晰了5种平面图形的特征，能辨认区分这几种图形。

未经学情分析前，教学内容安排过多，活动要求不够明确，流于形式，重点、难点落实不到位。经过学情分析后，按照学生的学习风格重新进行分组，并重新制定了教学目标，对教学内容进行了调整、删改，明确了小组活动的具体要求，突破了重点、难点，且学生参与度高，体现了学生的主体地位，提高了课堂效率。

这节课是学生学习平面图形的起始课，平面图形是二维图形，学生虽然有认识立体图形的生活经验及学习经验，但难以在现实生活的三维空间中找到对应原型，所以学生学习平面图形要比学习立体图形困难一些。在教学中，设计"摸一摸""做一做"的游戏活动，充分体现立体图形和平面图形之间的关系，促使学生积极地利用旧知识去探索新知识。精心设计的各种操作活动，可以丰富学生的感知，使他们积累图形认识经验。学生经历从立体图形到平面图形的过程后，认识长方形、正方形、平行四边形、三角形和圆。在平面图形分类的活动中，学生初步掌握了图形的特征，能辨认区分这几种图形。"分一分"游戏活动，让学生在分的过程中感受到不同平面图形的特征，再追问中强化学生对平面图形特征的辨析与区别。

通过这个例子可以看到,凭借经验和普通的观察,虽然能够了解学生的一些行为情况,但是并不能掌握学生的思维情况。通过问卷调查的方式了解分析学情,可以把学生的思维显性化。如果不做这样的分析,凭经验会知道有学生会在图形的特征上有问题,但是不会如此明晰,通过第四题可以看出,即便换了一种问题形式,也有近半数的学生不能找出图形,这就需要教师在课堂中采用多种形式让学生充分感知图形的特征。通过学情分析,在制订教学目标、组织教学内容和选择教学策略的时候教师能够更精准、更有针对性。

案例二

本案例来自徐老师执教的部编版小学三年级"语文"第三单元后的"快乐读书吧"。通过课前设计观察表,课中填写观察表收集学情分析,课后分析学情数据,对教学进行调整。

部编版教材在单元后设置的"快乐读书吧"是课内外阅读沟通的重要桥梁。通过这个栏目,可以引导学生进行课外阅读,不断增加阅读量,体验主动阅读、分享阅读的快乐。教师要注重阅读环境、阅读氛围的营造,让学生愿意参与阅读;注重阅读内容的讨论、阅读过程的分享,让学生敞开交流阅读体会和感受。需要特别强调的是,教师在教学的过程中可以根据与教科书配套的同步阅读材料进行课外阅读指导,采用重点推荐一本、顺便推荐一批的方法,向学生推荐一些适合的课外读物。

三年级上册结合"童话世界"单元,推荐学生阅读童话。"快乐读书吧"以"在那奇妙的王国里"为主题,引导学生阅读中外经典童话。这是对二年级上册"快乐读书吧"读读童话故事和本册"童话世界"单元基础上的提升。学生已经对童话这一体裁有了一定的感性认识,而且这个单元选编了不同作家、不同风格的4篇中外童话:《卖火柴的小女孩》是丹麦作家安徒生的一篇著名的童话,讲述了一个卖火柴的小女孩大年夜冻死在街头的故事;《那一定会很好》讲述了一粒种子长成为一棵大树,随后变成手推车、椅子,最后变成木地板的一段生命历程;《在牛肚子里旅行》是一篇有趣的科学童话,将科学知识与童话完美结合;

《一块奶酪》是一篇情节生动、富有悬念的童话故事。这些童话充满了丰富而奇特的想象，引人入胜，又发人深思。

为了进一步增加学生阅读的兴趣，交流课以班级读书会的形式展开。在学习课文的基础上，以《安徒生童话》这本书为阅读目标，阅读后每个学生都有自己的感悟和理解。所以设计这堂阅读交流课，让学生汇报所读的内容，交流各自的阅读方法，讨论阅读收获、感悟和困惑。这不仅可展示阅读成果，还可在学生原有的基础上提升阅读能力，丰富学生的语言经验，提高学生语言表达能力。

为了能更好地通过课堂观察了解学情，徐老师和她的团队成员共同设计了课堂观察表来记录学生和教师在课堂中的表现（表5-4、表5-5）。

表5-4　学生观察表

研究内容	新课标背景下小学语文阅读教学策略探究（学生版）		
请结合学生在课上对"快乐读书吧"内容的认识及实际反馈情况，分析学生本节课阅读素养的达成。（请结合学生表现进行人数统计，然后对学生这项能力进行简要概述）			
观课反馈	请参照《义务教育语文课程标准（2022年版）》第二学段（3~4年级）阅读与鉴赏、表达与交流、梳理与探究的具体要求	发言情况统计	课堂表现简要描述
	阅读与鉴赏		
	表达与交流		
	梳理与探究		

表5-5 教师观察表

研究内容	新课标背景下小学语文阅读教学策略探究(教师版)		
请结合学生在课上对"快乐读书吧"内容的认识及实际反馈情况,分析学生本节课阅读素养的达成。(请结合学生表现进行人数统计,然后对学生这项能力进行简要概述)			
观课反馈	请参照《义务教育语文课程标准(2022年版)》第二学段(3~4年级)阅读与鉴赏、表达与交流、梳理与探究的具体要求	发言情况统计	课堂表现简要描述
	阅读与鉴赏		
	表达与交流		
	梳理与探究		

(一)观察的维度和观察点

这节课上课之前,分别确定教师和学生的观察维度和观察点,有六位教师负责观察学生的表现。为了便于记录和观察得更加清晰,每一位教师对应一个学习小组,主要观察自己负责小组的学生情况。还有一位教师负责观察授课教师的情况,这是总体的分工。

然后,根据这节课的实际情况,确定了以下具体内容。

研究内容:新课标背景下小学语文阅读教学策略探究。

观察内容:请结合学生在课上对"快乐读书吧"内容的认识及实际反馈情

况,分析学生这节课阅读素养的达成(请结合学生表现进行人数统计,然后对学生这项能力进行简要概述)。

观察维度:阅读与鉴赏、表达与交流、梳理与探究(在语文学习活动中,"阅读与鉴赏"属于输入环节,"表达与交流"属于输出环节,而"梳理与探究"是二者的载体,是语文学习实践中的不可或缺的一方面)。之所以设定这三个观察维度,不仅是根据义务教育语文课程标准的要求,更是为了更好地观察学生在各方面的表现,更好地发现问题,促进学生语文素养的提升。

观察点:发言情况统计、课堂表现简要描述。

有了观察维度和观察点,在课堂上,就知道了应该从哪些方面入手进行观察和分析了。

(二)观察后汇总的数据情况

首先,根据小组学生发言具体情况,进行数据统计,如图5-3所示。

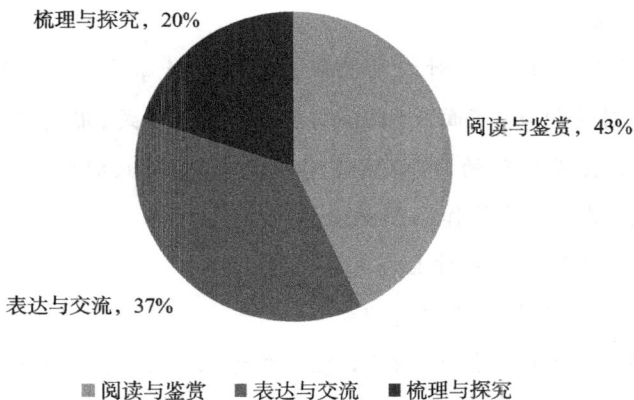

梳理与探究,20%
阅读与鉴赏,43%
表达与交流,37%

■阅读与鉴赏　■表达与交流　■梳理与探究

图5-3　第一次授课小组发言统计

从图5-3中初步可以看出,将近一半的学生具备良好的阅读与鉴赏能力,将近1/3的学生具备良好的表达与交流能力,但是在梳理与研究方面还是有所欠缺。

根据这三个维度,进行具体内容分析。

1. 阅读与鉴赏

有一个地方,小蝌蚪四处寻找自己的妈妈,小壁虎着急地向别的动物借尾巴,雪孩子和小白兔在一起嬉戏玩耍,王子和公主过上了幸福的生活……在那里,一切都有可能发生,一切都妙不可言。

学生思考,猜猜这是什么地方?(童话王国)

引发阅读:同学们,你们喜欢读童话故事吗?

2. 表达与交流

《安徒生童话》创造了一个奇妙的童话王国,这是丹麦作家安徒生送给全世界孩子和大人共同的礼物。卖火柴的小女孩、善良的拇指姑娘、坚定的锡兵、历经磨难的丑小鸭……这些故事,你最喜欢哪一个呢?

学生交流自己的感受。

在 Pad 上给你最喜欢的一个童话故事投票。

根据投票结果请学生分享原因。

3. 梳理与探究

(1)绘制思维导图,加深对人物的认识。童话故事中内容、情节、人物一定给你留下了深刻的印象,下面我们就用思维导图的方式,用选取印象关键词的方法分析一下这里面出现的、给你留下深刻印象的人物,时间 15 分钟。

用 Pad 的拍照功能为你作品拍照上传。

请同学们为自己喜欢的作品送花或点赞。

班级评选,根据人气排名进行班级分享。

【设计意图】利用 Pad 快速整合推送给学生,小组成员根据学情有针对性地交流,做到详略得当。把网络中收集整理的资料、图片,利用 Pad 推送给学生,学生根据了解的知识进行个性化学习。

(2)小结方法,拓展延伸。同学们,童话世界是一个大宝库,像一个瑰丽的花园,让我们继续用绘制思维导图的方法读更多的童话,读更多的书吧。以后我们还会编童话、写童话,继续感受童话的魅力。

【设计意图】由阅读童话延伸到阅读更多的书,给学生一个更广阔的阅读空间,让这一堂课点燃的阅读兴趣燃烧起来。利用 Pad 提供大量与本单元主题相关的文章,学生完成必读文章后,可选择其他材料阅读,一方面扩展深化了主题;另一方面丰富知识,扩大了视野。

（3）读写结合,创新写作。教师布置写作练习:读了那么多童话故事,你的心中一定有很多感受和愿望,一定想创作属于自己的童话故事,请同学们根据习作的要求"我来编童话"中的关键词"国王""啄木鸟""玫瑰花""黄昏""冬天""星期天""厨房""森林超市""小河边"这九个关键词,创作一篇童话故事的开头段落。

学生把作品上传至Pad,同学之间互相浏览与评论。

选取1~3个作品点评和分析。

【设计意图】充分利用Pad交互性强的功能,在学生作品上传后,可选择自己喜欢的作品欣赏,并写简单的评语,在培养写作能力的同时,提高评析能力。

（三）反思

这节课的主要问题在于划分的维度不太清晰,以至于观察的过程中存在一些问题和疑惑。针对这个现状,徐老师认为可以从两个方面进行改进。

1. 以学生的基本能力为出发点进行观察维度的划分

（1）学生的"学"。学生学习维度主要关注怎么学或学得怎样。包括学生的主动性、学生参与的深度与广度、学生的认知表现、学生真实的思维表现、课堂氛围、学生的学习习惯、学生的学习与非学习行为、情绪表现和人际交往、课堂的气氛等。可以通过以下五种学生的学习状态反映出来:参与状态、交往状态、情绪状态、思维状态和生成状态。

（2）教师的"教"。教师教学维度主要关注怎么教的问题,包括教师的教学取向,教学方式,教学环节,教材运用和挖掘程度,教学目标的落实,教师的导引、提问技巧,教师的反馈方法和效果,教师的观察力,调控能力。

2. 以阅读的具体层次为出发点进行观察维度的划分

在这里是指细化阅读,如观察学生层面可以按照基础阅读（认读）,检视阅读（概括、善于抓重点）,分析阅读（理解）,主题阅读（课外拓展、主题、评价）这样的层次,对学生课堂表现进行观察。

经过第一次课堂观察,徐老师分析了通过观察表收到的学情数据,并复盘了课堂教学活动和设计意图,发现课堂观察表给定的每个维度的观察范围太大,在记录课堂观察到的情况时,会出现不知道该把哪些观察现象记录到表格中,或把观察到的所有相关现象都记下来的情况,观察表包含一些无用信息,而且还浪费时间。在对课堂观察表修改后(表5-6、表5-7),进行了第二次课堂观察。

表5-6　修改后的学生观察表

研究内容		新课标背景下小学语文阅读教学策略探究(学生版)	
请结合学生在课上对"快乐读书吧"内容的认识及实际反馈情况,分析学生本节课阅读素养的达成(请结合学生表现进行人数统计,然后对学生这项能力进行简要概述)			
	能力	观察点	观察结果
观课反馈	阅读与鉴赏	1. 有多少学生可以用普通话正确、流利、有感情地朗读课文 2. 有多少学生能初步把握文章的主要内容,体会文章表达的思想感情 3. 有多少学生能初步感受作品中生动的形象和优美的语言,能与他人交流自己的阅读感受 4. 有多少学生能阅读整本书,初步理解主要内容,主动和同学分享自己的阅读感受	
	表达与交流	1. 有多少学生能用普通话交谈,会认真倾听,能用口头、书面的方式与人交流沟通 2. 有多少学生能清楚说出自己的感受和想法 3. 有多少学生能具体、生动地讲述故事 4. 有多少学生能把自己的想法写清楚	
	梳理与探究	1. 有多少学生能在活动中学习语文,能与他人合作 2. 有多少学生能积极思考,能运用书面或口头方式,并可尝试用多种媒介,呈现自己的观察与探究所得 3. 有多少学生能提出学习和生活中的问题,有目的地收集资料,共同讨论 4. 有多少学生能尝试运用语文并结合其他学科知识解决问题	

表5-7　修改后的教师观察表

研究内容	新课标背景下小学语文阅读教学策略探究（教师版）
请一边记录本节教师的提问，一边用自己喜欢的方式进行记录	
观课反馈	本节课的主要问题
	1.
	2.
	3.
	4.
	5.
	6.
	7.
	8.
	9.
	10.

较上一次授课改进如下。

由于在第一次授课的时候发现观课维度的设计存在一些问题，观课教师在观课的时候不知如何记录，所以第二次的授课在课堂观察维度上进行了改变。学生学习情况观察维度包括阅读与鉴赏、表达与交流、梳理与探究三个部分，并且在观察点的选择上也更加细化，更加贴近学生的实际，如"有多少学生可以用普通话正确、流利、有感情地朗读课文""有多少学生能用普通话交谈，能认真倾听，能用口头、书面的方式与人交流沟通"。这些问题的设计一目了然，不仅便于记录，也更能体现"从课堂中来"的观点。但是"在教师提问及引导情况记录表"的设计上，虽然给予观课教师更多的记录空间，但是如何区分一节课的重点、难点，如何做到全面、有方向，却存在一些问题，在记录的时候有一些困难。

最重要的一点是，在课程设计方面，教师有意识地锻炼学生三个方面的能力，不仅注重阅读与鉴赏方面的熏陶，也创设了大量的机会以便于学生表达与交流。例如，"你可以用自己的话再给同学们讲一遍这个故事吗？"更是在问题设置上锻炼学生的思维能力；又如，"对于这个故事的主人公，你能联系实际分析一下这个人物形象吗？"，真正发挥梳理与探究的实际作用。所以，在第二次授课的过程中,阅读与鉴赏、表达与交流、梳理与探究三个方面都有所侧重,比例也在慢慢缩小,学生得到的锻炼也更加全面。具体的统计结果如图5-4所示。

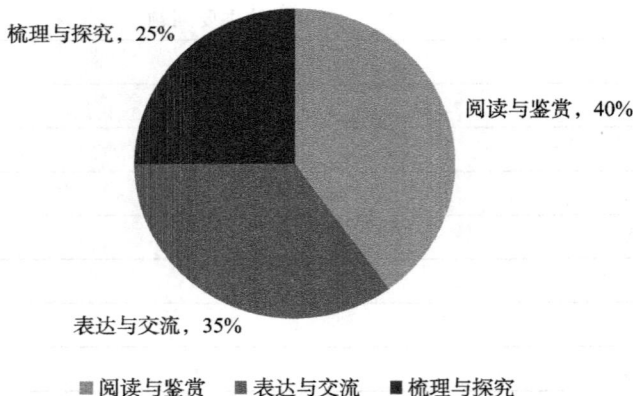

■阅读与鉴赏　■表达与交流　■梳理与探究

图5-4　第二次授课时学生三种能力统计图

针对第二次课堂观察中发现的问题,徐老师对观察表又进行了改进,并增加了座位表(表5-8、表5-9、表5-10),方便观察记录每位学生的表现。

表5-8　再次修改后的学生观察表

研究内容	新课标背景下小学语文阅读教学策略探究(学生版)			
请结合学生在课上对"快乐读书吧"内容的认识及实际反馈情况,来分析学生本节课阅读素养的达成(请结合学生表现进行人数统计,然后对学生这项能力进行简要概述)				
		观察点	观察结果	观课感受
观课反馈	阅读与鉴赏	1. 有多少学生可以用普通话正确、流利、有感情地朗读课文 2. 能初步把握文章的主要内容,体会文章表达的思想感情 3. 能初步感受作品中生动的形象和优美的语言,能与他人交流自己的阅读感受 4. 能阅读整本书,初步理解主要内容,主动和同学分享自己的阅读感受		

续表

研究内容	新课标背景下小学语文阅读教学策略探究（学生版）				
请结合学生在课上对"快乐读书吧"内容的认识及实际反馈情况，来分析学生本节课阅读素养的达成（请结合学生表现进行人数统计，然后对学生这项能力进行简要概述）					
观课反馈		观察点		观察结果	观课感受
	表达与交流	1．有多少学生能用普通话交谈，学会认真倾听，能用口头、书面的方式与人交流沟通 2．能清楚地说出自己的感受和想法 3．能具体生动地讲述故事 4．能把自己的想法写清楚			
	梳理与探究	1．能在活动中学习语文，能与他人合作 2．能积极思考，能运用书面或口头方式，并可尝试用多种媒介，呈现自己的观察与探究的所得 3．能提出学习和生活中的问题，有目的地收集资料，共同讨论 4．能尝试运用其他语文并结合其他学科知识解决问题			

表5-9　再次修改后的教师观察表

研究内容	教师提出的问题对于学生阅读的有效性研究（教师版）	
请一边记录本节教师的提问，一边用自己喜欢的方式进行记录。		
观课反馈	本节课的主要问题	此问题对应的阅读策略
	1．	
	2．	
	3．	
	4．	
	5．	
	6．	
	7．	
	8．	

表5-10　学生座位表

座位	讲台					
	1	2	3	4	5	6
1						
2						
3						
4						
5						

较上一次授课改进如下。

第三次授课在"学生学习情况的课堂观察记录表"的设计上更加精准和完善,在"教师提问及引导情况观察记录表"的设计上更有维度、更为明了,更加注重对学生阅读与鉴赏、表达与交流、梳理与探究三个方面的训练。基本达到三种能力均衡的情况(图5-5),并且增加了评价项目,问题指向、问题呈现方式、问题类型、问题层次、提问对象、学生回答的方式、教师理答等,这样使观课教师在记录的过程中更加清晰、更有效果,而且座位图的设计,在记录的时候能够清楚地知道每个学生在课堂上的具体情况。

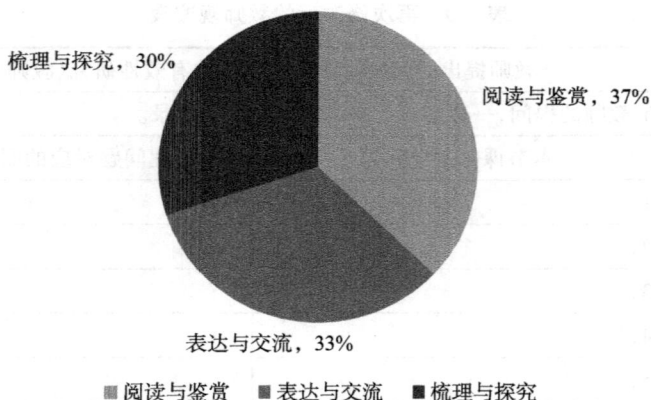

图5-5　第三次授课学生三种能力统计

通过三次课堂观察可以看到,要想利用观察法获取学情,一定要设计好观察表,而且观察表不一定一次就能设计好,这是我们刚开始使用观察法获取学情时经常遇到的问题。要想设计好观察表中的观察点:一是可以从网上查找跟我们的观察目的相似的现成观察表,在此基础上进行修改;二是像徐老师这样先根据观察目的设计一个初表,在实际观察中找出不足,再经过观察实践修改完善观察表,直至符合我们的预期。使用设计好的观察表收集到的数据才更具针对性、更精准。在分析整理学情数据后,可以根据数据的特点及想要表述的目的,选择适当的可视化图表表述。在徐老师的案例中,想要表述的是三种能力的比例情况,因此采用了饼图的形式,这种形式能够更好地展示出与预期三种技能1:1:1的情况的差距。

案例三

本案例来自卢老师执教的部编版小学《语文》六年级上册《浪淘沙》。本案例是在课中利用 Pad 和阳光 e 课堂虚拟学校平台收集学情数据,并根据分析结果及时调整讲课的内容。

要了解学生的真实起点,可以是教师向他们提出问题。例如,你们从这篇文章中读出什么? 说说这篇文章写了哪几个方面的内容等。我们可以通过学生对教师问题的回答来判断他们的掌握程度,从而合理安排教学内容。在讲授《浪淘沙》一诗的时候,我在学生已经突破了生字词障碍后,梳理自己收集到的资料,利用虚拟学校平台的讨论功能谈自己的理解,提出自己的问题(图5-6)。

图5-6　借助虚拟平台评估学生的真实起点

学生们对于问题"你从哪里体会到了黄河的磅礴气势?"讨论的最为热烈。于是我根据真实的情况,将该问题置顶,设置为讨论的核心问题。学生采取发帖的形式用语音、图片和文字等形式阐述自己的观点。随后教师选取具有代表性的发言,进行投屏展示。

除此之外,我们还要鼓励学生积极提出问题。学生在自主学习过程中,能自行解决很多问题,但是依旧会存在一些无法解决的问题,这就是他们最期待的学习内容。教师可以通过了解他们的疑问而掌握学情,从而依据实际学情来进行教学。在《浪淘沙》一课的学习中,借助虚拟学校平台的讨论功能,设置了让学生进行自主提问的任务。全班二十六位同学全部参与到讨论中(图5-7)。教师通过对学生提问情况的梳理,发现了学生的焦点主要集中在两个方面:

(1)主要内容方面:刘禹锡笔下的黄河具有什么特点?

(2)中心思想方面:这首诗传达出作者怎样的人生态度?

通过这个教学环节,结合本单元的人文主题和语文要素,依据学生的真实情况,以他们感兴趣的点为学习的真实出发点。

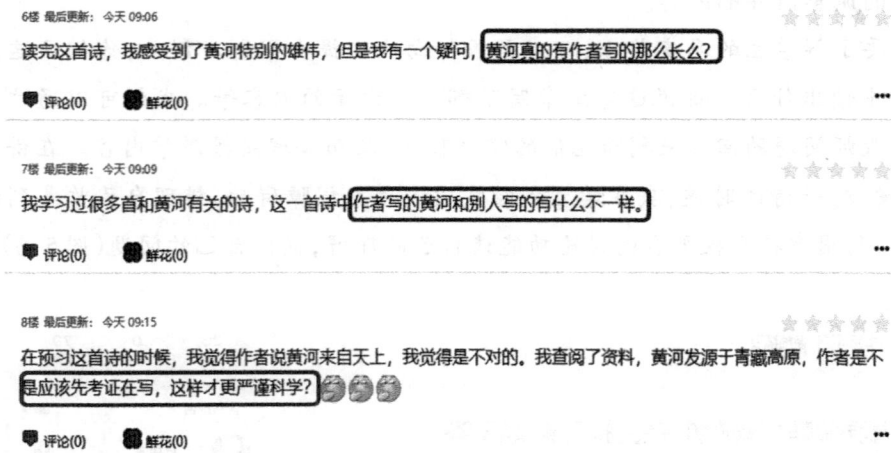

6楼 最后更新:今天 09:06

读完这首诗,我感受到了黄河特别的雄伟,但是我有一个疑问,黄河真的有作者写的那么长么?

评论(0)　　鲜花(0)

7楼 最后更新:今天 09:09

我学习过很多首和黄河有关的诗,这一首诗中作者写的黄河和别人写的有什么不一样。

评论(0)　　鲜花(0)

8楼 最后更新:今天 09:15

在预习这首诗的时候,我觉得作者说黄河来自天上,我觉得是不对的。我查阅了资料,黄河发源于青藏高原,作者是不是应该先考证在写,这样才更严谨科学?

评论(0)　　鲜花(0)

图5-7　借助虚拟平台引发学生激烈讨论

在初读古诗的环节,我让学生打开语文书,自由地朗读古诗。透过学生的朗读,发现学生读"曲"和"簸"时的读音不准确,我想到用据意定音的方法来帮助学生突破这个学习障碍。于是，借助虚拟平台的投票功能，给学生出示了一道测试题（图5-8）。

"九曲黄河万里沙"中的曲正确的读音是什么？"浪淘风簸自天涯"中的簸正确的读音是什么？请你说明理由。（　　　　）

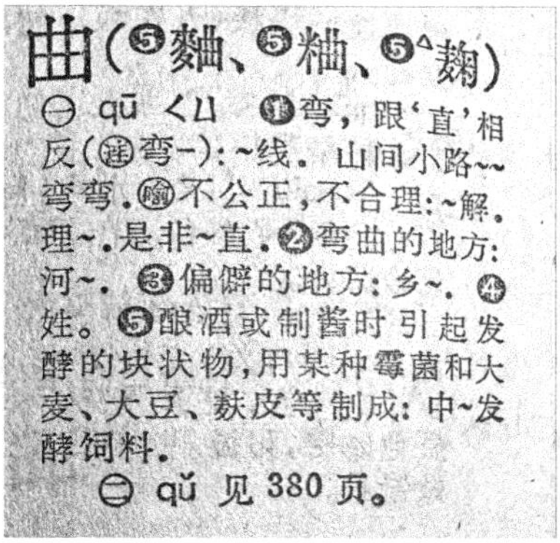
曲（⑤麯、⑤粬、⑤^麴）
㊀ qū ㄑㄩ ❶弯，跟'直'相反（㊀弯-）：~线．山间小路~~弯弯．㊐不公正，不合理：~解．理~．是非~直．❷弯曲的地方：河~．❸偏僻的地方：乡~．❹姓。❺酿酒或制酱时引起发酵的块状物，用某种霉菌和大麦、大豆、麸皮等制成：中~发酵饲料．
㊁ qǔ 见380页。

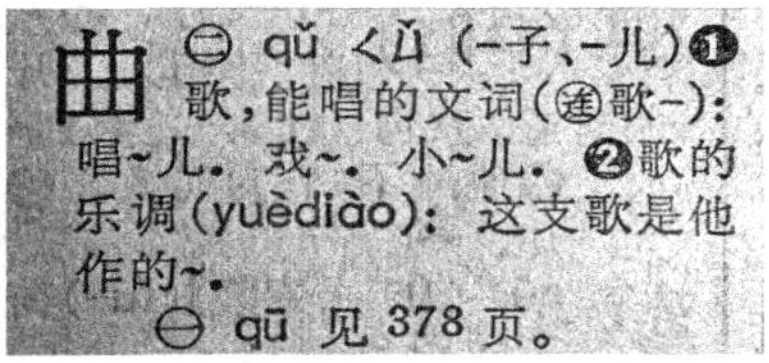
曲 ㊁ qǔ ㄑㄩˇ（-子、-儿）❶歌，能唱的文词（㊀歌-）：唱~儿．戏~．小~儿．❷歌的乐调（yuèdiào）：这支歌是他作的~．
㊀ qū 见378页。

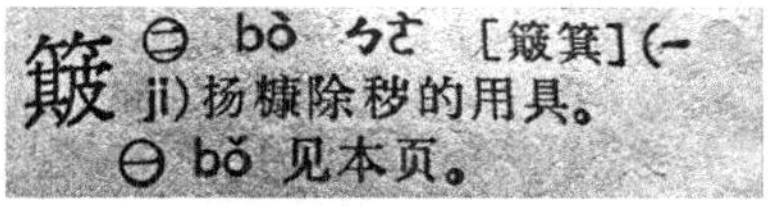
簸 ㊀ bò ㄅㄛˋ [簸箕]（-ji）扬糠除秽的用具。
㊁ bǒ 见本页。

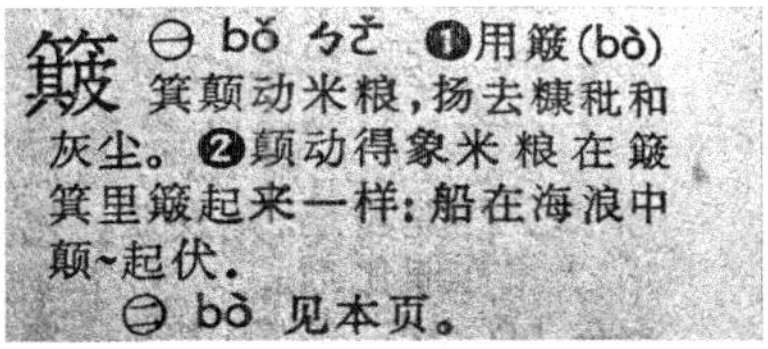
簸 ㊁ bǒ ㄅㄛˇ ❶用簸（bò）箕颠动米粮，扬去糠秕和灰尘。❷颠动得象米粮在簸箕里簸起来一样：船在海浪中颠~起伏．
㊀ bò 见本页。

A. qū　bò　　B. qū　bǒ　　C. qǔ　bò　　D. qū　bǒ

图5-8　借助虚拟平台出的测试题

课堂上学生的反馈情况显示有19%的同学没有选择出正确的读音（图5-9），说明这两个字的读音是本课需要关注的。虚拟平台的投票功能不仅检测了学生对知识的掌握情况，还针对本课易读错字进行了强化知识记忆，为本节课学习古诗《浪淘沙》奠定基础。

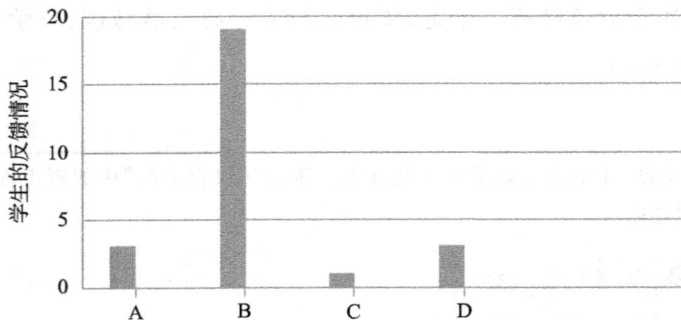

图5-9 虚拟平台统计出的投票结果

在《浪淘沙》一诗的学习中感受作者的乐观与旷达是学习难点。在课前的预习讨论中也暴露出这个问题。有的学生认为这首诗传达作者避世的思想,有的人认为表达的是作者的积极乐观(图5-10)。

4楼 最后更新: 11月24日 15:39

刘禹锡一生坎坷挫折,透过这样一首古诗,我感受到了他的人生不如意,他的悲观。他想直上银河,去躲避现实。这首诗传达出了他的避世思想。

评论(0) 鲜花(0)

5楼 最后更新: 11月24日 20:16

通过预习这首诗和查阅资料,我发现虽然诗人一生特别的不顺利,但是他总能积极乐观的面对困难和挫折。我们应该学习他的积极向上。这首诗传达出来的也是一种正能量的内容

评论(0) 鲜花(0)

图5-10 借助虚拟平台围绕学习难点进行讨论

于是,借助虚拟学校的资源拓展功能,给学生准备了三份拓展资源,来营造学习氛围。首先出示一份历史材料:据《博物志》记载,汉武帝曾派张骞出使大夏,寻找黄河的源头。张骞走了一个多月,终于在黄河的源头—银河,见到了织女和牛郎,看到两人过着幸福的生活。通过牛郎与织女的典故,让学生感受到牛郎织女的幸福。随后出示《浪淘沙》其六、其八对于淘金者悲惨生活的描述,让学生感受淘金者正是因为现实生活的艰苦才对于美好幸福生活有着无限向

往,深化对主题的认识。最后拓展作者生平的介绍,让学生感受作者逆流而上的一生也恰恰来自这种向往,从而感受作者的积极向上(图5-11)。

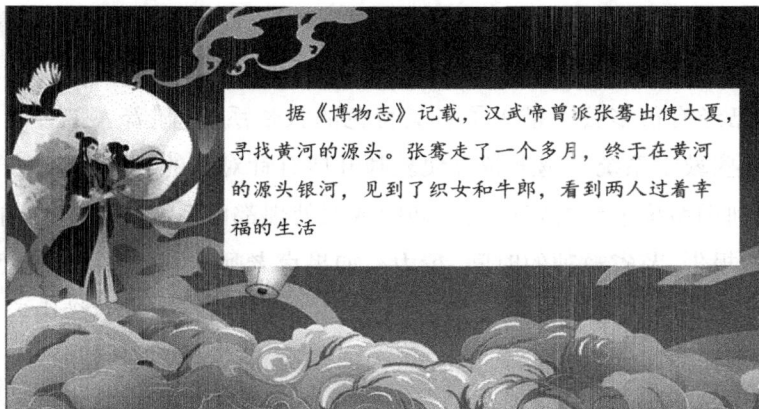

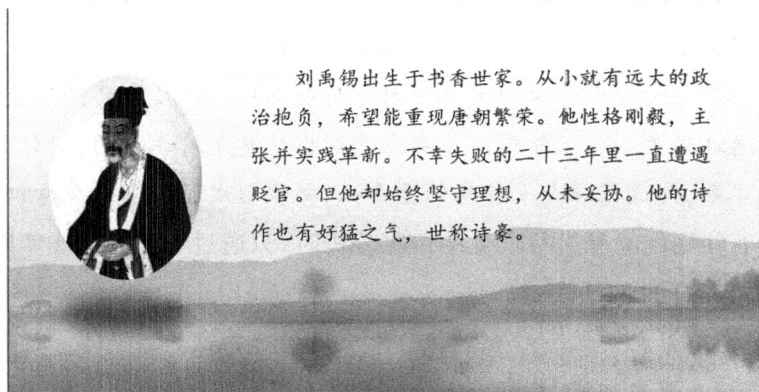

据《博物志》记载,汉武帝曾派张骞出使大夏,寻找黄河的源头。张骞走了一个多月,终于在黄河的源头银河,见到了织女和牛郎,看到两人过着幸福的生活

浪淘沙《其六》
美人首饰王侯印,尽是沙中浪底来。

浪淘沙《其八》
千淘万漉虽辛苦,吹尽狂沙始到金。

刘禹锡出生于书香世家。从小就有远大的政治抱负,希望能重现唐朝繁荣。他性格刚毅,主张并实践革新。不幸失败的二十三年里一直遭遇贬官。但他却始终坚守理想,从未妥协。他的诗作也有好猛之气,世称诗豪。

图5-11　利用虚拟平台围拓展更多学习资源

　　循序渐进的有层次的资源拓展,为学生搭建了学习的台阶,让学生积极主动的进行探索研究,成为积极的学习者。

　　在这个案例中,卢老师利用了阳光e课堂虚拟学校系统+Pad实现课中设置讨论、布置任务、设置习题,随时收集学生在学习过程中的学情。实时掌握课堂生成中的学情,并把得到的学情及时反馈到课堂中,让课堂更高效。

　　现在已经有很多公司推出了各具特色的教学系统,随着人工智能、大数据的普及,这些教学系统会越来越方便教师开展有针对性的教学和学生自主个性化学习。利用系统平台的好处是后期的数据处理都由系统完成,并且能够生成各种图表、报告,节省教师的时间、精力。如果卢老师使用的系统平台可以在课堂中随时发现问题、随时布置任务、随时收集数据、随时调整教学内容,那么会更方便教师把握课堂生成的学情信息,为课堂提质增效提供数据基础。

案例四

　　本案例来自陈老师执教的"《信息技术》三年级第一单元"我们生活在信息社会中"《信息社会》一课。本案例展示的是利用问卷星收集分析学情数据,并以此为依据调整教学目标和教学内容。

　　在没有利用问卷星进行学情分析前,教师通过经验对学生情况进行基本的分析。

　　本课的教学对象是我校三年级的学生。学生在信息技术学科的教学过程中,就接触过计算机。从与学生的交流中发现,学生有了解计算机与信息技术关系的学习诉求。综合分析学生本单元前六节课的学习情况和学习效果反馈,认为学生存在上述学习诉求的重要原因是对信息和信息技术的认识模糊。

　　学生通过思考、分析,能够以自身感受说出信息是有真假的,对计算机病毒有一定的了解,知道保护个人信息的重要性,初步形成了信息安全意识。

　　在没有使用问卷星进行学生的情况分析时,只通过学生的操作实际情况及教材的要求制订的学习目标如下。

　　(1)提高对信息的敏感性和对信息价值得判断力。

　　(2)经过本课的学习,具有一定的信息安全意识与能力。

（3）能够遵守信息法律法规。

（4）在现实生活和虚拟空间中遵守公共规范。

学习过程及任务群如图5-12所示。

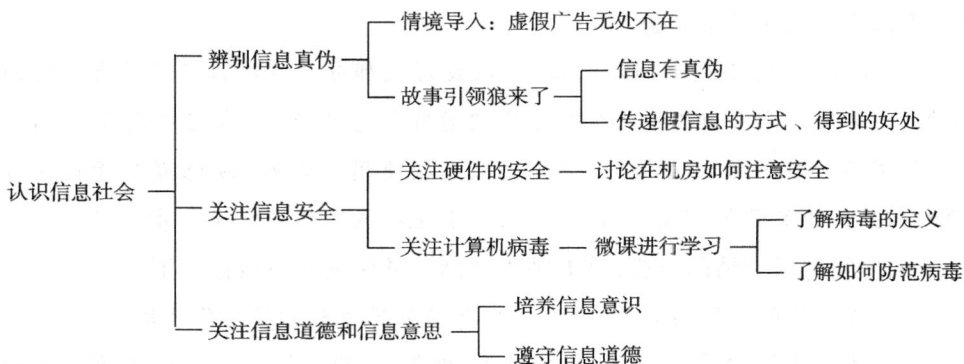

图5-12　认识信息社会任务群

由于陈老师没有进行学情分析,在课堂教学中出现了一些问题:

（1）因为任务的不明确造成小组合作的分工不够明确,在组内交流之前,每个学生先独立思考、自学,组内交流方式以组长为中心的发言,其他组员没有发言。

（2）在教学过程中,由于不能贴合学生的实际情景,学生对教师布置的很多任务不够了解,这就造成学生目标的完成度不高,学生不能回答教师提出的问题,教师只能自圆其说,无法体现学生的主体地位。

之后,陈老师在另一个教学班课前,根据学生情况利用问卷星做了学情的收集和分析,得到的结果如下。

本班学生共有34名学生,其中男生和女生的比例各为50%,大部分的学生能够掌握鼠标的操作,但是不够熟练,能够对窗口进行简单的操作。

对学生的生活习惯进行调查,28名学生家中有电脑,6名学生没有。其中50%的学生会利用电脑或者手机每天上网,并进行信息获取,通过当手机微信中收到"恭喜您中奖了,点击链接您可以获得200元的红包"信息时,你是否会怀疑这条信息的真伪？和当你看到"恭喜你中奖了,点击链接您可以获得200

元红包奖励"之后,你如何判断这条信息的真伪?,可以看出大部分学生对接到的信息有真伪的判断力,但是如何判断信息的真伪还需要进一步的学习。

通过"在网络上认识的新朋友,询问我的个人信息时(姓名、手机号、学校等)我认为告诉对方没有关系"问卷分析,能够看出学生有一定的信息安全的意识,很注意自己的信息安全。

通过对12~15小题的问卷进行分析,发现大部分学生对信息道德有一定的了解,大部分同学知道在网络空间中需要遵守信息道德,如第12小题和第13小题,知道不会在网络上直接下载的东西,直接使用。又如,第15题对于信息道德的相关知识的了解程度不够,所以在信息道德的具体内容进一步学习。

根据问卷星学情的分析,陈老师重新制定学生的学习目标如下。

(1)在信息的获取能力上,提高对信息的敏感性和对信息价值的判断力。

(2)经过本课的学习,在信息的加工、处理、存储、传递过程中,具有一定的信息安全意识与能力。

(3)在现实生活和虚拟空间中,在信息的获取,加工、处理存储的过程中,遵守信息道德,遵守公共规范。

根据课前学生情况分析制定相应的学习任务群,如表5-11所示。

表5-11　教学过程

教学过程(应用计划)			
教学环节	教师活动	学生活动	信息技术作用分析
课前问卷分析	课前利用问卷星进行学情分析,老师发问卷	学生利用机房进行自主作答	利用问卷星做学生情况分析
讲授新课任务分析	任务一:辨别信息真伪 播放PPT中的视频 布置问题小组合作讨论并回答	观看视频	利用真实视频情境,引发学生学习兴趣

教学环节	教师活动	学生活动	信息技术作用分析
	任务二：关注信息安全 视频案例（因为个人信息被盗产生骚扰电话）	小组合作	利用小组合作完成
	讨论1. 个人信息被盗的原因	观看案例	利用微课，让学生自主学习； 通过小组讨论提高学生信息安全意识
	2. 讨论如何防范被盗。 让学生利用微课自学（木马病毒的危害）	学生自学微课； 小组讨论汇报	知道个人信息的安全； 知道病毒也是信息安全中的重要部分
	任务三：关注信息道德 播放PPT，让学生自主阅读材料； 小组讨论回答问题	学生自学材料； 小组合作讨论并回答问题	通过观看自主阅读材料提高学生遵守信息道德的意识

在课堂上，结合学生真实的生活场景进行引入。

师：同学们，在前面的几节课中，我们已经学习了许多信息和信息技术的相关知识，今天让我们一起来认识信息社会。

师：在我们的日常生活中，我们时刻面对这信息的获取、加工、处理和存储。

师：你能举一个在我们日常的生活中获取信息、加工、处理、存储及信息再传递的例子么？

生：我们这次打疫苗的通知就是信息的获取。教师让家长在微信群里回复打疫苗的情况，先获取教师让接龙的信息，后对接龙的内容进行编辑处理，然后保存，这就是对信息的加工、处理和保存。保存完了在发到微信群就是信息的再传递。

这一真实的情境,还原了信息是可以获取、加工、处理、存储和传递的。从而引出下面3个任务。

每个任务的提出都是根据问卷星收集的学生学情分析得出的结果(表5-12)进行设计的。调动学生的积极性和参与度,学生在每一个任务完成时,都是学生自主地学习,自主地进行小组讨论并汇报,充分地体现了以学生为中心的思想。

表5-12 认识信息社会学生学习情况调查

第1题 你的性别 [单选题]

选项	小计	比例	
男	17		50%
女	17		50%
本题有效填写人次		34	

第2题 你是否会使用鼠标进行窗口操作。 [单选题]

选项	小计	比例	
会使用,但不熟练。	10		29.41%
熟练使用。	23		67.65%
不会使用。	1		2.94%
本题有效填写人次		34	

第3题 你的家中有计算机么? [单选题]

选项	小计	比例	
有	28		82.35%
没有	6		17.65%
本题有效填写人次		34	

第4题　你每天会上网(包括使用手机上网)？　[单选题]

选项	小计	比例
会	17	50%
不会	17	50%
本题有效填写人次		34

第5题　你是用计算机(手机)上网如何获取信息？　[多选题]

选项	小计	比例
看视频	11	32.35%
和同学聊QQ或者微信	12	35.29%
查资料	28	82.35%
上官方的信息网址获取信息如了解新闻或天气预报等	14	41.18%
本题有效填写人次		34

第6题　当手机微信中收到"恭喜您中奖了,点击链接您可以获得200元的红包"信息时,你是否会怀疑这条信息的真伪？　[单选题]

选项	小计	比例
会怀疑	32	94.12%
不会怀疑	2	5.88%
本题有效填写人次		34

第7题　当你看到"恭喜你中奖了,点击链接您可以获得200元红包奖励"之后,你如何判断这条信息的真伪性？　[多选题]

选项	小计	比例
和微信的好友进行求证	3	8.82%
是否符合常理	22	64.71%
问一问家长	30	88.24%

续表

选项	小计	比例
本题有效填写人次		34

第8题　你是否听说过微信或者游戏的账号被盗这样的事件？　[单选题]

选项	小计	比例	
听过	24		70.59%
没听过	10		29.41%
本题有效填写人次		34	

第9题　你听说微信被盗后，骗子会伪装成你的模样，和你的朋友借款这样的事件信息吗？　[单选题]

选项	小计	比例	
听说，没有经历过	27		79.41%
听说过，也经历过	0		0%
没有听过	7		20.59%
本题有效填写人次		34	

第10题　你认为微信被盗的原因是什么？　[多选题]

选项	小计	比例	
手机感染木马病毒	12		35.29%
个人信息的泄露	28		82.35%
不知道原因	5		14.71%
本题有效填写人次		34	

第11题　在微信聊天时，有不熟悉的网友或者陌生人要你的个人信息（真实姓名、学校、联系电话等），你认为告诉对方也没什么关系？　[单选题]

选项	小计	比例	
非常符合	2		5.88%
比较符合	1		2.94%
比较不符合	1		2.94%

续表

选项	小计	比例
非常不符合	30	88.24%
本题有效填写人次	34	

第12题　你在微信和网友聊天时，当网友诋毁你的偶像时，你会使用不文明的用语和他交谈吗？　[单选题]

选项	小计	比例
会	4	11.76%
不会	30	88.24%
本题有效填写人次	34	

第13题　你认为在虚拟的网络世界里需要遵守道德吗？　[单选题]

选项	小计	比例
需要	33	97.06%
不需要	1	2.94%
本题有效填写人次	34	

第14题　当作业实在做不出来的时候，我会去网上搜答案然后直接下载后，抄下来？[单选题]

选项	小计	比例
会	2	5.88%
不会	32	94.12%
本题有效填写人次	34	

第15题　我对信息法规、信息安全、网络暴力和网络诈骗等信息道德知识有所了解。[单选题]

选项	小计	比例
非常符合	6	17.65%
比较符合	8	23.53%
比较不符合	20	58.82%

续表

选项	小计	比例
完全不符合	0	0%
本题有效填写人次		34

案例五

本案例来自高老师执教的北京版小学数学三年级下册第二单元乘法"两位数乘两位数"。本案例展示的是在课前使用问卷星收集学情数据并分析的,同时在课后利用作业检验教学效果。

高老师依据以往教学经验以及对学生的了解,制定的学习目标及重难点如下。

学习目标:1. 知道两位数乘两位数的算理,掌握两位数乘两位数的笔算方法。

2. 通过应用两位数乘两位数竖式计算解决问题,感受数学知识与生活的密切联系。

学习重点:探究并掌握两位数乘两位数竖式计算的方法。

学习难点:理解两位数乘两位数的算理。

学习方法:自主探究、合作交流等。

本课的教学效果不理想,高老师发现在学生探究两位数乘两位数竖式计算的时候,还是有学生无法理解十位上的数乘下来的得数为什么要错位写,导致在自主探究过程中有学生不知道做什么。

为了更好地了解学生的知识经验基础,找到学生最近发展区,设计更加符合学生的学习方案。高老师以调查问卷的形式进行了学前调查。问卷内容及结果见表5-13。

表5-13 问卷内容及统计结果

调查问题		你会计算14×12吗？写出你能想到的所有解决问题的方法，尽可能详细地记录你的思考过程				
解决问题的方法		调查人数	使用此方法的人数	占比	使用此方法的人数	占比
乘法意义	14个12连加	30	5	16.7%	8	26.7%
	12个14连加	30	7	23.3%		
因数拆分	14×10＋14×2	30	8	26.7%	11	36.7%
	10×12＋4×12	30	6	20%		
	14×6×2	30	3	10%		
	14×5＋14×7	30	1	3.3%		
竖式计算	三个竖式	30	2	6.7%	11	36.7%
	一层积	30	4	13.3%		
	二层积	30	5	16.7%		

通过对问卷的分析，高老师发现：

学生运用乘法意义解决问题的有8人，运用拆分因数解决问题的有11人。乘法意义（几个几相加）和多位数乘一位数是学生已有的经验，这些经验给学生从"拆分"的角度解决两位数乘两位数创造了可能。通过分析数据可以看出学生已经具备了算法多样化的基础，也基本具备了将未知转化为已知解决问题的能力。

学生列竖式计算两位数乘两位数出现3种情况，2位学生是将拆分的横式用两位数乘一位数的竖式形式表达，写出了三个竖式，凸显了"理"，但没有出现两位数乘两位数竖式的"法"；4位学生直接将计算结果写在竖式的下面，无法体现计算的"法"和"理"；还有5位学生写出了两层积的形式计算正确，个别追踪访谈后发现其中4人是基于课前预习或家长讲解得来的方法，但第二层积末尾为什么要和十位对齐或者第二层个位是否写"0"说不清楚，说明学生虽然掌握了竖式的"法"，但不明白其中的"理"，"理""法"是脱节的。

基于以上分析，高老师认为要加强几何直观、横式计算与竖式计算每一步之间的勾连，从直观到抽象，将算理与算法有机融合，为学生搭起理解的台阶，

在"理"中探究"法",在"法"中明晰"理"。因此,修改了本节课的学习目标及学习重难点等如下:

学习目标:

(1)在具体情境中理解两位数乘两位数的算理,掌握计算方法,能够进行正确计算。

(2)经历两位数乘两位数计算方法的探索过程,体验算法的多样化,渗透转化和数形结合思想,加强几何直观、横式计算与竖式计算之间的联系,进一步发展推理意识与运算能力。

(3)感受运算在日常生活中的应用,增强自主探索的意识,提高合作交流的能力。

学习重点:理解两位数乘两位数的算理,掌握计算方法。

学习难点:理解两位数乘两位数的算理。

进行学情分析前、后的学习目标、学习重难点对比表5-14。

表5-14 学情分析前、后对比

	学情分析前	学情分析后
学习目标	1. 知道两位数乘两位数的算理,掌握两位数乘两位数的笔算方法; 2. 通过应用两位数乘两位数竖式计算解决问题,感受数学知识与生活的密切联系	1. 在具体情境中理解两位数乘两位数的算理,掌握计算方法,能够进行正确计算; 2. 经历两位数乘两位数计算方法的探索过程,体验算法的多样化,渗透转化和数形结合思想,加强几何直观、横式计算与竖式计算之间的联系,进一步发展推理意识与运算能力; 3. 感受运算在日常生活中的应用,增强自主探索的意识,提高合作交流的能力
学习重难点	重点:探究并掌握两位数乘两位数竖式计算的方法; 难点:理解两位数乘两位数的算理	重点:理解两位数乘两位数的算理,掌握计算方法; 难点:理解两位数乘两位数的算理
学习方法	自主探究、合作交流等	自主探究、动手操作、合作交流等

教学实施过程如下（表5-15）。

表5-15　教学过程

教学环节	学习活动	评价要点
一、问题引领，初步感知	环节一：情境引入，提出问题． 三月份我们学校将举行课间操展演，这是三年级同学的方阵图（出示图片），根据你发现的数学信息，能提出什么数学问题？ 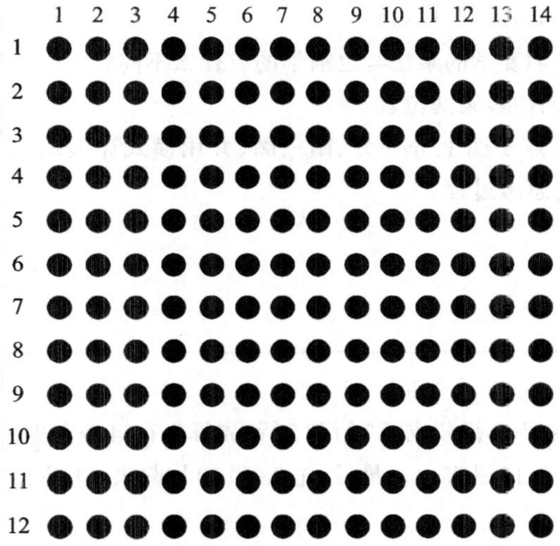 预设1：每排14人，一共有12排。 一共有多少人？ 预设2：三年级大约有多少人参加体操展演？	学生能否从图中发现数学信息，并提出数学问题
	环节二：渗透估算，培养数感。 三年级大约有多少人参加体操展演？请你估一估。 预设： 1.把14和12都估成10，结果是100，说明参加队列表演的人数大于100人； 2.把14看成10，12不变，结果大约是120人； 3.把12看成10，14不变，结果大约是140人； 4.把14看成20，12不变，结果大约是240人，说明参加队列表演的人数小于240人。	学生是否有估算的意识，能否进行合理估算

教学环节	学习活动	评价要点
	环节三：数形结合，自主探究。 大家用不同的方法估出了参加队列表演的人数大概在140～240之间，要想知道具体人数，还需要进行准确的计算，你会列式吗？ 预设：14×12　　12×14 今天我们要学的乘法与之前学的有什么不同？ 板书：两位数乘两位数。 请你在点子图上分一分、圈一圈，并用横式详细地记录你的思考过程。	学生能否根据实际问题，运用乘法意义（几个几相加）列出乘法算式
二、法理互融，深入探索	预设1：把12行分成了7行和5行，先算7个14是多少，再算5个14是多少。最后，把98和70加起来，就是12个14。 	学生自主探究算法，尝试用不同的方法解决问题，感受解决问题策略的多样性，并经历乘法计算方法的形成过程

教学环节	学习活动	评价要点
二、法理互融，深入探索	预设2:把12行分成了两个6行,相当于把12变成了6乘2,先把1个6行算出来,再乘2就是两个6行的人数。 预设3:把12行拆开,拆成了10行和2行。10行也就是10个14是多少。下面的两行就是2个14是多少。合起来就是12个14是多少了。 	学生自主探究算法,尝试用不同的方法解决问题,感受解决问题策略的多样性,并经历乘法计算方法的形成过程
	计算结果在我们的估算范围内,看来估算可以一定程度上帮我验证结果的准确性。	学生是否能发现不同算法的相同之处都是先拆后合,是否能体会到可以把未知"转化"成已知来解决问题

235

续表

教学环节	学习活动	评价要点
二、法理互融，深入探索	环节四：对比算法，探究算理。 同学们想出了这么多方法解决问题，这些方法有什么相同的地方？ 预设1：我发现这三种方法都算出了12个14是多少。第一种方法是把12行分成了7行和5行，第二种方法是把12行分成了两个6行，第三种方法是把12行分成了10行和2行。都计算出了正确结果。 预设2：我认为三种方法都正确，都先把12行拆分成了两部分，分别得出两部分的人数再加起来。无论怎么拆分，最后都是合在一起求出了12行的人数。 预设3：三种方法都是先拆、后合，求出了12个14是多少，都是把12拆分后就变成了学过的两位数乘一位数和两位数乘10的知识了，变成学过的内容了。 预设4：把12行分成两个6行，只要算一个6行的人数，再乘2就可以了。 预设5：我更喜欢第三种方法，把12拆分成10加2，14乘10口算得出140，14乘2就是28，两部分合起来是168，更简单好算。 小结：同学们善于观察会总结，勇于表达自己观点也能倾听和欣赏他人的想法，老师为你们感到骄傲！	学生是否能发现不同算法的相同之处都是先拆后合，是否能体会到可以把未知"转化"成已知来解决问题
	环节五：沟通联系，理法相融。 有同学说他还会竖式计算，请他把计算过程写在黑板上。（找学生扮演） $$\begin{array}{r} 1\ 4 \\ \times\ 1\ 2 \\ \hline 2\ 8 \\ 1\ 4 \\ \hline 1\ 6\ 8 \end{array}$$ 第一层积：28是怎么计算出来的？表示什么意思？ 28是14乘第二个因数个位上的2得到的。 第二层积：14是谁和谁相乘算出来的？为什么不和28对齐啊？这里的14实际是表示多少？14是14乘第二个因数十位上的1得到的，表示14个十，也就是140，所有4要和十位对齐。	学生是否可以借助几何直观，将横式和竖式建立联系，在掌握算法的过程中加深对算理的理解

教学环节	学习活动	评价要点
二、法理互融，深入探索	168 又是怎么来的呢? 168 就是把两次乘得的积相加得到的。 请同学们仔细看认真想,竖式与横式有关系吗? 竖式中的第一步相当于 14×2＝28 表示 2 行的人数,竖式中的第二步相当于 14×10＝140 表示 10 行的人数,把 2 行的人数和 10 行的人数相加,就得到了 12 行的人数,也就是 14×12 的积。 小结:原来横式算法与竖式算法还有这样紧密的联系。竖式计算就是将"两位数拆分成整十数和一位数"这种横式计算方法的另一种书写形式,因为竖式计算过程清晰,便于检查,所以在计算较大数时经常采用竖式计算。	学生是否可以借助几何直观,将横式和竖式建立联系,在掌握算法的过程中加深对算理的理解
三、优化算法,巩固算理	环节六:优化算法,巩固算理。 尝试计算(1)11×15　　(2)22×14 利用先拆后合的算法能计算 11×15 和 22×14 吗? (1)11×15 预设 1:把 15 拆成 7 加 8,先算 7 个 11 是多少,是 77,很好算;再算 8 个 11 是多少,是 88,也好算;最后再相加,算式是 77+88=165,算起来,有点麻烦。 预设 2:把 15 拆分成 10 加 5,先算 10 个 11 是 110,再算 5 个 11 是 55,最后 110 加 55 等于 165,就是 15 个 11 等于 165 了。还是拆成 10 加几比较好。 预设 3:按这个思路,11×15,还可以拆 10+1,先算 10 个 15 是多少,再算 1 个 15 是多少,最后再加起来,就是 11 个 15 是 165 了。 (2)22×14 预设 1:把 14 拆成 7 加 7,先算 7 个 22 是 154,再算 2 个 154 是 308,我感觉不太好算。 预设 2:把 14 拆分成 10 加 4,先算 10 个 22 是 220,再算 4 个 22 是 88,最后 220 加 88 等于 308。 预设 3:把 22 拆成 20 加 2,先算 20 个 14 是 280,再算 2 个 14 是 28,280+28=308。 通过对比这些方法,你觉得怎样拆更便于计算?	学生能否从多种转化方法中感知将"两位数拆分成整十数和一位数"的价值

教学环节	学习活动	评价要点
三、优化算法，巩固算理	两位数乘两位数，可以有多种拆分办法，把其中一个因数拆成十加几，分别计算再加起来，很简单易算，而且这种方法适用范围广。 小结：你的发现可真有价值，把一个因数拆成整十数加几，分别计算再合起来的方法更通用。	学生能否从多种转化方法中感知将"两位数拆分成整十数和一位数"的价值
四、回顾反思，总结方法	环节七：回顾总结，总结方法 通过这节课的学习，你有什么收获？ 今天我们在学习两位数乘两位数这一新知识的时候，把它转化成两位数乘一位数和两位数乘10的旧知识，问题就解决了。学习往往就是这样，遇到新问题时可以想一想学过哪些知识与他有关，不断地利用学过的知识去探究学习新知识。	学生是否可以简单梳理两位数乘两位数的算理算法
五、板书设计	两位数乘两位数的笔算（不进位）	

教学环节	学习活动	评价要点
六、作业设计	1．仔细观察,填一填。 □ × □ = □ □ × □ = □ □ + □ = □ 　　↓ □ × □ = □ 2．计算。 13×23　　24×12	

按照修改后的教学设计实施后,高老师的反思如下。

在学习过程中,教师通过观察实时了解评价学生的学习状态。学生通过数形结合的方法经历了两位数乘两位数计算方法的探索过程,且在自主探索的过程中兴趣浓厚,尝试利用不同的方法解决问题。不仅体验到算法的多样化,更是直观感受到转化和数形结合的数学思想方法,勾连了几何直观、横式计算与竖式计算之间的联系,进一步发展了推理意识与运算能力。

学习后,通过完成两道作业题进行学习效果反馈。全班学生30人,其中第一题正确人数25人;第2题两题全部正确的人数27人,一题正确一题错误人数2人(计算错误),两题均不正确的1人(算理不明,方法错误)。83.3%的学生通过学习明晰了两位数乘两位数的算理,能够利用数形结合解决问题;96.7%的学生掌握了两位数乘两位数的笔算方法,90%能够正确计算两位数乘两位数。

从作业反馈数据来看,本节课效果良好,达成教学目标,学生在具体情境中理解了两位数乘两位数的算理,掌握了计算方法,能够进行正确计算。

经过学情分析的课堂实施,让学生经历了两位数乘两位数拆分转化的过程,将未知转化为已知,学生通过比较不同拆分的方法,优化算法,充分理解算理,体会将"两位数拆分成整十数和一位数"方法的价值。学生在利用旧知识解决新问题的过程中不仅积累了数学活动经验,更加发展了推理意识。学生通过圈一圈、算一算等活动,将点子图、横式计算、竖式计算之间建立联系,充分借助几何直观将抽象的算法和算理直观清晰地揭示。借助数形结合加深了对算理的理解,对算法的掌握,感悟乘法竖式的本质,亲历建构两位数乘两位数竖式模型的过程,从而促进了思维的发展、运算能力的提高。

案例六

下面是三个利用问卷星调查学情后教学目标的变化对比的教学设计节选(表5-16~表5-21)。

表5-16 问卷调查前后教学目标对比案例一

课名	《白鹅》	教材	部编版小学《语文》四年级下册
	问卷调查前		问卷调查后
学情分析	相比于猫、母鸡,鹅对于大部分学生来说,比较陌生,没有见过或观察过鹅。课文内容对学生来说,比较新奇。本单元教学要注意根据学生身心发展和语文学习的特点,关注学生的个性差异和不同的学习需求,保护学生的好奇心、求知欲,充分激发学生的主动意识和进取精神,倡导自主、合作、探究的学习方式		通过问卷星调查发现,9名学生对白鹅比较陌生,没有见过或观察过鹅,12名学生见过白鹅,23名学生有过观察小动物的经验。因此在教学中,可以引导学生结合本单元课文《母鸡》《猫》的课文,运用本单元学过的方法,如对比、拟人等修辞手法,自主学习课文,充分激发学生的自主学习意识,倡导自主、合作、探究的学习方式

课名	《白鹅》	教材	部编版小学《语文》四年级下册
	问卷调查前		问卷调查后
学情分析	相比于猫、母鸡，鹅对于大部分学生来说，比较陌生，没有见过或观察过鹅。课文内容对学生来说，比较新奇。本单元教学要注意根据学生身心发展和语文学习的特点，关注学生的个性差异和不同的学习需求，保护学生的好奇心、求知欲，充分激发学生的主动意识和进取精神，倡导自主、合作、探究的学习方式		通过预习、自主学习，学生对本课的生字都能掌握。只有三个字需要课堂上落实：譬、颇、嚣。在教学时可以重点讲授识字规律——形声识字法，引导学生记忆这三个字； 通过调查发现，学生对鹅的吃相比较感兴趣，为什么说鹅是一个高傲的动物，在第二课时的学习中要充分调动学生的兴趣，通过读一读、演一演等方式来让学生感受鹅吃相上的高傲
教学目标	1．认识"嚣、吭"等12个会认字，读准多音字"调、看"，正确书写"调、促"等15个会写字，正确读写"即将、姿态"等16个词语； 2．正确、流利地朗读课文，初步了解课文内容； 3．了解白鹅的特点，体会作者对白鹅的喜爱之情		1．认识"调、看、嚣"等14个会认字，会读"调、看"等4个多音字，正确书写"促、颇、剧"3个会写字； 2．正确、流利地朗读课文，能理清课文内容，初步了解白鹅的特点； 3．体会作者是如何把白鹅的叫声高傲、步态高傲写清楚的； 教学重点：体会作者是如何把白鹅的叫声高傲、步态高傲写清楚的； 教学难点：感受作者用词的准确生动和幽默，体会语言的趣味
根据学情分析在教学目标中做的修改	1．将正确书写"调、促"等15个会写字，正确读写"即将、姿态"等16个词语，改为：会读"调、看"等4个多音字，正确书写"促、颇、剧"3个会写字。 理由：学生通过课前预习，已经掌握了部分生字，课堂上只需落实易错、难写的生字；		

课名	《白鹅》	教材	部编版小学《语文》四年级下册
	问卷调查前		问卷调查后

根据学情分析在教学目标中做的修改	2. 将正确、流利地朗读课文,初步了解课文内容。改为:正确、流利地朗读课文,能理清课文内容,初步了解白鹅的特点; 理由:学生通过预习,已经了解课文内容,课堂上重点引导学生理清课文结构,了解白鹅的特点; 3. 将了解白鹅的特点,体会作者对白鹅的喜爱之情。改为:体会作者是如何把白鹅的叫声高傲、步态高傲写清楚的; 理由:通过学情调查发现,学生对白鹅高傲的特点兴趣很高,课堂上重点让学生体会作者的写法,并指导学生学习这种写法。体会情感,可以放在第二课时,不做第一课时的重点内容
根据学情分析在教学重难点中做的修改	教学重点:由感受作者对白鹅的喜爱之情,了解作者是如何写出白鹅的高傲。改为:体会作者是如何把白鹅的叫声高傲、步态高傲写清楚的; 理由:课文3、4段通过总分结构、具体事例、对比等手法重点描写了鹅的叫声、步态高傲。通过调查发现,学生对这部分兴趣较高,而且疑问较多。因此,课堂上重点指导学生学习写作手法和内容
根据学情分析在教学过程中做的修改	教学活动中增加了: 1. 抓关键词句,感知白鹅的叫声、步态高傲; 2. 总结回顾,梳理提升环节。 理由:通过学情分析,发现学生对字词掌握很好,可以缩减课堂上识字教学部分的时间,重点指导学生品读语段,感知白鹅叫声、步态上的高傲,学习作者的写法

表5-17 《白鹅》学情调查结果

你有课前预习的习惯吗？ ［单选题］

选项	小计	比例	
有	23		95.83%
没有	1		4.17%
本题有效填写人次	24		

你认为课前预习都要做些什么？ ［多选题］

选项	小计	比例	
学习生字词	23		95.83%
标段落	21		87.5%
至少读三遍课文	23		95.83%
搜集相关资料	16		66.67%
本题有效填写人次	24		

你喜欢养小动物吗？ ［单选题］

选项	小计	比例	
A.喜欢	21		87.5%
B.不喜欢	3		12.5%
本题有效填写人次	24		

你观察过小动物吗？ ［单选题］

选项	小计	比例	
A.观察过	24		100%
B.没观察过	0		0%
本题有效填写人次	24		

你觉得可以从哪些方面来观察小动物？ ［单选题］

选项	小计	比例	
A．吃相	7		29.17%
B．叫声	3		12.5%
外形	12		50%
步态	2		8.33%
本题有效填写人次	24		

你见过白鹅吗？ ［单选题］

选项	小计	比例	
A．见过	21		87.5%
B．没见过	3		12.5%
本题有效填写人次	24		

你在哪里见过白鹅？ ［单选题］

选项	小计	比例	
A．家里	4		16.67%
B．动物园	13		54.17%
C．电视里或网上	7		29.17%
D．书上	0		0%
本题有效填写人次	24		

你认为学习本课生字时可以运用下面哪种识字方法？［多选题］

选项	小计	比例	
组词法	18		75%
加一加、换一换	19		79.17%
插图识字法	12		50%
形声识字法	19		79.17%
本题有效填写人次	24		

表5-18　问卷调查前后教学目标对比案例二

课名	折线统计图	教材	北京版小学《数学》五年级下册
	问卷调查前		问卷调查后
学情分析	原教学设计中没有学情分析		在统计方面,学生已经掌握了收集、整理、描述、分析数据的基本方法,会用统计表和条形统计图来表示统计结果,并能根据统计图表解决简单的实际问题,让学生在这些知识的基础上,认识一种新的统计图——折线统计图。在教学过程中,可以充分利用学生已有的经验,以知识迁移的方式建立新旧知识之间的联系,放手让学生独立思考,互相合作,培养学生的创新意识与思维能力
教学目标	1. 认识简单的折线统计图,在与条形统计图的对比中认识折线统计图的特点,体会折线统计图在数据分析中的价值。 2. 经历简单的数据收集过程,掌握用折线统计图描述数据的方法,能根据数据分析的结果做出正确的判断与合理的预测。 3. 经历提出问题、收集数据、整理数据、分析数据、解决问题的过程,发展数据分析观念		1. 让学生在条形统计图的基础上认识折线统计图,进一步体会统计在现实生活中的作用,体会数学与生活实际的密切联系。 2. 使学生折线统计图的特点,会画折线统计图,并能根据数据进行合理分析,培养学生的合作意识和实践能力。 3. 通过对现实生活中有关事例的调查,激发学生的研究兴趣,培养学生细心观察的良好研究品质及科学的态度。并且通过对学生周围相关素材的整理与分析,培养学生数据分析意识

课名	折线统计图	教材	北京版小学《数学》五年级下册
	问卷调查前	问卷调查后	

重点难点	在与条形统计图的对比中了解折线统计图的特点； 能根据折线统计图整理数据的结果做出正确的判断与合理的预测	重点：会看折线统计图，能够从图中获取数据变化情况的信息，进行初步分析； 难点： 结合实际生活进行绘制单式折线统计图
根据学情分析在教学目标中做的修改	1．让学生在条形统计图的基础上认识折线统计图，进一步体会统计在现实生活中的作用，体会数学与生活实际的密切联系（依据问卷中的5题你知道条形统计图的特点吗？有25人知道，占89%，有3人填写不知道占11%。大部分学生已经知道，所以可以直接开展新课教学）； 2．使学生折线统计图的特点，学习绘画折线统计图，并能根据数据进行合理分析，培养学生的合作意识和实践能力。（依据第8题"你能通过统计图提出数学问题吗？"有20人71.43%的同学能回答，个别学生不需要教师指导或者提醒。可以给情境进行画图练习，教师及时给予指导和帮助）； 3．通过对现实生活中有关事例的调查，激发学生的研究兴趣，培养学生细心观察的良好研究品质及科学的态度。并且通过对学生周围相关素材的整理与分析，培养学生数据分析意识； （依据4题、5题和9题、10题的调查结果，学生在知道折线统计图的特点之上进行深度学习，将学习的知识进行应用，学习"生活中的数学"知识）		
根据学情分析在教学重难点中做的修改	教学重点：会看折线统计图，能够从图中获取数据变化情况的信息，进行初步分析（依据调查表中7题、8题、9题，给学生具体情境进行分析练习，培养数据分析意识）； 教学难点：结合实际生活进行绘制单式折线统计图（依据调查表中8题、9题、10题的调查结果，可以在学习小组内进行讨论，给学生具体情境进行画图的练习）；		

课名	折线统计图	教材	北京版小学《数学》五年级下册
	问卷调查前		问卷调查后
根据学情分析在教学过程中做的修改	1．预习环节加入学生 0~10 岁身高的小调查； 2．导入环节出示图表进行条形统计图复习,加入数据分析； 3．新授部分,学生结组讨论,并绘制一个人的身高统计图,小组展示,并说明对 18 岁之后的预测,提醒折线统计图的预测功能； 4．课后拓展活动,课采取开放多样的活动,学生可以是跳绳、踢毽、仰卧起坐、高抬腿等,学生喜欢方式进行收集数据、整理数据和分析应用是数据的活动		

表 5-19　折线统计图学情调查表

1．在学习中,你喜欢和别人合作交流吗?(　　)　[单选题]

选项	小计	比例
A．喜欢	25	89.29%
B．不喜欢	3	10.71%
本题有效填写人次	28	

2．通常你通过什么方法掌握新知识的?(　　)　[单选题]

选项	小计	比例
A．自主学习	3	10.71%
B．喜欢听老师讲解	20	71.43%
C．喜欢小组内交流或与同桌交流	5	17.86%
D．喜欢全班同学交流	0	0%
本题有效填写人次	28	

3. 你平时有根据某个主题内容收集、整理的习惯吗?( ) [单选题]

选项	小计	比例
A. 有	20	71.43%
B. 没有	8	28.57%
本题有效填写人次	28	

4. 你知道条形统计图有什么特点?( ) [单选题]

选项	小计	比例
A. 能看出数量的多少	25	89.29%
B. 不能看出数量的多少	3	10.71%
本题有效填写人次	28	

5. 在生活中,你见过折线统计图吗?( ) [单选题]

选项	小计	比例
A. 见过	25	89.29%
B. 没见过	3	10.71%
本题有效填写人次	28	

6. 如果要用统计图来表示学校每个年级的人数情况,你认为用( )统计图? [单选题]

选项	小计	比例
A. 条形统计图	16	57.14%
B. 折线统计图	12	42.86%
本题有效填写人次	28	

7. 你知道自己的0~10岁每年的身高数据吗?(　) 〔单选题〕

选项	小计	比例	
A．知道	21		75%
B．不知道	7		25%
本题有效填写人次	28		

8. 你能通过统计图提出数学问题吗?(　) 〔单选题〕

选项	小计	比例	
A．能	20		71.43%
B．能,但不太熟练	8		28.57%
C．不能	0		0%
本题有效填写人次	28		

9. 医生监测病人体温情况,应选用(　)统计图。 〔单选题〕

选项	小计	比例	
A．条形统计图	5		17.86%
B．折线统计图	23		82.14%
本题有效填写人次	28		

10. 你知道自己30秒跳绳成绩吗?(　) 〔单选题〕

选项	小计	比例	
A．知道	25		89.29%
B．不知道	3		10.71%
本题有效填写人次	28		

表5-20　问卷调查前后教学目标对比案例三

课名	《两小儿辩日》	教材	部编版小学《语文》六年级下册
	问卷调查前		问卷调查后
学情分析	原教学设计中没有学情分析		1．六年级下的学生对科学有一定的兴趣，也有一定的科学知识，已经知道寓言的特点，具备初步的学习文言文的常识及学习方法，在表达上也能基本上做到有理有据。五年级下六单元已经进行过思辨性阅读训练，对于孔子也有一定的了解，《论语》中的内容在年级一下、二年级上、三年级上、三年级下、四年级下、五年级下的日积月累中都有涉及。在四年级上学习过《列子·汤问》中的现代文的《纪昌学射》。 2．在学习习惯上，本班学生共23人，绝大多数学生能自觉学习，但在上课时积极回答问题的不到10人，其他都不是特别积极，原因是年级高了，怕自己说错伤自尊
教学目标	1．学会一个生字"辩"。 2．正确、流利地朗读并背诵课文。 3．能根据注释疏通文义，说出故事内容。 4．能了解两个小孩各自的观点，并知道他们说明观点的依据。 5．能从《两小儿辩日》这个故事中获得精神启迪		1．学会一个生字"辩"，重点理解文言词"游、始、而、则、乎"。 2．正确、流利地朗读并背诵课文。 3．能根据注释疏通文义，说出故事内容。 4．能了解两个小孩各自的观点，并知道他们说明观点的依据。 5．能从《两小儿辩日》这个故事中获得精神启迪

课名	《两小儿辩日》	教材	部编版小学《语文》六年级下册
	问卷调查前		问卷调查后
教学重难点	教学重点： 1．正确、流利地朗读并背诵课文。 2．能根据注释疏通文义,说出故事内容。 3．能了解两个小孩各自的观点,并知道他们说明观点的依据。 教学难点： 能了解两个小孩各自的观点,并知道他们说明观点的依据		教学重点： 1．正确、流利地朗读并背诵课文。 2．理解重点文言词的意思,能根据注释疏通文义,说出故事内容。 3．能了解两个小孩各自的观点,并知道他们说明观点的依据。 教学难点： 1．能了解两个小孩各自的观点,并知道他们说明观点的依据。 2．让更多的学生积极参与到课堂回答问题中来
根据学情分析在教学目标中做的修改	根据学情分析,在教学目标中我增加了重点理解文言词"游、始、而、则、乎"。因为在我查看问卷时发现这几个文言词错误率较高,都在30%以上,所以有必要在课上进行集体讲解。			
根据学情分析在教学重难点中做的修改	根据学情分析,我在教学重点上增加了重点理解文言词"游、始、而、则、乎"。原因是课前学情调查时,这几个文言词错得较多。 在教学难点上增加了？让更多的学生积极参与到课堂回答问题中来。因为一是因为本班学生爱积极回答问题的人比较少;二是因为在学情调查时有11人喜欢自己读			
根据学情分析在教学过程中做的修改	1．删除了对本单元的语文要素和习作要点的回顾和"辩"字的读音,因为学情调查时所有人都会。 2．增加了重点理解文言词"游、始、而、则、为、乎、智"等。因为学情调查时发现这些文言词学生掌握得不好。 3．增加了自己练习说大意;因为学情调查时发现有较多的学生愿意先自己学好再交流。			

续表

课名	《两小儿辩日》	教材	部编版小学 《语文》六年级下册
	问卷调查前		问卷调查后
根据学情分析在教学过程中做的修改	4.增加了PPT出示五觉。因为学情调查时发现只极少数学生会使用"视觉"和"触觉"这样的较专业的词汇		

表5-21　《两小儿辩日》调查问卷

1. 本单元的人文主题是( )？　　［单选题］

选项	小计	比例	
A. 做人处世的道理	0		0%
B. 认识自然规律	1	▉	7.14%
C. 科学精神	11	▉▉▉▉▉▉	78.57%
D. 辩证法思想	2	▉	14.29%
本题有效填写人次	14		

2. 本单元的语文要素是( )？　　［单选题］

选项	小计	比例	
A. 分清内容的主次	0		0%
B. 体会文章是怎样表达感情的	0		0%
C. 关注外貌、神态、语言,体会人物品质	0		0%
D. 体会文章是怎样用具体事例说明观点的	14	▉▉▉▉▉▉▉	100%
本题有效填写人次	14		

3．本单元的习作要点是( )？ ［单选题］

选项	小计	比例
A．选择适合的方式进行表达	0	0%
B．展开想象，写科幻故事	14	100%
C．选择合适的内容写出真情实感	0	0%
D．习作时注意抓住重点，写出特点	0	0%
本题有效填写人次	14	

4．你从《学弈》这则寓言中懂得了什么道理( )？ ［单选题］

选项	小计	比例
A．在学习上，不但要知其然，还要知其所以然	0	0%
B．真正的本领是从勤学苦练中得来的	1	7.14%
C．知识技能是没有尽头的，不能只学到一点就满足了	1	7.14%
D．只有专心致志才能有所成就	9	64.29%
E．学习必须虚心，持之以恒，不能骄傲自满	3	21.43%
本题有效填写人次	14	

5.《两小儿辩日》中的"辩"的正确读音是( )? [单选题]

选项	小计	比例	
A．bàn	0		0%
B．biàn	14		100%
本题有效填写人次	14		

6.《两小儿辩日》中的"辩"的意思是( )? [单选题]

选项	小计	比例	
A．说明是非或真假,争论	14		100%
B．讨论、商量	0		0%
本题有效填写人次	14		

7."辩"的第七笔是( )? [单选题]

选项	小计	比例	
A．竖	0		0%
B．撇	14		100%
本题有效填写人次	14		

8．以下哪种方法更能帮助你记住一篇文章的内容( )? [单选题]

选项	小计	比例	
A．多读几遍	7		50%
B．给别人讲一	5		35.71%
C．表演一下	0		0%
D．圈画	2		14.29%
本题有效填写人次	14		

9．下列还有很多类似《两小儿辩日》的文章,你对哪篇感兴趣( )? 单选题]

选项	小计	比例	
A．董行成策贼	3		21.43%

选项	小计	比例	
B．薛谭学讴	2		14.29%
C．愚公移山	3		21.43%
D．纪昌学射	6		42.86%
本题有效填写人次	14		

参考文献

[1]陈隆升."学情分析"的学理基础与实践探索[J].语文学习,2015(01):40-46.

[2]陈隆升.从"学"的视角重构语文课堂——基于语文教师"学情分析"的个案研究[J].课程·教材·教法,2012,32(04):42-48.

[3]陈瑶.论学情分析的三个阶段[J].当代教育理论与实践,2014,6(03):6-8.

[4]符玲利.基于学情分析的教学活动设计[J].小学教学参考,2018(05):47-48.

[5]马芳.初中语文"学情"教学的几点思考[J].新课程,2021(39):159.

[6]马文杰,鲍建生."学情分析":功能、内容和方法[J].教育科学研究,2013(09):52-57.

[7]毛耀忠,许尔伟.国内"学情分析"研究的回顾与展望[J].当代教育与文化,2017,9(05):50-55.

[8]毛耀忠,张锐.西方学情分析研究:源起、现状及走向[J].外国中小学教育,2017(07):1-8.

[9]戚瑞丰."最近发展区"理论及其在西方的发展[J].学前教育研究,2003(05):11-12.

[10]杨佩钰.教师怎样有效进行学情分析[J].智力,2021(13):7-8.

[11]叶平.论T分数在教学评估中的应用[J].新疆教育学院学报,2004(4):50-53.

[12]陈亚娟.小学语文阅读教学设计中学情分析的研究[D].上海师范大学,2020.

[13]李强.学情分析在课堂教学设计中的意义、现状及改进策略研究[D].武汉:华中师范大学,2020.

[14]陈隆升.学情分析论[M].上海:上海交通大学出版社,2019.

[15]陈忠文.学情视角下的语文教学案例研究[M].杭州:浙江工商大学出版社:2014.

[16]程胜.如何分析学情[M].上海:华东师范大学出版社,2014.

[17]李健.课堂观察研究[M].北京:新华出版社,2020.